Lewis Carroll

ALICE'S ADVENTURES IN WONDERLAND & THROUGH THE LOOKING-GLASS

With Essays in Criticism
Annotated with Critical Introduction

by
Kim, Il-Yeong

Shinasa

CONTENTS

CRITICAL INTRODUCTION

TEXT

Alice's Adventures In Wonderland

Through the Looking-Glass

ESSAYS IN CRITICISM

CRITICAL INTRODUCTION

1857년 작가가 25세 때 찍은 사진

작가의 생애

본명이 Reverend Charles Lutwidge Dodgson인 루이스 캐럴(Lewis Carroll)은 체셔주(Cheshire)의 Daresbury의 목사관에서 아버지 Reverend Charles Dodgson과 어머니 Frances Jane Lutwidge 사이에서 1832년 1월 27일에 11명의 형제 중 셋째이자 장남으로 태어났다. 잉글랜드 북부 지방의 오래된 가문 출신인 두 부모의 집안은 코헨(Morton Cohen)의 지적처럼, "보수적이고 전통의식이 강하며, 자아의식적이고 경건한" 집안이었다. 이런 집안 분위기를 반영이라도 하듯, 혹은 이런 가문의 전통이라도 이어받은 듯, 캐럴의 부친은 Daresbury 목사관에서 기거하는 동안, 주일학교를 세우고, 이곳에서 강의를 하면서 교구의 가난한 사람들을 돌보는 일에 전념하였다고 한다.

이곳에서의 캐럴의 생활이 어떠하였는지는 별다른 기록이 없어 알려진 바가 거의 없다. 하지만 캐럴이 1860년에 쓴 시를 보면 이곳에서 그가 보낸 어린 시절은 무척 아름답고 행복하였던 것 같다. 그러나 캐럴은 이곳에서 11살이 되던 1843년까지 거주하였다가 캐럴의 부친이 요크셔(Yorkshire)에 있는 크로프트(Croft)에 교구목사직을 얻게 되는 바람에 이곳을 떠나 요크셔로 이주하게 된다.

크로프트에서의 캐럴의 삶은 비교적 소상히 알려져 있다. 그가 쓴 회고록에 따르면 이 당시 캐럴은 자신의 형제와 누이를 위해 게임을 만들어내는 것을 무척 즐겼으며, 목사관에 딸린 정원에 난 길을 따라, 외바퀴 손수레로 장난감 기차와 장난감 트럭, 그리고 모의 기차역을 만드는 등 손재주를 상당히 많이

캐럴이 어린 시절을 보낸 요크셔주의 크로프트 목사관

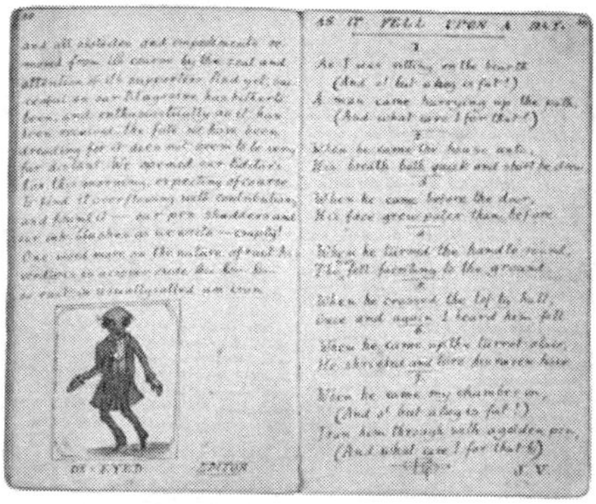
AS IT FELL UPON A DAY.

캐럴이 가족들을 위해 만들었던 잡지 중 하나인 *The Rectory Magazine*.

발취하였던 것 같다. 캐럴의 이런 재능은 예능 방면에서도 빛이 났다. 목수의 도움을 받아 캐럴은 여러 가지 꼭두각시 인형과 꼭두각시 인형극을 상연할 무대를 만들었으며, 그 당시 자신이 주도해서 상연한 인형극의 대본 대부분 직접 쓰기도 하였기 때문이다. 이 이외에도 캐럴은 가족끼리 읽을 목적으로 잡지를 만들었는데, 이 당시 그가 만드는데 기여한 주요 잡지로는 *Rectory Umbrella*와 *Mischmasch*가 있는데, 가족들 모두가 이 잡지에 글을 기고했지만, 결국에 가서는 캐럴이 이 잡지에 실리는 글의 대부분을 직접 작성하고 편집도 하였던 것 같다.

이 잡지에 쓸 글을 작성하고 편찬하는 과정에서 드러난 캐럴의 독특한 면 중 하나는 그가 동물의 세계에 많은 관심을 가지고 있었다는 점이다. *Rectory Umbrella*에 인쇄된 "동물에 관한 보고서"라는 제목의 일련의 글에, 캐럴은 "이상한 나라"(wonderland)에 등장하는 황당하고 우스꽝스런 동물들을 연상시키는 변덕스런 동물을 등장시키고 있어, 앨리스를 주인공으로 한 그의 소설이 갑작스럽게 탄생한 것이 아님을 짐작케 한다.

캐럴이 정규 학업을 시작한 것은 그가 12살 되던 해였다. 1844년에 리치몬드 그래머 스쿨(Richmond Grammar School)에 입학한 캐럴은 다음해인 1845년에 이곳을 졸업하고, 1846년에는 영국의 명문 사립학교인 럭비 스쿨(Rugby School)에 입학하였다. 후에 캐럴이 쓴 회고록에 따르면, 이 당시의 럭비 스쿨에서의 삶을 그다지 행복하지는 않았지만, 캐럴은 학교생활을 열심히 하고 공부에 전념한 덕분에, 수학과 고전문학 분야에서 상을 타기도 하는 등 우수한 성적으로 럭비스쿨을 졸업하였던 것 같다.

캐럴이 다녔던 옥스포드 대학의 Christ Church College

1849년 럭비 스쿨을 졸업한 후 캐럴은 그의 부친이 그랬던 것처럼, 1850년에 옥스퍼드(Oxford) 대학의 Christ Church에 입학한다. 입학한지 얼마 되지 않아, 그의 모친이 세상을 떠나는 바람에 유달리 모친을 사랑했던 캐럴의 정신적인 충격은 상당하였던 것 같다. 게다가 재정적으로 넉넉하지 않았던 집안 형편과 선천적으로 말을 더듬거렸던 그는 자연 혼자 보내는 시간을 많이 가져 그의 대학생활은 그리 행복하지는 않았던 것 같다. 하지만 대학생활에서 캐럴은 최선을 다했다. 그는 학업에 전념하였던 덕분에 장학금을 받으며 우수한 성적, 특히 수학분야에 있어서 우수한 성적을 항상 유지하였고, 1854년 10월에 치룬 마지막 수학시험에서는 특히 우수한 성적을 얻고, 그해 12월 18일에 학사 학위를 받게 된다.

다음 해에 다시 Christ Church에 돌아 온 캐럴은 그해 2월에 사서보(司書補)에 임명되며, 그해 5월에는 장학금도 받게 되어, 그의 경제적 여건은 상당히 개선되었다. 또한 이 해부터 그는 수학 강사로서 학생들을 가르치며(이 일은 1881년까지 계속되었다), 여러 작품의 집필을 시작하였다. 앨리스 소설에 나오는 "Jabberwocky"란 시의 첫 연도 이 해에 창작하였고, *Comic Times*에 게재한 여러 편의 패러디 물도 이 때

1863년 캐럴이 31세 되던 해에 찍은 사진

창작하였던 것이다. 그의 이러한 창작 열기는 계속 이어져, 다음 해인 1856년에는 루이스 캐럴이라는 필명을 본격적으로 사용하면서 "Upon the Lonely Moor"와 같은 작품을 출판하기에 이른다.

캐럴은 글쓰기 이외에도 그림 그리기를 무척 좋아하여 평소에 많은 그림을 그렸다고 한다. 그러나 그의 그림에 대한 열정은 단순한 취미이상의 것이었다. 프리랜서로서의 삽화가의 삶을 꿈꾸어 온 그는 이 해에 *Comic Times*에 자신이 그린 그림을 보냈다. 하지만 그의 그림이 거부당하자, 전문 삽화가로서 일하려던 자신의 생각을 접고, 캐럴은 사진으로 관심을 돌린다. 그가 이해 3월 18일 처음으로 카메라를 구입한 것은 바로 이 때문이었다.

이때 이후로 사진 찍기에 몰두한 그는 당시의 유명 인사들, 가령 빅토리아 시대의 계관시인인 테니슨(Alfred Lord Tennyson), 라파엘 전파의 화가 로제티(Rossetti)와 밀레(Millais), 그리고 미술 비평가인 러스킨(John Ruskin) 등등의 사진뿐만 아니라, 자기 가족과 지인들의 사진을 찍었다. 그러다 그의 관심의 대상은 당대 유명인에게서 어린아이들에게로 바뀌었다. 순수한 어린아이들의 모습, 특히 여자 아이들의 모습을 캐럴은 카메라에 포착하고 싶었던 것이다. 이에 따라 캐럴은 주로 여자어린아이의 사진을 찍는데 몰두하였고, 이에 재능도 있었기 때문에 캐럴의 사진집을 출간한 건샤임(Helmut Gernsheim)의 말처럼, "19세기의 가장 뛰어난 아동 사진작가"로서 불릴 정도로 캐럴의 사진 찍는 기술은 수준급으로 성장하였던 것이다.

1856년은 캐럴이 사진작가로서의 자신의 재능을 발견한 해였지만, 이외에도 이 해는 그의 삶에 있어서 아주 특별한 해였다. 그해 4월 25일

앨리스가 6세 되던 1858년에 찍은 사진. 왼쪽부터 에디쓰, 로리나, 앨리스

캐럴은 Christ Church 대성당 사진을 찍으러 Christ Church의 학장(당시의 학장은 Henry George Liddell이었다)관저 근방에 갔다가, 이곳에서 우연히 학장의 세 딸, 로리나(Lorina), 앨리스(Alice), 에디쓰(Edith) 리델(Liddell)을 만나게 된다. 평소 어린소녀들을 사진에 담기 좋아하였던 캐럴은 이때 이들 어린 세 소녀의 모습을 자신의 사진기에 담고 싶은 충동을 느껴, 이 소녀들이 어린 관계로 포즈를 취하게 하는데 다소 어려움을 겪었지만, 이들을 자신의 카메라에 옮기게 되었다. 이 일을 계기로 이 어린 세 명의 소녀들과 가깝게 지내게 된 캐럴은 6월 5일에는 이 어린소녀들과 함께 뱃놀이를 하는 둥, 사진 찍는 일 이외의 다른 일로도 여러 차례 접촉하며 이들과 친근한 관계를 유지하였다.

1862년 7월 4일 캐럴의 일기장에는 특별한 일이 기록되어 있었다. 이날 캐럴은 세 명의 리델 자매와 함께 강을 따라 갓소토우(Godstow)까지 보트여행을 떠났던 것이다. 이 보트여행도중 어린 세 자매의 요청에 따라 캐럴은 이들에게 즉흥적으로 이야기를 지어내 들려주었고, 이 이야기에 감명 받았던 앨리스는 이때 그가 한 이야기를 글로 옮겨 달라고 부탁 하기에 이르렀다. 자신이 특히 좋아했던 앨리스로부터

거지소녀로 분장한 앨리스 리델
(1850년대 찍은 사진)

이런 청을 받은 캐럴은 자신이 한 이야기를 작품으로 옮기기로 결심하였고 이에 따라 앨리스 리델을 모델(당시에 앨리스는 열 살이었다)로 한 앨리스란 7세의 여자아이를 주인공으로 한 두 편의 작품 『이상한 나라에서의 앨리스의 모험』(*Alice's Adventures in Wonderland*, 1864)과 『거울 속으로』(*Through the Looking-Glass*, 1871)가 세상의 빛을 보게 된 것이다.

환상적 세계와 거울 속 세상에서 앨리스라는 여자아이가 겪는 모험을 다룬 난센스와 황당한 (비)논리로 전개되는 이 두 작품은 출판되자마자 상당한 인기를 누렸다. 그 인기는 출판부수에서 이 두 작품이 당시대에서는 타의 추종을 불허할 정도로 많았다는 사실에서뿐만 아니라, 이 작품이 성경과 셰익스피어의 다음으로 가장 많이 인용되는 문학 작품이란 사실에서 엿보인다. 하지만 이 두 작품의 인기는 당대 영국에만 국한된 것은 아니었다. 캐럴의 이 두 작품이 거의 모든 나라의 언어로 번역되었다는 사실은 이 작품이 전세계적으로 인기를 누렸다는 사실을 분명히 시사하고 있기 때문이다. 아무튼 이 두 편의 작품으로 캐럴은 옥스퍼드 대학의 수학강사에서 당시 영국문단에서도 확고한 위치를 차지하는 작가로 급부상하게 되었던 것이다.

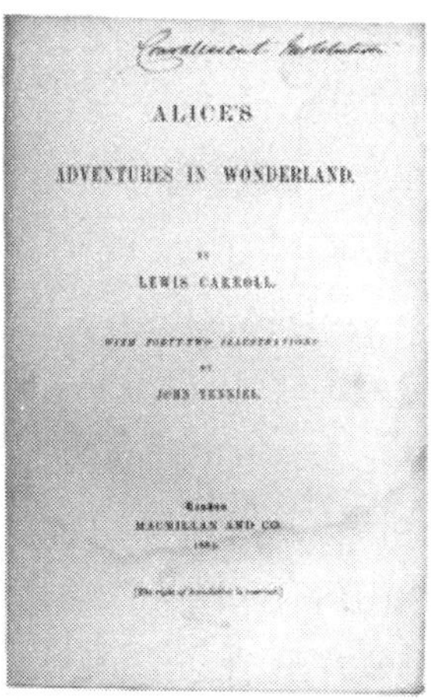

ALICE'S
ADVENTURES IN WONDERLAND.
BY
LEWIS CARROLL.
WITH FORTY-TWO ILLUSTRATIONS
BY
JOHN TENNIEL.
London
MACMILLAN AND CO.
1865.

1865년에 출판된 『이상한 나라에서의 앨리스의 모험』의 속표지

이 두 작품을 통해 환상아동문학가로서의 자리를 확실히 다진 캐럴은 『스나크 사냥』

(*The Hunting of the Snark*)이라는 좀 더 복잡한 난센스적인 작품을 집필하게 된다. 오픈 엔딩으로 끝나는 이 시의 마지막 행 "스나크는 보다시피 Boojum이었다"는, 캐럴이 1874년 7월 길드포드(Guildford)에서 산책하던 당시 떠오른 문구였다고 하는데, 이 문구에서 영감을 얻어 캐럴은, 이름이 모두 B라는 철자로 시작되는 인물들이 어떻게 스나크를 사냥하기 위해 항해를 떠나는지 이 작품에서 그리고 있는 것이다.

캐럴은 이 스나크 시를 1875년 샌다운(Sandown)에서 만난 거투르드 채타웨이(Gertrude Chataway)라는 어린소녀에게 헌사하였는데, 이 소녀에 대해 캐럴은 자신이 과거에 앨리스에 대해 가졌던 감정과 비슷한 감정을 품었던 것 같다. 캐럴은 심지어 이 소녀의 누드 사진을 찍기 희망하며 소녀의 어머니의 허락을 구했지만, 거절당하였고, 과거 앨리스나 다른 소녀들과의 관계처럼, 결국은 거투르드와의 관계도 끝나버리게 되었다.

캐럴이 이런 식으로 친분을 쌓아온 어린소녀들은 수백 명에 이르렀는데, 이를 캐럴이 정신적으로 문제가 있는 것으로 보는 비평가들도 있는 반면, 어린소녀들이 갖고 있는 순수함에 대한 동경이 어린소녀에 대한 관심으로 표방되었다고 보는 비평가들도 많다. 캐럴의 대표적인 작품의 모델이 된 앨리스 리델이나 캐럴이 스나크 시를 헌사한 거투르드가 모두 사춘기를 맞이하였을 때, 캐럴이 커다란 실망감을 느꼈다고 일기장에서 고백하였다는 사실은, 후자의 관점, 즉, 캐럴에게 어린소녀는 그가 동경하는 순진함의 상징이었다는 주장이 좀 더 설득력을 얻게 한다. 그리고 또한 선천적으로 말을 더듬어서 같은 성인들과의 관계에 다소 불편해 하였던 캐럴이 어린소녀들과의 만남에선 이런 현상을 겪지 않았다는 사실은, 그가 어린소녀들에게서는 정신적 편안함을 느꼈다는 증거이기도 하기 때문에, 그가 유독 어린소녀와의 관계에 집착한 이유를 짐작케 해준다.

어린소녀들과 우정을 맺으며 작품 활동을 해오던 캐럴은 본격적으로 저술활동에 매진하고자 1855년부터 맡아서 해오던 수학 강의를 1881년에 그만둔다. 이에 따라 캐럴은 1889년 12월에는 『실비와 브루노』(*Sylvie and Bruno*)를, 그리고 1893년에는 이 작품의 후속편인 『실비와 브루노 결말편』(*Sylvie and Bruno Concluded*)을 각각 출판함으로써 그의 왕성한 집필 활동을 과시한다. 이 작품에 대한 구상은 1867년 캐럴이 「브루노의 복수」(Bruno's Revenge)라는 이야기를 출판하였을 때부터 이미 시작되었는데, 캐럴은 이 작품에 앨리스를 주인공으로 한 책이나 『스나크 사냥』에서보다는 좀 더 교훈적이고 도덕적인 내용을 담고자 한 것 같았다. 바로 이러한 점과, 초자연적인 현상을 겪는 데는 세 가지 단계가 있다는 등 다소 딱딱하고 이해하기 어려운 내용을 담고 있기 때문에선지, 이 작품은 캐럴의 전작보다는 독자의 호응을 얻지 못하였다.

하지만 캐럴은 이처럼 글을 써가면서도 말년에는 설교가로서의 명성을 얻었다. 비록 말을 더듬었기 때문에 대중 앞에서 하는 연설에 많은 곤란을 겪었고, 종종 당혹스러워 하는 경우도 있었지만, 그가 지인에게 밝힌 것을 보면, 캐럴 자신은 대중 앞에서 자신의 생각을 말할 수 있는 기회를 갖게 된 것을 행운으로 생각하였던 것 같다. 하지만 캐럴은 또한 역설적으로 대중과의 접촉은 가급적 피하려 하였다. 사람들의 초대에 꼭 필요하지 않으면 응하지 않으려 했고, 응하지 못하는 자신을 이해해 주길 청하였기 때문이다. 이처럼 설교가로서 그리고 가급적 대중과의 접촉을 피하며 살아가던 캐럴은 1898년 1월 감기에 걸리게 된다. 평소 10킬로미터 거리의 산보도 별 부담 없이 할 정도로 건강하던 그였지만, 이때 그가 걸린 감기는 폐렴으로까지 진행되어, 그해 1월 14일 길드포드에 있는 누이의 집에서, 캐럴은 65세의 나이로 임종을 맞이하게 된다.

작품의 기원과 출판

A. 『이상한 나라에서의 앨리스의 모험』 (*Alice's Adventures in Wonderland*)

캐럴이 이 책을 집필하게 된 동기는 이 책의 내용만큼이나 널리 알려져 있다. 이 책의 기원에 대해서 작가는 운문으로 쓰여진 이 책의 서문에서 밝히고 있는데, 그것은 바로 리델(Liddell)가의 세 명의 어린 소녀들을 태우고 갓스토우(Godstow)로까지 보트여행을 하던 날, 이 소녀들에게 캐럴이 즉흥적으로 지어서 들려준 이야기에서 유래되었다는 것이다. 이날 이들과 같이 보트여행을 한 캐럴의 친구이자 대성당 참사위원인 덕워쓰(Duckworth)도 이를 뒷받침해주는 진술을 한다. 즉, 그는 이날 보트의 키잡이 역할을 하던 앨리스 리델을 위해서 캐럴이 즉흥적으로 이야기를 지어내 들려주었으며, 보트여행이 끝난 뒤, 자신을 위해서 이 이야기를 글로 써 달라고 한 앨리스의 요청에 따라, 캐럴이 그날 밤을 꼬박 새면서 자신이 앨리스에게 들려준 이야기를 글로 옮겨 적었고, 곧이어 삽화까지 완성하여, 그날 오후에 앨리스의 부친이자 옥스퍼드 대학 Christ Church의 학장에게 전달하였다고 말하였던 것이다.

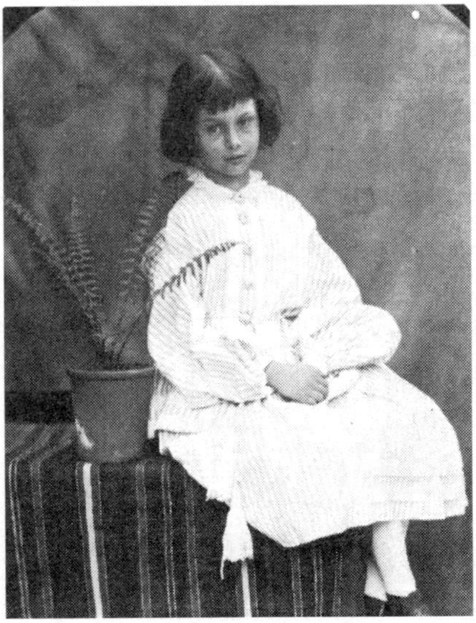

앨리스의 모델이 되었던 앨리스 리델(Alice Liddell)

이 소설의 주인공의 모델이 된 앨리스 리델의 진술도 세세한 부분에서는 차이가 있지만 이와 비슷하다. 앨리스 리델은 1862년 7월 4일 뜨거운 황금빛 오후에 보트여행을 하다 뜨거운 열기를 피해 갓스토우 근처 어느 목장의 건초더미 그늘 아래서 쉴 때, 자신을 포함한 자매들의 요청에 따라 캐럴이 이야기를 시작하였고, 이 이야기에 특히 감명 받은 자신이 자신을 위해 그 이야기들을 책으로 써 달라고 다음날 졸라, 결국 캐럴이 이 책을 집필하게 되었다고 말하였기 때문이다. 여기서 앨리스 리델의 진술이 덕워쓰의 진술과 근본적으로 다른 것은 그 유명한 보트여행을 한 날에 캐럴이 한 이야기는, 캐럴이 한 수많은 이야기 중 일부라는 것이다. 즉, 캐럴이 그날 한 이야기뿐만 아니라, 그날 전후에 한 이야기들이 이 작품에 담겨 있다고 앨리스는 진술하여, 이 작품이 단 하루 만에 쓰여 졌다는 덕워쓰의 진술과는 상당한 차이를 보인다.

이 두 사람의 말 중 어느 쪽이 더 진실에 가까운지는 캐럴 자신의 진술을 근거로 판단해 볼 수 있다. 1887년에 쓴 『무대 위의 앨리스』(*Alice on the Stage*)에서 캐럴은 이 작품을 쓰게 된 동기와 작품의 내용에 대해서 보다 구체적인 진술을 한다. 캐럴은 여기서 이 작품이 앨리스의 요청에 의해 쓰여지게 되었으며, 작품의 내용은 자신이 앨리스 자매에게 하였던 이야기뿐만 아니라, 이 작품을 쓰면서 새로이 추가한 것으로 구성되었음을 밝히고 있다. 즉, 캐럴이 이 작품을 쓰게 된 계기는 앨리스였지만, 그 내용은 앨리스와 그녀의 자매에게 1862년 7월 4일에 한 이야기뿐만 아니라, 그 전후에 한 이야기들(예를 들어 앨리스가 흘린 눈물이 웅덩이를 이루어, 앨리스를 포함한 여러 동물들이 물에 젖은 이야기는, 그 유명한 보트여행을 하기 이전인 1862년 6월 17일에 캐럴과 덕워쓰, 그리고 리델 자매들이 소나기를 맞아 온몸이 젖었던 경험을 토대로 쓴 이야기다), 그리고 이 작품을 집필하면서 떠오른 새로운 이야기들로 구성되어 있어서, 덕워쓰의 진술은 과장되었고, 앨리스의 진술도 정확히 사실과 일치하지 않음을 우리는 알 수 있다.

이 작품이 하루 만에 집필되었다는 덕워쓰의 진술이 근거가 없음을 정면으로 보여주는 것은 바로 캐럴의 일기다. 자신의 삶을 꼼꼼히 기록하였던 캐럴은 1862년 7월이 아니라, 1863년 2월 10일에 이 작품의 뼈대가 되었던 『지하세계에서의 앨리스의 모험』(*Alice's Adventures*

테니엘의 자화상, 1889년

under Ground) 원고를 자신이 탈고하였으며, 1864년 9월 13일에 이 소설의 삽화를 자신이 다 완성하였고, 1864년 11월에 완성된 책을 앨리스에게 보내주었다고 일기장에 기록하였기 때문이다. 그러나 캐럴은 여기서 만족하지 않았다. 자신이 쓰게 된 이야기에 지대한 관심을 갖게 된 캐럴은 『지하세계에서의 앨리스의 모험』을 보다 확대하여, 『이상한 나라에서의 앨리스의 모험』로 개작하고, 이 책의 삽화를 당대 유명화가였던 테니엘(John Tenniel)에게 부탁하였기 때문이다.

테니엘과 캐럴은 이 책의 삽화를 완성하기 위해 긴밀한 의견교환을 하였던 것 같다. 테니엘은 캐럴이 작품에서 묘사한대로 그림을 그리려 하였지만, 때로 자신의 의견을 제시하며 작품의 내용 수정도 요구하고(한 예로 「가발 속의 장수말벌」(Wasp in a Wig)는 테니얼의 제안에 따라 최종 인쇄할 때 이 작품에서 삭제하였다), 때로는 캐럴의 주문과는 다소 다르게 그림을 그리기도 하였기 때문이다(캐럴은 『거울 속으로』에 등장하는 White Knight를 젊게 그려달라고 요청했지만 테니엘은 긴 수염이 난 나이든 인물로 그렸다). 그 결과 글뿐만 아니라 그림에 있어서도 당시대에 상당한 인기를 누리게 되었던 『이상한 나라에서의 앨리스의 모험』이 1865년 7월 그 첫 선을 보이게 되었던 것이다. 그리고 캐럴의 요청에 따라 이 책의 특별판이 제작되었고, 이는 앨리스의 생일이자, 그 유명한 보트 놀이가 있던 날로부터 정확히 3년 후인 1865년 7월 4일에 앨리스에게 보내졌다. 하지만 이 책의 삽화가인 테니엘은 자신이 그린 그림의 인쇄상태에 대해 무척 불만을 표해, 캐럴은 이를 폐기처분하고 완전히 다시 인쇄하기로 결심하였다. 따라서 그해 11월 캐럴의 요청에 따라 이 책은 다시 인쇄되어 출판되었던 것이다(하지만 책의 출판 날짜는 1866년으로 표기되었다).

B. 『거울 속으로』(*Through the Looking-Glass*)

출판되자마자 많은 독자들의 관심을 불러일으키며 좋은 호응을 받았던 덕분에, 캐럴은 이 책의 후속편을 생각하게 되었고, 1867년 2월에는 앨리스를 주인공으로 하는 또 다른 책이 얼마 지나지 않아 완성되리라는 사실을 출판사에 알림으로써 이 책의 후속편이 임박하였음을 분명히 밝히고 있다. 하지만 『이상한 나라에서의 앨리스의 모험』의 후속편인 『거울 속으로』의 집필이 어떤 계기에서 시작되었는지에 관해서 캐럴은 특별한 기록을 남기고 있지 않았다. 이 작품의 시작 부분에 나오는 시에서 캐럴은 『이상한 나라에서의 앨리스의 모험』을 계획하게 된 계기가 되던 보트여행을 하던 날을 언급하였을 뿐, 이 작품을 구상하거나 계획한 독자적인 날이나 계기를 전혀 언급하고 있지 않기 때문이다.

따라서 우리는 캐럴이 아니라 이 소설의 주인공 앨리스의 모델이 된 앨리스 리델의 진술과 캐럴의 사촌 앨리스 라이크스(Alice Raikes)의 진술에서 이 작품이 집필된 계기를 찾을 수밖에는 없다. 캐럴 탄생 100주년이 되던 1932년 앨리스 리델은 이 후속 작품도 갓스토우로 보트여행을 떠나기 전에, 캐럴이 자신들에게 해 준 많은 이야기들로 구성되어 있으며, 특히 자신들이 체스를 배우던 시절에 캐럴이 해준 이야기의 대부분이 이 작품에 포함되었다고 말함으로써, 이 작품과 자신과의 연관성을 강조하였다. 그러나 캐럴의 사촌이자 캐럴과 어린 시절부터 교분을 나누었던 앨리스 라이크스는 이 작품의 탄생에 자신의 영감이 작용하였다고 다음과 같이 회고하고 있다.

> . . . 우리는 그[캐럴]를 따라 그의 집에 들어간 후, 구석에 거울이 있고, 가구로 꽉 찬, 그의 방으로 들어갔다. 그때 그는 오렌지를 주면서 나에게 "자, 네가 그것을 어느 손에 들고 있는지 우선 말해 보렴"이라고 말해, 내가 "오른손이요"라고 대답하자, 그는 "그럼 저 거울 앞에 가서 서 보렴. 그리고 네가 보는 저 작은 소녀가 그것을 어느 손에 들고 있는지 말해 보렴"이라고 말했다. 좀 당황하여 생각에 잠긴 후, 내가 "왼손이요"

> 라고 대답하자, 그는 "정확히 그렇지, 그런데 이걸 어떻게 설명할 수 있겠니?"라고 물어 보았다. 난 그것을 설명할 수는 없었다. 하지만 어떤 해결책이 있을 수 있다는 생각이 들어, 나는 과감히 "내가 저 거울 속에 있으면, 그 오렌지는 여전히 제 오른손에 있지 않을까요?"라고 대답했다. 그때 난 그의 웃음을 기억할 수 있다. 그는 "잘했어, 앨리스. 내가 들은 최고의 답변이야"라고 말했다.

후속 작품의 제목이 『거울 속으로』이란 사실과 이 작품의 주요 모티브가 체스게임이란 사실은 이 두 명의 앨리스가 이 작품의 탄생에 어느 정도 영향을 미쳤다고 생각해 볼 여지는 있지만, 두 명 모두 다의 진술이 앨리스가 탄생한지 100년이 지난 후에, 그것도 캐럴의 사망이 후에 이루어졌기 때문에, 그 진술의 확실성을 담보할 수는 없다. 하지만 캐럴이 이 책이 출판되었을 때 표지에 거울을 넣은 증정판을 따로 만들어 앨리스 리델에게 보냈다는 사실은, 앨리스가 여전히 이 작품의 구상과 집필에 영향을 미쳤음을 시사하고 있다.

하지만 캐럴이 이 후속 작품에 거울의 모티브를 도입하려 한 것은 그가 앨리스 라이크스를 만나기 전의 일이었다. 이는 1868년 1월에 그가 출판사에 보낸 편지에서 드러난다. 캐럴은 자신이 쓸 책의 한 두 쪽을 거꾸로 인쇄할 수 있는지 출판사에 문의하여, 거울에 비춘 듯이 거꾸로 인쇄된 "Jabberwocky"란 시와, 거울 속 세상이라는 모티브를 이 작품에 도입하기로 이미 캐럴이 마음먹고 있었음을 우리는 짐작할 수 있기 때문이다. 그리고 그해 4월 8일 캐럴은 자신의 일기장에서 이 작품의 삽화를 테니엘이 그려주기로 자신과 합의하였다는 사실을 밝히고 있어, 이 작품과 『이상한 나라에서의 앨리스의 모험』과의 연속성을 그가 꾀하고 있었음을 우리는 알 수 있다.

캐럴이 이 작품의 상당부분을 마무리한 시기는 1868년 말이었던 것 같다. 그해 12월에 출판사에 보낸 편지에서 캐럴은 이 작품의 원고가 거의 완성되었다고 밝혔으며, 당시 캐럴과 서신 왕래를 하던 어린 소녀에게 다음 해 크리스마스 때까지는 테니엘이 삽화를 완성할 수 있을 것이란 희망적인 관측을 내 놓았기 때문이다. 하지만 캐럴이 실제로 이 작품을 완성한 것은 1871년 1월 4일이었으며, 작품의 제목도 원래 그가 생각하였던 "*Behind the Looking-Glass and What Alice Found There*"에서 출판사의 제안에 의해 "Through the Looking-Glass"로 바뀌게 된다. 또한 테니엘도 이 책의 삽화를 그리는데 상당한 시간을 소요하여, 결국 1871년 12월 6일에야 이 책의 초판이 나오게 되었고, 캐럴은 증정본을 앨리스 리델에게 12월 8일에 보낼 수 있었던 것이다.

작품 분석과 주제

A. 『이상한 나라에서의 앨리스의 모험』 (*Alice's Adventures in Wonderland*)

성경과 셰익스피어(Shakespeare) 다음으로 가장 많이 인용되는 루이스 캐럴(Lewis Carroll)의 『이상한 나라에서의 앨리스의 모험』과 『거울 속으로』의 인기는 전 세계 대부분의 나라의 언어로 번역되었다는 단순한 사실과, 이 당시에 쏟아져 나온 이 작품의 아류들로서 대강 *Mabel in Rhymeland* (Edward Holland작), *From Nowhere to the North Pole* (Tom Hood작), *Elsie's Expedition* (F. E. Weatherly작), *A Trip to Blunderland* (Jambon작) 등등이 있다는 사실을 통해서도 실감할 수 있을 것이다.

이러한 인기와 더불어 이 작품에 대한 평가도 호의적이어서 *Athenaeum*은 "모든 연령의 수많은 어린아이들에게 행복을 가져다 줄 수 있는 잠재성이 있는 작품"이라고 평가하였고, *Examiner*는 이 작품에 드러난 위트와 유머는 모든 연령의 독자들을 즐겁게 할 것이라고 말하였으며, 헨리 킹스리(Henry Kingsley)는 "*Martin Chuzzlewit* 이후에 쓰여진 가장 훌륭한 작품"이라고 이 작품을 극찬하였다.

이처럼 대중적 인기를 누리며 비평가들의 찬사를 받아온 작품이지만, 이 작품의 본질에 대한 해석은 실로 다양하였다. 우선 비평가들은 이 작품에 나타난 언어적 유희, 수학적, 논리적 퍼즐게임, 그리고 어린 시절에 대한 작가의 향수에 주목하면서, 이 작품을 전기적, 심리학적, 언어학적, 철학적 등등의 여러 관점에서 접근하기 때문이다. 예를 들어 래킨(Rackin)은 의미 없는 세계에서의 의미에 관한 존재론적 해석을 이 작품에서 찾으려 하였고, 테일러(Alexander Taylor)는 이 작품에서 캐럴이 살던 당시대의 종교사에 대한 작가의 견해를 찾으려 하였으며, 캐럴 비평의 전기를 마련한 엡슨(William Empson)은 이 작품을 심리학적으로 접근하여 앨리스를 남근의 상징으로, 앨리스의 여행을 어머니의 자궁으로의 여행으로 해석하였다.

이처럼 이 작품을 보는 시각이 여럿 존재하지만, 이 작품의 근본적인 특징은 이 작품이 난센스문학이라는 점이다. *Pall Mall Gazette*는 이 작품을 "난센스의 승리"(triumph of nonsense)라고 칭하였고, *Illustrated Times*는 이 작품에 나타난 난센스적인 요소를 지적하며, 이 작품을 "너무나도 부조리한" 작품이라고 부정적으로 평가하였던 것이다. 이는 이 작품에 나타난 각 장면간의 논리적 연결성이 부족하여, 각 장면을 연결하는 것은 주인공 앨리스의 호기심뿐이라는 사실, 그리고 각 등장인물들의 말이나 행동이 전혀 사리에 맞지 않고, 전혀 예측가능하지도 않다는 사실에서 그 근거를 찾을 수 있다. 더욱이, 항상 묘한 미소를 지으며 이 작품에 등장하는 채셔 고양이(cheshire cat)의 말처럼 "모두가 미친" 이 이상한 나라에서 벌어지는 일은 모두 난센스 그 자체일 수밖에 없는 것이다.

따라서 이런 난센스에 익숙하게 되어, 등장인물들이 벌이는 황당한 언행을 아무렇지도 않게 받아들이기 시작하는 앨리스처럼, 작가는 우리 독자들도 그 어느 것도 가능할 수 있다는 사실을 받아들이기 원치 않나하는 의심까지 들게 한다. 하지만 이 작품이 난센스 문학이라 할지라도 이 작품은 나름대로의 내적인 논리로 전개되며, 나름대로의 의미를 가지고 있다. 즉, 작가는 아무런 의미도 없는 것처럼 보이는 바로 이 난센스를 통해서, 자신의 메시지를 전달하고자 하고 있으며, 그의 메시지는 이런 난센스를 통해서 가장 적절하게 전달될 수 있는 것이다. 이를 살펴보기 위해 우선 우리는 이 작품이 이 작품 이전에 출판된 타 아동문학과 어떻게 다른지 알아보아야 할 것이다.

기존의 아동문학의 특징에 대해서 말하자면 우선 그 교훈성을 들 수 있을 것이다. 전형적인 빅토리아(Victoria) 시대의 문학처럼, 이 당시에 쓰여진 대부분의 아동문학은 종교적이던 도덕적이던 간에 아이들에게 가르침과 교훈을 주고자 한 것이다. 하지만 캐럴의 위 두 작품은 이와는 반대로 그 어떤 교훈성도 드러내고 있지 않다. 이는 우선적으로 이 두 작품의 주인공인 앨리스를 통해서 드러난다. 앨리스는 이상한 나라나 거울 속 세상에서 그 어떤 교훈도 얻지 않으며, 경험을 통한 어떠한 정신적 성숙도 이루지 않는다. 오히려 캐럴은 앨리스를 통해 도덕과 교훈을 강조하는 기존의 아동문학에 대해 불만을 토로하는데, 그것은 바로 자기 언니가 읽고 있는 책에 대한 앨리스의 불만을 통해서 제시된다. 앨리스는 자기 언니가 읽는 책을 살펴보고는 "그림과 대화가 없는 책이 무슨 소용이람?"이라고 말하여, 딱딱한 도덕성만 강조하고 재미를 도외시하는 기존의 아동문학에 대한 반감을 나타냈기 때문이다. 하지만 이는 이 작품에 등장하는 공작부인을 통해서도 제시된다. 앨리스가 하는 모든 말에서 도덕적 혹은 교훈적인 의미를 찾아내려고 애쓰면서 "모든 것에는 교훈이 있어, 찾을 수만 있다면 말이야"라고 외치는 못생긴 공작부인을 풍자적으로 그림으로써 작가 캐럴은 책에서 도덕과 교훈을 찾으려하는 당시 빅토리아 시대의 풍조를 은근히 비난하고 있기 때문이다.

교훈주의에 대한 반발과 더불어 캐럴의 작품이 기존의 아동문학과 다른 점은 사실주의를 배격하고 있다는 점이다. 기존 아동문학은 도덕성, 교훈성을 강조하기 위해 사실적인 수법을 사용하여 작품을 전개한다. 이는 현실세계를 살아가는데 필요한 교훈을 어린독자들에게 제대로 전달하기 위해서는 사실적인 방법이 최선이라고 생각한데에서 기인한 것 같다. 하지만 캐럴의 경우는 이와는 정반대다. 교훈주의에 반감을 갖고 있던 그는 현실세계를 사실적으로가 아니라, 마치 꿈속의 세계, 혹은 상상의 세계인 것처럼 전혀 비사실적으로 그리고 있기 때문이다. 자기 언니가 읽는 그림 없는 책에 염증을 느낀 앨리스가 언니의 책에서 시선을 떼고, 조끼를 입고 시계를 꺼내 쳐다보며 허둥지둥 어디론가 달려가는 토끼를 쫓아, 토끼 굴로 뛰어들게 되는 장면으로 이 작품을 시작한 이유가 바로 여기에 있다. 캐럴은 논리와 이성에 호소하는 기존의 아동문학의 패러다임을 벗어나, 비논리와 난센스가 지배하는 상상의 세계로 독자들을 안내하고자 하였던 것이다. 즉, 그의 난센스 문학 자체가 바로 기존의 아동문학의 패러다임을 거부하기 위한 몸짓인 것이다.

앨리스가 전형적인 동화의 주인공이 될 수 없는 이유도 여기에 있다. 앨리스는 완전무결할 정도로 고결하고 정숙한 동화의 여주인공도, 결국 개과천선하는 못된 여주인공의 모습도 가지고 있지 않다. 앨리스를 이상한 나라로 안내하고, 이상한 나라를 탐험하게 하는 것은 오로지 앨리스 자신의 호기심이다. 앨리스가 이상한 나라에서 접한 경험을 통해 그 어떠한 정신적 성숙도 이루지 못하는 이유는 바로 이 때문이다. 이 이상한 나라는 앨리스에게 전해줄 교훈도, 가르칠 도덕도 없다. 따라서 체스터턴(Gilbert Chesterton)은 "루이스 캐럴의 작품을 읽어야 할 사람은 어린이가 아니다"라고 하였고, 고든(Jan Goddon)은 이 작품을 "아동문학이 아니라 퇴폐적인 성인 문학"이라고 부르며, 이 작품이 어린이를 위한 동화가 아니라는 주장을 폈던 것이다.

여기서 더 나아가서 고든은 이 작품의 중심내용이 되는 앨리스의 꿈을 하나의 악몽이라고 규정함으로써 이 작품이 기존의 아동문학과 근본적으로 다르다는 사실을 지적한다. 그의 지적대로 이 작품에서 앨리스가 꾼 꿈을 아름답고 이상적으로 볼 수 없는 근거는 이 작품의 여러 군데에서 발견된다. 우선 앨리스가 작품의 시작부분에서 그렇게 가고 싶어 했던 정원은 에덴동산과 같이 아름다운 자연도, 전원적이거나 평화로운 곳도 아니다. 더욱이 이곳에 있는 붉은 장미꽃들은 자연 그대로의 모습이 아니라 흰 장미에 붉은 칠을 한 것이며, 이곳을 지배하는 여왕은 카드의 여왕으로 자신의 마음에 들지 않은 모든 사람들 혹은 동물들 심지어 카드들의 목을 벨 것을 수시로 명령하는 포악한 존재다. 즉, 폭력과 목숨에 대한 위협이 난무한 이 세계에서 우리는 전원에서 느낄 수 있는 그 어떤 평화를 기대할 수 없는 것이다.[1)]

이와 더불어 앨리스가 접하는 세계의 또 하나의 특징은 이 세계에서는 가치가 전도되고 위계질서가 극도의 혼란으로 무너지고 있다는 점이다. 이 나라에서는 앨리스가 토끼의 하녀가 되고, 카드의 여왕이 통치자로 등장한다. 따라서 모자장수와 같은 사람이나 토끼와 같은 동물이 이 카드여왕의 지배를 받게 되고, 심지어 카드여왕이 크리켓을 칠 때 고슴도치와 플라밍고는 크로켓의 공, 타구봉의 역할을 하여, 무생물이 하여야 할 역할을 살아있는 동물이 대신하기도 한다. 즉, 이

1) 이런 폭력적인 모습은 『거울 속으로』에서도 마찬가지로 나타난다. 앨리스에게 말을 건네는 꽃들에게서 우리는 평화로움 보다는. 시기와 질투, 심지어 공격적인 행태를 발견하게 되기 때문이다.

세계에서는 동물과 인간과의 위계질서뿐만 아니라, 생명체와 무생물 간의 위계질서도 완전히 뒤죽박죽이 되는 것이다.

이런 혼란과 무질서는 이 작품의 난센스적인 요인으로 작용하면서, 동시에 이 작품을 하나의 풍자로서 자리 매김한다. 즉, 캐럴은 앨리스가 접하는 난센스적인 상황을 통해서 앨리스가 접하는 인물들이 대변하는 관습과 제도, 그리고 삶의 행태를 풍자하는 것이다. 정당의 후보를 지명하는 회의인 caucus를 시작과 끝이 구분되지 않는 원을 그리며 뛰는 동물들의 경주로 묘사한 것은, 당시 정치인들에 대한 풍자인 동시에, 아무런 의미 없이 다람쥐 쳇바퀴 돌듯이 살아가는 인간의 삶에 대한 풍자이기도 하다. 또한 끊임없이 이어지는 미친 모자장수와 3월의 토끼(March Hare)가 벌이는 티파티는, 티타임에서 보이는 당시 사회의 공허한 에티켓을 풍자하기 위한 것이고, 가짜 거북이(Mock Turtle)가 학창시절에 배웠다고 나열한 과목은 당시 교육제도에 대한 풍자이며, 자세한 설명과 함께 그 방법을 묘사한 랍스터 카드릴(Lobster Quadrille)은 당시 유행했던 춤에 대한 간접적 풍자인 것이다. 하지만 이 작품에서 가장 심각한 풍자의 대상은 법집행에 관계된 것이다. 범인으로 몰린 카드의 잭에 대한 판결부터 우선 내리고 그 후에 증인의 진술을 듣겠다는 카드의 여왕, 그리고 이런 황당한 결정에 그 어떤 이의나 의견도 제시하지 않는 배심원들의 행태는 이 나라에서의 법제도는 그야말로 불합리 그 자체임을 보여주기 때문이다.

아동문학에서 흔히 다루는 주제중 하나는 정체성의 문제다. 이는 성장 중인 아동들이 흔히 부딪치게 되는 문제가 바로 정체성이란 것이기 때문인데, 이 때문에 대부분의 아동문학은 허튼(Haughton)의 지적처럼 일종의 "소형 성장소설"이라고 불릴 수 있는 것이다. 이 점에서 캐럴의 이 작품도 예외는 아니다. "내가 도대체 누구지?"라는 말을 뇌까리는 앨리스는 자신의 정체성에 대해 스스로에게 끊임없이 질문을 던지기 때문이다. 앨리스가 이처럼 스스로의 정체성에 대해 당혹스러워 하는 이유는 자신의 신체의 크기가 수시로 변화하고, 자신이 원래 살던 세계에서 알고 있었던 사실을 이 이상한 나라에 와서는 제대로 기억하지 못하기 때문이다. 앨리스가 와트(Isaac Watt)의 "How doth the little busy bee"라는 시를 암송하던 도중 "industrious bee" 대신에 "predatory crocodile with gentry smiling jaws"로 바꾸어 암송하자, 자신이 무식쟁이 마벨(Mabel)일지도 모른다고 생각하는 것이 바로 그 대표적인 예다.

하지만 앨리스의 정체성에 대한 회의는 그녀 스스로에 의한 것만은 아니다. 앨리스가 이상한 나라에서 접하게 되는 곤충이나 동물도 앨리스의 정체성에 심각한 도전을 하기 때문이다. 캐터필러(Caterpillar)는 자신의 정체성에 대해 스스로 의문을 품는 앨리스에게 마치 앨리스의 마음을 읽기라도 하는 듯, "너는 누구냐?"하고 질문하여, 가뜩이나 자신의 정체성에 혼란을 느낀 앨리스를 더욱 당혹스럽게 만들었고, 목이 길어진 앨리스를 본 비둘기가 다시 한번 앨리스에게 "너는 누구냐?"고 물어, 앨리스는 자신의 정체성에 대해 다시 한번 고민에 빠지게 되기 때문이다.

이상에서 살펴본 바를 보아도 『이상한 나라에서의 앨리스의 모험』은 분명 앨리스의 악몽이라고 해도 과언이 아니다. 혼란과 폭력 그리고 생명에 대한 위협이 가득한, 그리고 무질서와 부조리가 지배하는 이 이상한 나라는 앨리스가 깨어나고 싶은 악몽임이 분명하기 때문이다. 하지만 잠에서 깨어난 앨리스의 이야기를 들은 앨리스의 언니의 반응은 사뭇 다르다. 앨리스가 꾼 꿈은 분명 악몽임이 틀림없지만, 앨리스의 언니는 이를 앨리스의 순수한 마음이 만들어낸 환상으로 간주하며, 이를 긍정적으로 여기기 때문이다. 이 작품의 마지막에 소개되는 앨리스의 언니의 이러한 생각은 이런 의미에서 이 작품의 중심내용과 확실한 아이러니를 이룬다.

> 그녀[앨리스의 언니]는 자신이 이 작은 여동생이 후에 어떻게 성인이 될지, 그리고 나이가 들어서도 그녀가 어린 시절에 갖던 소박하고 애정어린 마음을 어떻게 그때까지 유지할지, 그리고 앨리스가 자신의 어린아이들을 주위에 불러 모아, 그들의 눈을 많은 이상한 이야기들로, 아마도 오래 전에 꾼 이상한 나라에 대한 꿈 이야기로, 어떻게 밝게 불타오르게 할지 상상해 보았다.

B. 『거울 속으로』(*Through the Looking-Glass*)

『이상한 나라에서의 앨리스의 모험』의 후속편인 『거울 속으로』는 역시 전작과 같이 난센스 문학이며, 앨리스가 여전히 주인공으로 설정되었다는 점에서 공통점이 있지만, 분명 그 차이점도 있다. 우선 이 작품의 주인공 앨리스가 『이상한 나라에서의 앨리스의 모험』에서는 정확히 7살이지만, 『거울 속으로』에서는 정확히 7살 6개월, 그러니까 전작이 5월 4일이라는 봄날에 바깥에서 벌어진 일이라면 『거울 속으로』는 11월 4일이라는 초겨울에 실내에서 벌어진 일이라는 사실이다.

또 하나의 차이는 『거울 속으로』에서 캐럴은 전작에서 보다 더 직접적으로 현실 세계의 모습을 보여주고 있다는 것이다. 당시의 기차나 신문, 그리고 우편제도에 대한 언급이 작중에 직접 나오고, 바삐 돌아가는 산업사회의 모습이 이 작품의 등장인물들을 통해서 제시되고 있는 것이 바로 이 작품의 이러한 면을 두드러지게 한다. 가령 Red Queen이 앨리스에게 "같은 장소에 머물기 위해서는 최대한 달려야 한다"고 말하는 것이나, 기차에 탄 승객들이 "일 분이 천 파운드의 가치, 일 인치의 땅은 천 파운드의 가치, 말 한마디는 천 파운드의 가치가 있다"고 말하는 장면은 산업화 논리에 따른 바쁜 경쟁시대의 모습을 보여주고 있으며, 왕과 여왕의 싸움, 사자와 유니콘의 싸움은 실제의 정치적 다툼과 영국과 스코틀랜드간의 묘한 경쟁을 암시하고 있는 것이다. 심지어 캐럴은 당시에 정치적 라이벌이었던 그래드스톤(William Gladstone)과 디즈라엘리(Benjamin Disraeli: 디즈라엘리는 종이로 된 옷을 입고 신문을 입고 있는 인물로 이 작품에 등장한다)를 앨리스가 탄 기차에 등장시켜, 당시의 정치적 상황을 이 작품을 통해 간접적으로 투영하고 있다.

그러나 이 작품이 전작과 두드러지게 다른 점은 이 작품에서 캐럴은 거울이라는 모티브를 처음으로 사용하고 있다는 점이다. 자신의 어린 친구에게 편지를 쓸 때, 종종 거울에 비쳤을 때의 모양으로 글씨를 썼던 캐럴은, 거울이라는 모티브를 통해서 모든 것이 반대로 진행되는, 혹은 반대인 세계를 이 작품에서 그리고자 하였던 것이다. 따라서 이런 반대(거꾸로)의 논리가 적용되는 이 거울 속 세상에서 들어온 앨리스는 Red Queen에게 가까이 가기 위해서, 그녀로부터 멀어지게 걸어야 하는 것이다.

하지만 이는 단순한 공간적인 개념에만 적용되는 것은 아니다. 이 거울 속 세계에서는 시간도 거꾸로 흘러가기 때문이다. 즉, 결과가 먼저 일어나고 원인이 나중에 일어나는 상황이 이 세계에서 벌어지는 것이다. 예를 들어 White Queen의 손에서 피가 먼저 난 후에, 그녀는 자신의 숄을 고정시키던 브로치에 찔리게 되는 것이다. 이는 감옥에 투옥된 왕의 사자에게도 적용된다. 우선 왕의 사자는 감옥에 투옥되고, 그 후에 그에 대한 재판이 벌어지고, 마지막으로 그는 죄를 저지르는 것이다. 모든 결과가 일어난 후, 원인제공을 하는 사건이 벌어지는 이러한 시간의 기이한 역류는, 모든 것은 이미 다 결정되었다는 사실을 보여주는 예로서도 인식될 수 있다.

이러한 사실은 이 작품의 전반에 흐르는 결정론적 세계관에 의해서 강조된다. 『이상한 나라에서의 앨리스의 모험』이 그 방향을 종잡을 수 없을 정도로 혼란스런 세상, 따라서 예측 불가능한 세상을 보여주었다면, 『거울 속으로』에 나타난 세상은 기하학적으로 정돈된, 즉, 체스 판처럼 고정되고 그 틀 안에서만 움직이는 세상이다. 즉, 이상한 나라에 등장하는 인물들은 자신의 머릿속에 떠오르는 생각을 마음대로 말하고, 마음대로 행동할 수 있지만, 거울 속 세상의 인물들은 아무런 선택권 없이 체스의 룰에 따라 기계적으로 움직여, 이들의 행동은 항상 예측가능하다. 다시 말하면 캐럴은 인간의 삶이 정해진 룰에 의해 지배되고 통제받는다는 사실을 인생을 하나의 체스게임에 비유함으로써 제시하고 있는 것이다. 캐럴이 이 작품에 등장하는 모든 인물들을 체스 판의 장기로, 심지어 앨리스 자신도 체스 판의 졸로 묘사하고 있는 이유는 바로 여기에 있다. 따라서 앨리스는 이상한 나라에서와는 달리 이곳에서는 자신이 가고 싶은 대로 갈수도, 하고 싶은 것도 마음대로 할 수도 없는 것이다.

이는 다른 등장인물들도 마찬가지다. 여왕이나 기사도 체스 판의 말이기 때문에 이들의 이동경로는 이미 결정되었지만, 체스 판의 말이 아닌 등장인물들도 이미 정해진 규칙에 따라 행동할 수밖에 없기 때문이다. Red Knight와 White Knight는 체스 판의 말이기 때문에 그들이 원하던 원치 않던 간에 정해진 시간에 싸워야 하지만, 체스 판의 말이 아닌 트위들 형제도 동요에 나온 내용대로 싸워야 하고, 험티덤티(Humpty dumpty)도 동요의 내용처럼 담장에서 떨어져야 하며, 왕은 담장에서 떨어진 그를 구하기 위해 동요에서처럼 자신의 말과 부하를 보내야만 한다. 이는 사자와 유니콘의 경우도 마찬가지로, 이들도 동요에 묘사된 것처럼 서로 싸울 수밖에 없는 것이다. 앨리스가 이들이 앞으로 어떻게 할 지 이미 다 알고 있는 이유는 바로 여기에 있는 것이다.

이런 결정론적 세계관과 더불어 이 작품에서 캐럴이 유달리 관심을 보이는 부분은 언어에 관한 것이다. 물론 이상한 나라에서도 수많은 말장난과 펀을 사용한 언어적 유희가 수없이 나타나지만, 여기선 그런 유희적 차원을 넘어서, 언어 자체의 속성에 대한 작가의 진지한 고찰이 엿보인다. 이는 현학적인 언어학자의 모습을 띠는 험티덤티의 진술을 통해서 제시된다. 험티덤티는 "내가 단어를 사용할 때, 그것은 내가 어떤 단어로 하여금 내가 원하는 의미를 의미하게 할 때를 말한다"라고 말함으로써, 언어의 의미는 고정된 것이 아니라, 임의적이며 다중적이라는 사실을 인정하고 있기 때문이다.

언어의 이러한 속성이외에 언어는 언어 사용자의 자아에 대한 인식을 분명히 하고, 타인과 자아를 구분 짓는 역할을 한다. 자신의 이름을 잊게 하는 숲속에 들어선 앨리스는 역시 자신의 이름을 잊어버린 새끼사슴(fawn)의 목을 손으로 감싸며 다정하게 이야기를 나누며 걸어간다. 이때 앨리스와 새끼사슴이 이런 행동을 할 수 있는 이유는 자신들이 각기 인간과 동물이라는 이름으로 불린다는 사실을 인식하지 못하며, 같은 신의 피조물로서 동등하게 생각하기 때문이다. 하지만 숲을 벗어나 새끼사슴이 자신은 새끼사슴으로, 앨리스는 인간이라는 이름으로 불린다는 사실을 깨닫게 된 순간, 갑작스럽게 공포를 느끼며 전속력으로 달아난다. 새끼사슴은 자신에게 주어진 이름과 앨리스에게 주어진 이름을 통해서 자신과 앨리스의 관계가 어떤 것인지, 즉, 앨리스는 자신의 적이라는 사실을 인식하게 된 것이다. 즉, 이름은 자신과 타자와의 관계를 설정하는데 결정적인 역할을 하고 있음을 이 장면은 잘 보여주는 것이다.

이상과 같이 앨리스를 주인공으로 한 두 작품의 차이점에 대해서 살펴보았지만, 위 두 작품에는 난센스 문학이라는 사실이외에도 근원적인 공통점이 있다. 그것은 이 작품이 ("dark comedy"혹은 "희비극"이라고 부를 수도 있겠지만) 희극적이라는 사실이다. 혼란으로 점철된 뒤죽박죽의 세상, 앨리스가 깨어나고 싶은 악몽과도 같은 세상, 혹은 모든 것이 이미 다 결정되어 인간이 독자적으로 할 수 있는 것은 하나도 없는 세상, 이런 세상에서의 앨리스의 경험이 희극적으로 보일 수 있는 주요한 이유 중 하나는 앨리스나 작가 캐럴이 이 소설에 등장하는 인물들에게 그 어떠한 감정적 몰입을 하지 않는다는 사실이다. 즉, "인생을 느끼는 사람에게 인생은 비극이지만, 인생을 생각하는 사람에게 인생은 희극이다"라는 18세기 영국의 소설가 호레이스 월폴(Horace Walpole)의 말처럼, 캐럴이나 앨리스는 등장인물들에 대해 어떠한 감정적 반응을 하지 않고, 항상 이성적 거리를 유지하며 이들을 응시만 하기 때문에, 이 작품에서 우리는 어떤 비극적 경험을 하기보다는 우스꽝스러움만을 발견하는 것이다.

하지만 앨리스가 자신이 만난 등장인물과 감정적 교류를 할 여지가 없었던 것은 아니다. 대부분의 등장인물들이 앨리스에게 불친절하거나 무관심하기 때문에 앨리스가 이들에게 감정적인 교감을 할 기회는 없었지만, 작가 캐럴을 희화하여 등장시킨 White Knight는 예외적 인물이다. 이 작품에서 유일하게 앨리스에게 친절하게 대하며 그녀를 여왕이 될 수 있는 지점까지 안내하였던 그는 자신이 돌아서는 길에 앨리스에게 눈으로라도 배웅해 달라고 요청함으로써, 앨리스와 그와의 작별 장면은 사뭇 애처로울 수 있는 여지가 많았다. 하지만 캐럴은 앨리스로 하여금 그가 숲으로 사라지는 과정에서 말에서 여러 번 떨어지는 장면을 목격하게 함으로써, 앨리스가 자칫 감정에 쏠릴 수도 있는 여지를 차단하고, 앨리스로 하여금 아무런 미련없이 돌아서서 자신의 도착지로 출발하게 하여 이 작품의 희극성을 유지한다.

마지막으로 두 작품의 가장 근원적인 공통점은 꿈이라는 모티브를 가지고 있다는 점이다. 『이상한 나라에서의 앨리스의 모험』이나 『거울 속으로』가 모두 앨리스가 꾼 꿈이라는 아주 단순한 사실이외에도, 이 꿈이라는 모티브는 철학적 의미를 함축하고 있다. 이는 『거울 속으로』에 등장하는 트위들 형제가 자신들과 앨리스는 바로 앞에서 잠자고 있는 Red King의 꿈 속에 등장하는 인물에 지나지 않기 때문에, Red King를 깨울 수도 없고, 또한 Red King이 깨어나면 사라지는 존재라고 한 진술에서 찾아 볼 수 있다. 트위들 형제의 이런 주장은 인간을 포함한 이 세상은 절대자의 마음속에서만 존재한다고 말한 18세기 영국의 철학자 비숍 버클리(Bishop Berkeley)의 주장과 일맥상통하기 때문이다.

따라서 트위들 형제의 주장을 받아들이게 되면, 우리는 묘한 역설적 상황에 빠지게 된다. 이 작품이 앨리스의 꿈인 것은 분명하며, 앨리스의 꿈속에 Red King이 존재하는 것도 분명하다. 하지만 이 작품이 Red King이 꾸는 꿈속에 등장하는 앨리스가 꾼 꿈이며, 앨리스가 꾼 꿈속에 Red King이 다시 존재하는 것으로 본다면, 우리는 무엇이 원인이고 무엇이 결과인지 분간할 수 없는 상황에 이른다. 장자의 말처럼 장자가 나비가 되는 꿈을 꾼 것인지, 아니면 나비가 장자가 되는 꿈을 꾼 것인지 알 수 없는, 다시 말하면 실제와 꿈을 구별할 수 없는 애매모호한 상황에 우린 처하게 되는 것이다. 어쩌면 캐럴은 보트여행을 하면서 인생이 한바탕의 꿈일지도 모른다는 다음의 동요를 떠올리며, 꿈이라는 모티브를 이 두 개의 작품에 도입한 것인지도 모른다.

Row, row, row your boat
Gently down the stream;
Merrily, merrily, merrily, merrily,
Life is but a dream.

TEXT

Lewis Carroll

ALICE'S ADVENTURES IN WONDERLAND

All in the golden afternoon[1)]
  Full leisurely we glide;
For both our oars, with little skill,
  By little arms are plied,[2)]
While little hands make vain pretence
  Our wanderings to guide.

Ah, cruel Three! In such an hour
  Beneath such dreamy weather,
To beg a tale of breath too weak
  To stir the tiniest feather!
Yet what can one poor voice avail
  Against three tongues together?

Imperious Prima flashes forth
  Her edict[3)] to "begin it":
In gentler tone Secunda hopes
  "There will be nonsense in it!"
While Tertia interrupts the tale
  Not *more* than once a minute.

---

1) golden afternoon : 1862년 7월 4일로 이 날 캐럴은 친구 덕워쓰(Reverend Robinson Duckworth)와 리델(Liddell)가의 세 명의 어린소녀들과 함께 옥스퍼드(Oxford) 근방에 있는 포리 브리지(Folly Bridge)에서 갓스토우(Godstow)라는 마을로 이어지는 보트여행을 하였다. 이때 세 명의 여자아이들의 요청으로 이야기를 하기 시작한 캐럴은, 후에 이때 한 이야기를 토대로 이 작품을 쓰게 되었던 것이다. 이 작품의 서문 역할을 하는 이 시에서 캐럴은 그 세 명의 여자아이들 중 제일 맏이인 Lorina Charlotte Liddell(당시 13세)을 Prima로, 둘째이자 이 작품의 주인공의 모델인 Alice Pleasance Liddell(당시 10세)를 Secunda로, 그 중 가장 어린 Edith Liddell(당시 8세)을 Tertia라고 칭하고 있다.

2) plied : 바쁘게 움직이다.

3) flashes forth Her edict: flash forth는 '즉각 말하다', edict는 '포고', '칙령'; 즉, '즉시 명령을 내렸다'는 의미.

Anon, to sudden silence won,
  In fancy they pursue
The dream-child moving through a land
  Of wonders wild and new,
In friendly chat with bird or beast—
  And half believe it true.

And ever, as the story drained
  The wells of fancy dry,
And faintly strove that weary one
  To put the subject by,
"The rest next time—" "It *is* next time!
  The happy voices cry.

Thus grew the tale of Wonderland:
  Thus slowly, one by one,
Its quaint events were hammered out[4)]—
  And now the tale is done,
And home we steer, a merry crew,
  Beneath the setting sun.

Alice! A childish story take,
  And, with a gentle hand,
Lay it where Childhood's dreams are twined
  In Memory's mystic band,
Like pilgrim's wither'd wreath of flowers[5)]
  Pluck'd in a far-off land.

---

4) hammered out: 힘들여 만들어 내다(생각해 내다).
5) Like pilgrim's wither'd wreath of flowers: 그 당시에 성지로 가는 순례자들은 머리에 화환을 썼다고 한다.

CHAPTER I

DOWN THE RABBIT-HOLE

Alice[1] was beginning to get very tired of sitting by her sister on the bank, and of having nothing to do : once or twice she had peeped into the book her sister was reading, but it had no pictures or conversations in it, "and what is the use of a book," thought Alice "without pictures or conversation?"

So she was considering in her own mind (as well as she could, for the hot day made her feel very sleepy and stupid), whether the pleasure of making a daisy-chain[2] would be worth the trouble of getting up and picking the daisies, when suddenly a White Rabbit with pink eyes ran close by her.

1) Alice : 1856년 Christ Church의 학장으로(Dean)으로 임명되어 작가 캐럴(Carroll)과 교분을 쌓게 된 헨리 리델(Henry George Liddell)의 세 명의 아이 중 앨리스(Alice)를 모델로 삼았다고 전해진다.
2) daisy-chain : 데이지 화환 (아이들이 목걸이로 만들기도 하였음)

There was nothing so *very* remarkable in that; nor did Alice think it so *very* much out of the way[3] to hear the Rabbit say to itself, "Oh dear! Oh dear! I shall be late!" (when she thought it over afterwards, it occurred to her that she ought to have wondered at this, but at the time it all seemed quite natural); but when the Rabbit actually *took a watch out of its waistcoat-pocket*,[4] and looked at it, and then hurried on, Alice started to her feet,[5] for it flashed across her mind[6] that she had never before seen a rabbit with either a waistcoat-pocket, or a watch to take out of it, and burning with curiosity, she ran across the field after it, and fortunately was just in time to see it pop down[7] a large rabbit-hole under the hedge.

In another moment down went Alice after it, never once considering how in the world she was to get out again.

The rabbit-hole went straight on like a tunnel for some way, and then dipped[8] suddenly down, so suddenly that Alice had not a moment to think about stopping herself before she found herself falling down a very deep well.[9]

Either the well was very deep, or she fell very slowly, for she had plenty of time as she went down to look about her and to wonder what was going to happen next. First, she tried to look down and make out[10] what she was coming to, but it was too dark to see anything; then she looked at the sides of the well, and noticed that they were filled with cupboards and book-shelves; here and there she saw maps and pictures hung upon pegs. She took down a jar from one of the shelves as she passed; it was labelled "ORANGE

---

3) out of the way : '괴상한', '진기한'.
4) *waistcoat-pocket* : 조끼,
5) started to her feet : 벌떡 일어났다.
6) flashed across her mind : (앨리스의) 마음속에 번뜻 스쳤다.
7) pop down : 아래로 쑥 내려가다.
8) dipped : 내리막이 되었다.
9) she found herself falling down a very deep well : 토끼굴로 떨어지는 것은 앨리스가 잠에 빠지는 상태를 암시한다.
10) make out : '알아내다', '이해하다'.

MARMALADE", but to her great disappointment it was empty: she did not like to drop the jar for fear of killing somebody, so managed to put it into one of the cupboards as she fell past it.11)

"Well!" thought Alice to herself. "After such a fall as this, I shall think nothing of tumbling down stairs! How brave they'll all think me at home! Why, I wouldn't say anything about it, even if I fell off the top of the house!"12) (Which was very likely true.)

Down, down, down. Would the fall *never* come to an end! "I wonder how many miles I've fallen by this time?" she said aloud. "I must be getting somewhere near the centre of the earth. Let me see: that would be four thousand miles down, I think—" (for, you see, Alice had learnt several things of this sort in her lessons in the schoolroom, and though this was not a *very* good opportunity for showing off her knowledge, as there was no one to listen to her, still it was good practice to say it over) "—yes, that's about the right distance—but then I wonder what Latitude or Longitude Ive got to?" (Alice had not the slightest idea what Latitude was, or Longitude13) either, but she thought they were nice grand words to say.)

Presently she began again. "I wonder if I shall fall right *through* the earth!14) How funny it'll seem to come out among the people that walk with their heads downward! The Antipathies15), I think—"

11) she fell past it : 자유낙하 상태에서는 항아리를 떨어뜨릴 수도, 또한 선반위에 올려놓을 수도 없다. 하지만 이곳은 현실세계의 법칙이 적용되지 않는 곳이기 때문에 이런 일이 가능한 것처럼 작가는 묘사하고 있는 것이다.

12) I wouldn't say anything about it, even if I fell off the top of the house! : 이 작품에는 죽음과 관련된 농담이 여러 번에 걸쳐서 나온다.

13) Longitude : 경도.

14) I wonder if I shall fall … the earth : 지구의 중심을 지나는 구멍으로 물체가 떨어지면 어떻게 움직일 것인가는 많은 과학자들의 관심의 대상이었고, 영국의 프란시스 베이컨(Francis Bacon), 프랑스의 볼테르(Voltaire), 이태리의 갈릴레오(Galileo)가 이에 대한 해답을 찾고자 하였다; 이상한 세계로 진입하는 방식으로서 지구 중심부로 떨어지는 것은 이 소설처럼 공상적 이야기에 흔히 나오는 것이다.

15) Antipathies : '대척지의 사람'이란 의미의 'antipodes'라는 단어를 사용하여야 하는데, 아직 이런 어려운 단어를 구사할 줄 모르는 앨리스는 정확한 단어가 어떤 것인지는 모르나 자신의 발음이 잘못된 것인 줄은 알고 있기 때문에, 자기

(she was rather glad there *was* no one listening, this time, as it didn't sound at all the right word) "—but I shall have to ask them what the name of the country is, you know. Please, Ma'am, is this New Zealand or Australia?" (and she tried to curtsey[16] as she spoke —fancy *curtseying* as you're falling through the air! Do you think you could manage it?) "And what an ignorant little girl she'll think me for asking! No, it'll never do to ask : perhaps I shall see it written up somewhere."

Down, down, down. There was nothing else to do, so Alice soon began talking again. "Dinah'll miss me very much to-night, I should think!" (Dinah[17] was the cat.) "I hope they'll remember her saucer of milk at tea-time. Dinah my dear! I wish you were down here with me! There are no mice in the air, I'm afraid, but you might catch a bat, and that's very like a mouse, you know. But do cats eat bats, I wonder?" And here Alice began to get rather sleepy, and went on saying to herself, in a dreamy sort of way, "Do cats eat bats?[18] Do cats eat bats?" and sometimes, "Do bats eat cats?" for, you see, as she couldn't answer either question, it didn't much matter which way she put it. She felt that she was dozing off, and had just begun to dream that she was walking hand in hand with Dinah, and saying to her very earnestly, "Now, Dinah, tell me the truth : did you ever eat a bat?" when suddenly, thump! thump! down she came upon a heap of sticks and dry leaves, and the fall was over.

Alice was not a bit hurt, and she jumped up on to her feet in a moment : she looked up, but it was all dark overhead; before her

---

가 한 발음을 아무도 듣지 않은 걸 다행으로 여기고 있는 것이다.

16) curtsey : (여성이) 상체와 무릎을 굽혀 인사하다.

17) Dinah : 앨리스의 모델인 앨리스 리델은 "Villikens and His Dinah"라는 노래에 나오는 고양이 이름을 따 자신들이 키우는 두 마리 고양이에 각각 Dinah와 Villikens라는 이름을 붙였다.

18) Do cats eat bats? : 맥러드(Norman MacLeod)가 쓴 동화 「황금 실」(The Golden Thread, 1861)에 나오는 구절과 유사하다.
"And I waken up the bat,/ Who flies off with a scream,
For he thinks that I'm the cat/ Pounding on him in his dream.

was another long passage, and the White Rabbit was still in sight, hurrying down it. There was not a moment to be lost: away went Alice like the wind, and was just in time to hear it say, as it turned a corner, "Oh my ears and whiskers, how late it's getting!" She was close behind it when she turned the corner, but the Rabbit was no longer to be seen: she found herself in a long, low hall, which was lit up by a row of lamps hanging from the roof.

There were doors all round the hall, but they were all locked; and when Alice had been all the way down one side and up the other, trying every door,[19] she walked sadly down the middle, wondering how she was ever to get out again.

Suddenly she came upon a little three-legged table, all made of solid glass; there was nothing on it except a tiny golden key[20], and Alice's first thought was that it might belong to one of the doors of the hall; but, alas! either the locks were too large, or the key was too small, but at any rate it would not open any of them. However, on the second time round, she came upon[21] a low curtain

19) trying every door: 열리는지 아닌지 모든 문을 한번 시험해 본다는 의미.

20) golden key: 전통적으로 빅토리아 시대(Victorian Age)에 황금열쇠는 비밀의 문을 여는 열쇠로 묘사된다; 로저 그린(Roger Green)은 루이스 캐럴의 친구인 죠지 맥도날드(George Macdonald)가 쓴 이야기인 『황금열쇠』에서 황금열쇠가 천국으로 들어가는 문을 열 수 있는 것으로 묘사되고 있다는 사실을 지적하고 있다.

21) came upon: 우연히 발견하다.

she had not noticed before, and behind it was a little door about fifteen inches high : she tried the little golden key in the lock, and to her great delight it fitted!

Alice opened the door and found that it led into a small passage, not much larger than a rat-hole : she knelt down and looked along the passage into the loveliest garden you ever saw. How she longed to get out of that dark hall, and wander about among those beds of bright flowers and those cool fountains, but she could not even get her head through the doorway; "and even if my head *would* go through," thought poor Alice, "it would be of very little use without my shoulders. Oh, how I wish I could shut up like a telescope! I think I could, if I only know how to begin." For, you see, so many out-of-the-way things had happened lately, that Alice had begun to think that very few things indeed were really impossible.

There seemed to be no use in waiting by the little door, so she went back to the table, half hoping she might find another key on it, or at any rate a book of rules for shutting people up like telescopes : this time she found a little bottle on it, ("which certainly was not here before," said Alice), and tied round the neck of the bottle was a paper label, with the words "DRINK ME"[22] beautifully printed on it in large letters.

It was all very well to say "Drink me," but the wise little Alice was not going to do *that* in a hurry. "No, I'll look first," she said, "and

22) DRINK ME : 빅토리아 시대의 약병은 코르크로 닫혀있고, 병목에 종이 라벨이 매달려 있었다.

see whether it's marked 'poison' or not"; for she had read several nice little stories[23] about children who had got burnt, and eaten up by wild beasts and other unpleasant things, all because they *would* not remember the simple rules their friends had taught them : such as, that a red-hot poker will burn you if you hold it too long; and that if you cut your finger VERY deeply with a knife, it usually bleeds; and she had never forgotten that, if you drink much from a bottle marked "poison," it is almost certain to disagree with you, sooner or later.

However, this bottle was *not* marked "poison," so Alice ventured to taste it, and finding it very nice, (it had, in fact, a sort of mixed flavour of cherry-tart, custard, pine-apple, roast turkey, toffy[24], and hot buttered toast,) she very soon finished it off.

* * * * * * *
* * * * * *
* * * * * * *

"What a curious feeling!" said Alice; "I must be shutting up like a telescope."

And so it was indeed : she was now only ten inches high, and her face brightened up at the thought that she was now the right size for going through the little door into that lovely garden. First, however, she waited for a few minutes to see if she was going to shrink any further : she felt a little nervous about this; "for it might end, you know," said Alice to herself, "in my going out altogether, like a candle. I wonder what I should be like then?" And she tried to fancy what the flame of a candle is like after the candle is blown out, for she could not remember ever having seen such a thing.

After a while, finding that nothing more happened, she decided on going into the garden[25] at once; but, alas for poor Alice! when

23) several nice little stories : 엘리자베스 터버(Elizabeth Turner)의 *Cautionary Tales* 와 같은 책들을 지칭하는 듯하다.

24) toffy : 태피(toffee).

she got to the door, she found she had forgotten the little golden key, and when she went back to the table for it, she found she could not possibly reach it : she could see it quite plainly through the glass, and she tried her best to climb up one of the legs of the table, but it was too slippery; and when she had tired herself out with trying, the poor little thing sat down and cried.

"Come, there's no use in crying like that!" said Alice to herself, rather sharply; "I advise you to leave off this minute!" She generally gave herself very good advice, (though she very seldom followed it), and sometimes she scolded herself so severely as to bring tears into her eyes; and once she remembered trying to box her own ears[26) for having cheated herself in a game of croquet[27) she was playing against herself, for this curious child was very fond of pretending to be two people.[28) "But it's no use now," thought poor Alice, "to pretend to be two people! Why, there's hardly enough of me left to make *one* respectable person."

Soon her eye fell on a little glass box that was lying under the table : she opened it, and found in it a very small cake, on which the words "EAT ME" were beautifully marked in currants.[29) "Well, I'll eat it," said Alice, "and if it makes me grow larger, I can reach the key; and if it makes me grow smaller, I can creep under the door; so either way I'll get into the garden, and I don't care which happens!"

She ate a little bit, and said anxiously to herself, "Which way? Which way?", holding her hand on the top of her head to feel which

25) garden : 앨리스는 나중에야 이 정원으로 들어가게 되는데, 비평가들은 이 정원이 성경에 나오는 에덴 동산, 혹은 아름다움과 순수함을 상징하는 공간으로 해석한다.

26) box her own ears : 그녀 자신의 뺨을 때리다.

27) croquet : 크로케.

28) pretend to be two people : 두 사람 역할을 하는 것을 즐기는 앨리스의 모습은 옥스퍼드 대학의 수학자로서의 찰즈 더지슨(Charles Dodgson)과 아동문학가로서의 루이스 캐럴(Lewis Carroll)의 이중적인 면모를 암시한다고 가드너(Martin Gardner)는 주장하고 있다.

29) currants : 건포도.

way it was growing, and she was quite surprised to find that she remained the same size : to be sure, this generally happens when one eats cake, but Alice had got so much into the way of[30] expecting nothing but out-of-the-way things to happen, that it seemed quite dull and stupid for life to go on in the common way.

So she set to work[31], and very soon finished off the cake.

* * * * * * *
* * * * * *
* * * * * * *

30) got so much into the way of : … 하는 습관이 너무나도 붙었다.
31) set to work : '일을 착수하다'; 즉, 케이크를 먹기 시작하였다는 의미.

CHAPTER II

THE POOL OF TEARS

"Curiouser and curiouser!"[1] cried Alice (she was so much surprised, that for the moment she quite forgot how to speak good English). "Now I'm opening out[2] like the largest telescope that ever was! Good-bye, feet!" (for when she looked down at her feet, they seemed to be almost out of sight, they were getting so far off). "Oh, my poor little feet, I wonder who will put on your shoes and stockings for you now, dears? I'm sure *I* sha'n't be able! I shall be a great deal too far off to trouble myself about you : you must manage the best way you can — but I must be kind to them," thought Alice, "or perhaps they won't walk the way I want to go! Let me see : I'll give them a new pair of boots every Christmas."

And she went on planning to herself how she would manage it. "They must go by the carrier," she thought; "and how funny it'll seem, sending presents to one's own feet! And how odd the directions will look!

1) Curiouser and curiouser : '점점 더 신기해지는' : 이 작품에서 앨리스는 이처럼 말을 창조적으로 지어낸다.

2) opening out : 펴지다.

Alice's Right Foot, Esq.[3)]
Hearthrug,
near the Fender,[4)]
(with Alice's love).

Oh dear, what nonsense I'm talking!"

Just then her head struck against the roof of the hall : in fact she was now more than nine feet high, and she at once took up the little golden key and hurried off to the garden door.

Poor Alice! It was as much as she could do[5)], lying down on one side, to look through into the garden with one eye; but to get through was more hopeless than ever : she sat down and began to cry again.

"You ought to be ashamed of yourself," said Alice, "a great girl like you,"(she might well say this), "to go on crying in this way! Stop this moment, I tell you!" But she went on all the same, shedding gallons of tears, until there was a large pool all round her, about four inches deep and reaching half down the hall.

After a time she heard a little pattering[6)] of feet in the distance, and she hastily dried her eyes to see what was coming. It was the White Rabbit returning, splendidly dressed, with a pair of white kid gloves in one hand and a large fan in the other : he came trotting[7)] along in a great hurry, muttering to himself as he came, "Oh! The Duchess, the Duchess! Oh! *wo'n't* she be savage[8)] if I've kept her waiting!" Alice felt so desperate that she was ready to ask help of any one : so, when the Rabbit came near her, she began, in a low, timid voice, "If you please, Sir—" The Rabbit

3) Esq : 'esquire'의 약자로 '님', '귀하'의 의미.
4) Fender : (벽난로의) 불똥막이 울.
5) It was … she could do : 그것이 그녀가 할 수 있는 최선이었다.
6) pattering : 종종 걸음으로 걸어오는 소리.
7) came rotting : '총총걸음으로 걸어왔다', '바삐 걸어왔다'.
8) savage : 화가 난.

started violently, dropped the white kid gloves and the fan[9], and scurried[10] away into the darkness as hard as he could go.

Alice took up the fan and gloves, and, as the hall was very hot, she kept fanning herself all the time she went on talking : "Dear, dear! How queer everything is to-day! And yesterday things went on just as usual. I wonder if I've been changed in the night? Let me think : *was* I the same when I got up this morning? I almost think I can remember feeling a little different. But if I'm not the same, the next question is, 'Who in the world am I?' Ah, *that's* the great puzzle!" And she began thinking over all the children she knew that were of the same age as herself, to see if she could have

9) fan : 초고에는 토끼가 부채가 아니라, 꽃다발을 떨어뜨린 것으로 되어있었다.
10) scurried : 허둥지둥 갔다.

been changed for any of them.

"I'm sure I'm not Ada," she said, "for her hair goes in such long ringlets[11], and mine doesn't go in ringlets at all; and I'm sure I can't be Mabel,[12] for I know all sorts of things, and she, oh! she knows such a very little! Besides, *she's* she, and I'm I, and—oh dear, how puzzling it all is![13] I'll try if I know all the things I used to know. Let me see : four times five is twelve, and four times six is thirteen, and four times seven is—oh dear! I shall never get to twenty at that rate![14] However, the Multiplication Table[15] doesn't signify : let's try Geography. London is the capital of Paris, and Paris is the capital of Rome, and Rome—no, *that's* all wrong, I'm certain! I must have been changed for Mabel! I'll try and say '*How doth the little—*' " and she crossed her hands on her lap as if she were saying lessons, and began to repeat it, but her voice sounded hoarse and strange, and the words did not come the same as they used to do :—

"How doth the little crocodile
Improve his shining tail,
And pour the waters of the Nile
On every golden scale!

"How cheerfully he seems to grin,
How neatly spread his claws,

---

11) ringlets : 고수머리.

12) I'm sure I'm not Ada … I can't be Mabel : 원래 원고에서는 앨리스의 사촌인 'Gertrude'와 'Florence'로 표기되었다.

13) how puzzling it all is : 자신의 정체성에 대해 앨리스가 혼란스러워하는 것은 어린 시절에서 성인으로 가는 과도기에 처한 여자아이들이 겪게 되는 혼란을 나타낸다.

14) I shall never get to twenty at that rate : 가드너의 지적처럼 전통적으로 구구단은 12에서 끝이 나기 때문에, 앨리스가 이런 식으로 계속 나가면 19에서 끝이 나기 때문에 20까지는 가지 못한다는 의미다 (4 곱하기 5는 12, 4곱하기 6은 13, 4 곱하기 7은 14 이런 식으로 나가면, 4곱하기 12는 19가 되기 때문이다).

15) multiplication table : 곱셈 구구표.

And welcome little fishes in,
With gently smiling jaws!"[16)]

"I'm sure those are not the right words," said poor Alice, and her eyes filled with tears again as she went on, "I must be Mabel after all, and I shall have to go and live in that poky[17)] little house, and have next to[18)] no toys to play with, and oh! ever so many lessons to learn! No, I've made up my mind about it; if I'm Mabel, I'll stay down here! It'll be no use their putting their heads down and saying 'Come up again, dear!' I shall only look up and say 'Who am I, then? Tell me that first, and then, if I like being that person, I'll come up : if not, I'll stay down here till I'm somebody else'—but, oh dear!" cried Alice, with a sudden burst of tears, "I do wish they *would* put their heads down! I am so *very* tired of being all alone here!"

As she said this she looked down at her hands, and was surprised to see that she had put on one of the Rabbit's little white kid gloves while she was talking. "How *can* I have done that?" she thought. "I must be growing small again." She got up and went to the table to measure herself by it, and found that, as nearly as she could guess, she was now about two feet high, and was going on shrinking rapidly : she soon found out that the cause of this was the fan she was holding, and she dropped it hastily, just in time to avoid shrinking away altogether.

---

16) How does the little crocodile … with gently smiling jaws : 왓츠(Issac Watts, 1674-1748)가 쓴 *Divine Songs Attempted in Easy Language for the Use of Children* (1715)에 나오는 'Against Idleness and Mischief'란 시의 첫 두 연에 대한 패러디다. 패러디된 원본의 첫 두 연은 다음과 같다.

How doth the little busy bee / Improve each shining hour,
And gather honey all the day / From every opening flower!

How skillfully she builds her cell! / How neat she spreads the wax!
And labours hard to store it well / With the sweet food she makes.

17) poky : '비좁은', '지저분한'.
18) next to : 거의(almost).

"That *was* a narrow escape![19]" said Alice, a good deal frightened at the sudden change, but very glad to find herself still in existenc e.[20] "And now for the garden!" and she ran with all speed back to the little door : but, alas! the little door was shut again, and the little golden key was lying on the glass table as before, "and things are worse than ever," thought the poor child, "for I never was so small as this before, never! And I declare it's too bad, that it is!"

As she said these words her foot slipped, and in another moment, splash![21] she was up to her chin in salt water. Her first idea was that she had somehow fallen into the sea, "and in that

case I can go back by railway," she said to herself. (Alice had been to the seaside once in her life[22], and had come to the general conclusion, that wherever you go to on the English coast you find

19) narrow escape : 구사일생.

20) very glad to find herself still in existence : 앨리스의 이런 상황은 그 당시에 저명한 휘타커(Edmund Whittaker)의 우주 축소 이론을 패러디하고 있는 듯하다. 휘타커는 우주에 있는 물질의 전체 양이 계속 감소하기 때문에 결국 우주는 사라지고 말 것이라는 주장을 하였다.

21) splash : 첨벙.

22) Alice had been to the seaside once in her life : 1861년 여름 앨리스는 Llandudno를 방문한 적이 있었다.

a number of bathing machines[23] in the sea, some children digging in the sand with wooden spades, then a row of lodging houses, and behind them a railway station.) However, she soon made out that she was in the pool of tears which she had wept when she was nine feet high.

"I wish I hadn't cried so much!" said Alice, as she swam about, trying to find her way out. "I shall be punished for it now, I suppose, by being drowned in my own tears! That *will* be a queer thing, to be sure! However, everything is queer to-day."

Just then she heard something splashing about in the pool a little way off, and she swam nearer to make out what it was : at first she thought it must be a walrus[24] or hippopotamus, but then she remembered how small she was now, and she soon made out that it was only a mouse that had slipped in like herself.

"Would it be of any use, now," thought Alice, "to speak to this mouse? Everything is so out-of-the-way down here, that I should think very likely it can talk : at any rate, there's no harm in trying." So she began : "O Mouse, do you know the way out of this pool? I am very tired of swimming about here, O Mouse!" (Alice thought this must be the right way of speaking to a mouse : she had never done such a thing before, but she remembered having seen in her brother's Latin Grammar[25], "A mouse — of a mouse — to a mouse — a mouse — O mouse!") The Mouse looked at her rather inquisitively, and seemed to her to wink with one of its little eyes, but it said nothing.

"Perhaps it doesn't understand English," thought Alice; "I daresay it's a French mouse, come over with William the Conqueror.[26]"

23) bathing machines : 바닷가에서 수영하는 사람들을 위해 말이 끌고 다니던 이동식 탈의차.

24) walrus : 해마.

25) her brother's Latin Grammar : brother는 에드워드 리델(Edward Henry Liddell)을 지칭; 굿에이커(Goodacre)라는 비평가는 여기서 말하는 라틴 책이 *The Comic Latin Grammar*일 것이라고 추정한다.

26) William the Conqueror : 불란서의 노르만디 공으로 1066년 영국을 정복하고

(For, with all her knowledge of history, Alice had no very clear notion how long ago anything had happened.) So she began again: "Où est ma chatte?[27]" which was the first sentence in her French lesson-book.[28] The Mouse gave a sudden leap out of the water, and seemed to quiver all over with fright. "Oh, I beg your pardon!" cried Alice hastily, afraid that she had hurt the poor animal's feelings. "I quite forgot you didn't like cats."

"Not like cats!" cried the Mouse, in a shrill, passionate voice. "Would *you* like cats if you were me?"

"Well, perhaps not," said Alice in a soothing tone: "don't be angry about it. And yet I wish I could show you our cat Dinah: I think you'd take a fancy to[29] cats if you could only see her. She is such a dear quiet thing," Alice went on, half to herself, as sheswam lazily about in the pool, "and she sits purring[30] so nicely

영국의 왕이 되었던 인물. 그가 영국을 정복하였다 하여 그의 별명은 "정복자 윌리엄"이 되었던 것이다.

27) Où est my chatte: (불어) '내 고양이는 어디에 있어?'

28) French lesson-book: *La Bagatelle*: *Intended to introduce children of three or four years old to some knowledge of the French Language* (1804)를 지칭하는 듯하다.

29) take a fancy to: … 을 좋아하다.

30) purring: (고양이가 기분 좋은 듯이) 목을 가르랑거리면서.

by the fire, licking her paws and washing her face — and she is such a nice soft thing to nurse — and she's such a capital[31] one for catching mice — oh, I beg your pardon!" cried Alice again, for this time the Mouse was bristling all over[32], and she felt certain it must be really offended. "We won't talk about her any more if you'd rather not."

"We, indeed!" cried the Mouse, who was trembling down to the end of his tail. "As if *I* would talk on such a subject! Our family always *hated* cats : nasty[33], low, vulgar things! Don't let me hear the name again!"

"I wo'n't indeed!" said Alice, in a great hurry to change the subject of conversation. "Are you — are you fond — of — of dogs?" The Mouse did not answer, so Alice went on eagerly : "There is such a nice little dog, near our house, I should like to show you! A little bright-eyed terrier, you know, with oh, such long curly brown hair! And it'll fetch things when you throw them, and it'll sit up and beg for its dinner, and all sorts of things — I ca'n't remember half of them — and it belongs to a farmer, you know, and he says it's so useful, it's worth a hundred pounds! He says it kills all the rats and — oh dear!" cried Alice in a sorrowful tone, "I'm afraid I've offended it again!" For the Mouse was swimming away from her as hard as it could go, and making quite a commotion[34] in the pool as it went.

So she called softly after it, "Mouse dear! Do come back again, and we won't talk about cats or dogs either, if you don't like them!" When the Mouse heard this, it turned round and swam slowly back to her : its face was quite pale (with passion, Alice thought), and it said in a low trembling voice, "Let us get to the shore, and then I'll tell you my history, and you'll understand why it is I hate cats

31) capital : '우수한', '훌륭한'.
32) bristling all over : 온 몸에 털을 곤두세우면서.
33) nasty : 역한.
34) making quite a commotion : 상당히 크게 요동치게 하다.

and dogs."

It was high time to go, for the pool was getting quite crowded with the birds and animals that had fallen into it : there were a Duck and a Dodo, a Lory and an Eaglet, and several other curious creatures.[35)] Alice led the way, and the whole party swam to the shore.

35) Duck, and a Dodo, a Lory and an Eaglet … curious creatures : Duck은 캐럴과 소풍을 함께 갔던 덕워쓰(Reverend Robinson Duckworth, 1834-1911)를 지칭; Dodo는 인도양의 Mauritius 섬에 생존하였다 1861년경에 멸종한 새. 하지만 이 단어는 캐럴이 자신의 본명인 더지슨을 발음할 때 더듬거리는 소리 (Do-do-Dodgson)를 연상시킨다. 즉, Dodo는 캐럴의 본명인 더지슨을 빗대어 지칭하는 단어인 것이다; Lory는 '진홍잉꼬'이지만, 앨리스의 언니 로리나(Lorina)를 빗댄 말이기도 하다. 다음 장에서 Lory가 앨리스에게 "자신이 더 나이가 많고 더 많이 안다"고 말한 것은 이 때문이다; Eaglet는 '새끼 수리'를 일컫지만, 여기서는 에디쓰 리델(Edith Liddell)을 빗대어 지칭한 것이고, 그 밖의 curious creatures는 캐럴의 숙모인 Lucy Lutwidge 그리고 그의 누이인 Frances와 Elizabeth를 지칭하는 듯하다.

CHAPTER III

A CAUCUS-RACE AND A LONG TALE

They were indeed a queer-looking party that assembled on the bank—the birds with draggled[1] feathers, the animals with their fur clinging close to them, and all dripping wet,[2] cross, and uncomfortable.

The first question of course was, how to get dry again : they had a consultation about this, and after a few minutes it seemed quite natural to Alice to find herself talking familiarly with them, as if she had known them all her life. Indeed, she had quite a long argument with the Lory, who at last turned sulky, and would only say, "I am older than you, and must know better"; and this Alice would not allow without knowing how old it was, and, as the Lory positively refused to tell its age, there was no more to be said.

At last the Mouse[3], who seemed to be a person of authority among them, called out, "Sit down, all of you, and listen to me! *I'll* soon make you dry enough!" They all sat down at once, in a large ring, with the Mouse in the middle. Alice kept her eyes anxiously fixed on it, for she felt sure she would catch a bad cold if she did not get dry very soon.

"Ahem!" said the Mouse with an important air[4], "are you all ready? This is the driest thing I know. Silence all round, if you please! 'William the Conqueror, whose cause was favoured by the pope, was

1) draggled : 바닥에 질질 끌려 더럽혀진.
2) dripping wet : (젖어서) 물을 뚝뚝 떨어뜨리는.
3) Mouse : 여기 모인 동물들에게 어느 정도의 권위를 지닌 쥐는 실제로 앨리스와 그 밖의 다른 아이들에게 역사를 가르치기도 하였던, 앨리스의 가정교사 Miss Prickett을 대변하는 것처럼 보인다.
4) with an important air : 대단한 사람처럼 거드름을 피며.

soon submitted to by the English, who wanted leaders, and had been of late much accustomed to usurpation[5] and conquest. Edwin and Morcar; the earls of Mercia and Northumbria —'"[6]

"Ugh!" said the Lory, with a shiver.

"I beg your pardon!" said the Mouse, frowning, but very politely: "Did you speak?"

"Not I!" said the Lory, hastily.

"I thought you did," said the Mouse. "I proceed. 'Edwin and Morcar, the earls of Mercia and Northumbria, declared for him; and even Stigand, the patriotic archbishop of Canterbury, found it advisable[7] —'"

"Found *what*?" said the Duck.

"Found *it*," the Mouse replied rather crossly: "of course you know what 'it' means."

"I know what 'it' means well enough, when *I* find a thing," said the Duck: "it's generally a frog, or a worm. The question is, what did the archbishop find?"

The Mouse did not notice this question, but hurriedly went on, " '—found it advisable to go with Edgar Atheling to meet William and offer him the crown. William's conduct at first was moderate. But the insolence of his Normans[8] —' How are you getting on now, my dear?" it continued, turning to Alice as it spoke.

"As wet as ever," said Alice in a melancholy tone: "it doesn't seem to dry me at all."

"In that case," said the Dodo solemnly, rising to its feet, "I move[9] that the meeting adjourn[10], for the immediate adoption of more

5) usurpation : 찬탈.
6) William the Conqueror … Mercia and Northumbria : Havilland Chepmell이 쓴 *Short Course of History*(1862)의 143-144쪽에 걸쳐서 나오는 실제 내용으로, 리델가의 아이들은 실제로 이 책을 공부하였다.
7) advisable : 현명한.
8) Normans : 노르망디 사람.
9) move : 제안하다.
10) adjourn : 휴회하다.

energetic remedies—"

"Speak English!" said the Eaglet. "I don't know the meaning of half those long words, and, what's more, I don't believe you do either!" And the Eaglet bent down its head to hide a smile : some of the other birds tittered[11] audibly.

"What I was going to say," said the Dodo in an offended tone, "was, that the best thing to get us dry would be a Caucus-race.[12]"

"What *is* a Caucus-race?" said Alice; not that she wanted much to know, but the Dodo had paused as if it thought that *somebody* ought to speak, and no one else seemed inclined to say anything.

"Why," said the Dodo, "the best way to explain it is to do it." (And, as you might like to try the thing yourself, some winter-day, I will tell you how the Dodo managed it.)

First it marked out a race-course, in a sort of circle, ("the exact shape doesn't matter," it said,) and then all the party were placed along the course, here and there. There was no "One, two, three, and away," but they began running when they liked, and left off when they liked, so that it was not easy to know when the race was over. However, when they had been running half an hour or so, and were quite dry again, the Dodo suddenly called out "The race is over!" and they all crowded round it, panting, and asking, "But who has won?"

This question the Dodo could not answer without a great deal of thought, and it sat for a long time with one finger pressed upon its forehead (the position in which you usually see Shakespeare, in the pictures of him), while the rest waited in silence. At last the Dodo said "*Everyday* has won, and all must have prizes."[13]

11) titter : 킥킥거리며 웃다.

12) Caucus-race : caucus는 (흔히 경멸적) '정당 지부 간부회'를 지칭하지만 여기서 아무런 원칙과 규칙 없이 하는 달리기 시합에 이 이름을 붙인 것은 무의미한 정치적 행위를 풍자하기 위한 것으로 보인다; Alfreda Blanchard는 *Jabberwocky*에서 이 달리기 시합을 정부의 요직에 오르기 위한 정치인들의 경쟁으로 보고 있다.

13) all must have prizes : Davies는 캐럴이 베르길리우스의 『이니이드』(*Aeneid*)에 나오는 구절, 즉, '선물을 가지지 못하는 사람이 아무도 없게 할 것이요. 모든

"But who is to give the prizes?" quite a chorus of voices asked.

"Why, *she,* of course," said the Dodo, pointing to Alice with one finger; and the whole party at once crowded round her, calling out in a confused way, "Prizes! Prizes!"

Alice had no idea what to do, and in despair she put her hand in her pocket, and pulled out a box of comfits[14], (luckily the salt water had not got into it), and handed them round as prizes. There was exactly one a-piece all round.

"But she must have a prize herself, you know," said the Mouse.

"Of course," the Dodo replied very gravely. "What else have you got in your pocket?" it went on, turning to Alice.

"Only a thimble[15]," said Alice sadly.

"Hand it over here," said the Dodo.

Then they all crowded round her once more, while the Dodo solemnly presented the thimble, saying "We beg your acceptance of this elegant thimble"; and, when it had finished this short speech, they all cheered.

Alice thought the whole thing very absurd, but they all looked so grave that she did not dare to laugh; and, as

사람들이 이런 식으로 영광되게 될 것이오'라는 구절을 떠올리며 이 문장을 썼을 거라고 주장한다.

14) comfits : 설탕에 절인 마른 과일의 일종.

15) thimble : '골무'; 앨리스의 골무를 받아서 다시 상금인양 되돌려 주는 이 행위에 대해 슈발츠(Narda Schwartz)라는 비평가는 세금을 걷어서 이를 정치적 제스처를 사용하면서 돌려주는 행위와 유사하다고 지적하고 있다.

she could not think of anything to say, she simply bowed, and took the thimble, looking as solemn as she could.

The next thing was to eat the comfits: this caused some noise and confusion, as the large birds complained that they could not taste theirs, and the small ones choked and had to be patted on the back. However, it was over at last, and they sat down again in a ring, and begged the Mouse to tell them something more.

"You promised to tell me your history, you know," said Alice, "and why it is you hate — C and D," she added in a whisper, half afraid that it would be offended again.

"Mine is a long and a sad tale!" said the Mouse, turning to Alice, and sighing.

"It *is* a long tail, certainly," said Alice, looking down with wonder at the Mouse's tail; "but why do you call it sad?" And she kept on puzzling about it while the Mouse was speaking, so that her idea of the tale was something like this: —

"Fury said to
a mouse, That
he met in the
house, 'Let
us both go
to law : *I*
will prose-
cute *you*—
Come, I'll
take no de-
nial; We
must have
the trial :
For really
this mor-
-ing I've
nothing
to do."
said the
mouse to
the cur,
"Such a
trial, dear
sir, With
no jury
or judge
would
be wast–
ing our
breath."
"I'll be
jury,"
said
cou–
ning
old
Fury :
"I'll
try
the
whole
cause,
and
con-
demn
you to
death".' 16)

"You are not attending!" said the Mouse to Alice severely. "What are you thinking of?"

"I beg your pardon," said Alice very humbly: "you had got to the fifth bend, I think?"

"I had *not*!" cried the Mouse, sharply and very angrily.

"A knot!" said Alice, always ready to make herself useful, and looking anxiously about her. "Oh, do let me help to undo it!"[17]

"I shall do nothing of the sort," said the Mouse, getting up and walking away. "You insult me by talking such nonsense!"

"I didn't mean it!" pleaded[18] poor Alice. "But you're so easily offended, you know!"

The Mouse only growled[19] in reply.

"Please come back and finish your story!" Alice called after it. And the others all joined in chorus, "Yes, please do!" but the Mouse only shook its head impatiently, and walked a little quicker.

"What a pity it wouldn't stay!" sighed the Lory, as soon as it was quite out of sight. And an old Crab took the opportunity of saying to her daughter "Ah, my dear! Let this be a lesson to you never to lose *your* temper!" "Hold your tongue, Ma!" said the young Crab, a little snappishly.[20] "You're enough to try the patience of an oyster!"

"I wish I had our Dinah here, I know I do!" said Alice aloud,

16) 모양이 쥐의 꼬리를 닮은 이 시는 일종의 pattern poem으로 17세기 영국의 형이상학파 시인인 조지 허버트(George Herbert)나 프랑스의 상징주의 시인 말라르메(Mallarme). 그리고 20세기 미국의 시인 커밍즈(E. E. Cummings)가 즐겨 사용하였던 시 양식이다: 이 시에 나오는 Fury는 캐럴이 가까이 지냈던 이블린 헐(Eveline Hull)이라는 사람이 실제로 키우던 폭스테리어의 이름과 동일하다.

17) let me help to undo it: 캐럴은 1880년 *The Monthly Packet*에 10개의 어려운 수학 문제에 대한 해답을 제시하면서 이 문장을 사용하였다; 쥐는 자신의 이야기(tale)를 하겠다고 말했지만, 앨리스는 발음이 같은 꼬리(tail)를 생각하고 있다. 앨리스의 이런 엉뚱한 생각에 쥐가 화가 난 것이다.

18) pleaded: 항변하였다.

19) growled: 투덜거리다.

20) snappishly: 퉁명스럽게.

addressing nobody in particular. "*She'd* soon fetch it back!"

"And who is Dinah, if I might venture to ask the question?" said the Lory.

Alice replied eagerly, for she was always ready to talk about her pet : "Dinah's our cat. And she's such a capital one for catching mice you ca'n't think! And oh, I wish you could see her after the birds! Why, she'll eat a little bird as soon as look at it!"

This speech caused a remarkable sensation among the party. Some of the birds hurried off at once : one old Magpie[21)] began wrapping itself up very carefully, remarking, "I really must be getting home : the night-air doesn't suit my throat!" and a Canary called out in a trembling voice, to its children, "Come away, my dears! It's high time you were all in bed!" On various pretexts[22)] they all moved off, and Alice was soon left alone.

"I wish I hadn't mentioned Dinah!" she said to herself in a melancholy tone. "Nobody seems to like her, down here, and I'm sure she's the best cat in the world! Oh, my dear Dinah! I wonder if I shall ever see you any more!" And here poor Alice began to cry again, for she felt very lonely and low-spirited. In a little while, however, she again heard a little pattering of footsteps in the distance, and she looked up eagerly, half hoping that the Mouse had changed his mind, and was coming back to finish his story.

21) Magpie : 까치.
22) pretexts : '핑계', '구실'.

CHAPTER IV

THE RABBIT SENDS IN A LITTLE BILL

It was the White Rabbit, trotting slowly back again, and looking anxiously about as it went, as if it had lost something; and she heard it muttering to itself "The Duchess! The Duchess! Oh my dear paws! Oh my fur and whiskers! She'll get me executed, as sure as ferrets are ferrets![1] Where *can* I have dropped them, I wonder?" Alice guessed in a moment that it was looking for the fan and the pair of white kid gloves, and she very good-naturedly began hunting about[2] for them, but they were nowhere to be seen — everything seemed to have changed since her swim in the pool, and the great hall, with the glass table and the little door, had vanished completely.

Very soon the Rabbit noticed Alice, as she went hunting about, and called out to her in an angry tone, "Why, Mary Ann[3], what *are* you doing out here? Run home this moment, and fetch me a pair of gloves and a fan! Quick, now!" And Alice was so much frightened that she ran off at once in the direction it pointed to, without trying to explain the mistake it had made.

"He took me for his housemaid," she said to herself as she ran. "How surprised he'll be when he finds out who I am! But I'd better take him his fan and gloves—that is, if I can find them." As she

---

1) as sure as ferrets are ferrets : ferret(흰 족제비)은 토끼나 쥐를 사냥하는데 주로 이용된 짐승이었기 때문에, 자신이 처형당할까 두려워하는 토끼가 은연중에 이 짐승의 이름이 들어간 문구를 사용한 것이다; Peter Heath는 *The Philosopher's Alice*에서 이 말은 캐럴이 살던 당시에 실제로 사용되었던 문구라고 주장한다.

2) hunting about : 주위를 뒤지다(찾다).

3) Mary Ann : 19세기 당시에 여자 하인에게 전형적으로 붙여진 이름; 캐럴의 지인 중 Mrs. Julia Cameron이라는 사람은 이 이름을 가진 여자 하인을 실제로 고용하고 있었다.

said this, she came upon a neat little house, on the door of which was a bright brass plate with the name "W. RABBIT" engraved upon it. She went in without knocking, and hurried upstairs, in great fear lest she should meet the real Mary Ann, and be turned out of the house before she had found the fan and gloves.

"How queer it seems," Alice said to herself, "to be going messages[4] for a rabbit! I suppose Dinah'll be sending me on messages[5] next!" And she began fancying the sort of thing that would happen : " 'Miss Alice! Come here directly, and get ready for your walk!'; 'Coming in a minute, nurse! But I've got to watch this mouse-hole till Dinah comes back, and see that the mouse doesn't get out.' Only I don't think," Alice went on, "that they'd let Dinah stop in the house if it began ordering people about[6] like that!"

By this time she had found her way into a tidy little room with a table in the window, and on it (as she had hoped) a fan and two or three pairs of tiny white kid gloves : she took up the fan and a pair of the gloves, and was just going to leave the room, when her eye fell upon a little bottle that stood near the looking-glass. There was no label this time with the words "DRINK ME," but nevertheless she uncorked it and put it to her lips. "I know *something* interesting is sure to happen," she said to herself, "whenever I eat or drink anything; so I'll just see what this bottle does. I do hope it'll make me grow large again, for really I'm quite tired of being such a tiny little thing!"

It did so indeed, and much sooner than she had expected : before she had drunk half the bottle, she found her head pressing against the ceiling,[7] and had to stoop to save her neck from being broken. She hastily put down the bottle, saying to herself "That's quite enough–I hope I sha'n't grow any more–As it is, I ca'n't get out

4) going messages : 심부름 가다('running errands'와 동일한 의미)
5) sending me on messages : 나를 심부름 보내다.
6) ordering people about : '사람들을 여기저기로 심부름 보내다'; 동물이 사람을 심부름 보내는 이 세계에서는 현실세계에서의 위계질서가 파괴되고 있다.
7) pressing against the ceiling : 천장까지 닿았다.

at the door—I do wish I hadn't drunk quite so much!"

Alas! it was too late to wish that! She went on growing, and growing, and very soon had to kneel down on the floor : in another minute there was not even room[8] for this, and she tried the effect of[9] lying down with one elbow against the door, and the other arm curled round her head.

Still she went on growing, and, as a last resource,[10] she put one arm out of the window, and one foot up the chimney, and said to herself "Now I can do no more, whatever happens. What *will* become of me?'

Luckily for Alice, the little magic bottle had now had its full effect, and she grew no larger : still it was very uncomfortable,[11] and, as there seemed to be no sort of chance of her ever getting out of the room again, no wonder she felt unhappy.

8) room : '공간', '여유'.
9) tried the effect of : 결과가 어떨지 시도해 보았다.
10) as a last resource : 최후 수단으로서.
11) it was very uncomfortable : 몸집이 커져 집이 좁아진 앨리스의 상황은 성장기의 소녀들이 집에서 점차 느끼게 되는 압박을 상징한다고 가드너는 주장한다.

"It was much pleasanter at home," thought poor Alice, "when one wasn't always growing larger and smaller, and being ordered about by mice and rabbits. I almost wish I hadn't gone down that rabbit-hole — and yet — and yet — it's rather curious, you know, this sort of life! I do wonder what *can* have happened to me! When I used to read fairy tales, I fancied that kind of thing never happened, and now here I am in the middle of one! There ought to be a book written about me, that there ought! And when I grow up, I'll write one — but I'm grown up now," she added in a sorrowful tone : "at least there's no room to grow up any more *here*."

"But then," thought Alice, "shall I *never* get any older than I am now? That'll be a comfort, one way—never to be an old woman — but then — always to have lessons to learn! Oh, I shouldn't like *that*!"

"Oh, you foolish Alice!" she answered herself. "How can you learn lessons in here? Why, there's hardly room for *you*, and no room at all for any lesson-books!"

And so she went on, taking first one side and then the other, and making quite a conversation of it[12] altogether; but after a few minutes she heard a voice outside, and stopped to listen.

"Mary Ann! Mary Ann!" said the voice. "Fetch me my gloves this moment!"[13] Then

12) making quite a conversation of it : 혼자서 일인이역의 역할을 하며 대화를 이어 간다는 의미.

13) Fetch me my gloves this moment : 장갑을 찾는 토끼가 결국 장갑을 찾았는지는 분명하게 나타나지 않는다. 바우만(Isa Bowman)에 따르면 장갑에 집착하는 이 토끼처럼 캐럴도 일년 내내 장갑을 끼고 다니는 습성이 있었다고 한다.

came a little pattering of feet on the stairs. Alice knew it was the Rabbit coming to look for her, and she trembled till she shook the house, quite forgetting that she was now about a thousand times as large as the Rabbit, and had no reason to be afraid of it.

Presently the Rabbit came up to the door, and tried to open it; but, as the door opened inwards, and Alice's elbow was pressed hard against it, that attempt proved a failure. Alice heard it say to itself "Then I'll go round and get in at the window."

"*That* you won't" thought Alice, and, after waiting till she fancied she heard the Rabbit just under the window, she suddenly spread out her hand, and made a snatch in the air.[14] She did not get hold of anything, but she heard a little shriek and a fall, and a crash of broken glass, from which she concluded that it was just possible it had fallen into a cucumber-frame,[15] or something of the sort.

Next came an angry voice — the Rabbit's — "Pat! Pat! Where are you?" And then a voice she had never heard before, "Sure then I'm here! Digging for apples, yer honour!"[16]

"Digging for apples, indeed!" said the Rabbit angrily. "Here! Come and help me out of *this*!" (Sounds of more broken glass.)

"Now tell me, Pat, what's that in the window?"

"Sure, it's an arm, yer honour!" (He pronounced it "arrum.")

"An arm, you goose![17] Who ever saw one that size? Why, it fills the hole window!"

"Sure, it does, yer honour : but it's an arm for all that.[18]"

"Well, it's got no business there, at any rate : go and take it

14) made a snatch in the air : 낚아채듯 허공에서 팔을 움직였다.

15) cucumber-frame : 오이 재배를 위해 빛은 들어오고 열은 새 나가지 않게 만든 일종의 유리 상자.

16) Pat … yer honour : Pat는 전형적인 아일랜드 이름; 크러취(Dennis Crutch)와 샤버만(R. B. Shaberman)은 이것이 기니피크일 의미할 거라고 추정한다; 불어로 감자가 'pomme de terre'('땅의 사과'란 의미다)라는 사실에서, 실상 Pat가 캐는 사과는 감자일 수 있다. 이러한 사실은 아일랜드 감자를 '아일랜드 사과'(Irish apple)라고 19세기에 부르기도 하였다는 사실에서도 추정될 수 있다.

17) goose : (속어) 바보.

18) for all that : 그럼에도 불구하고.

away!"

There was a long silence after this, and Alice could only hear whispers now and then; such as, "Sure, I don't like it, yer honour, at all, at all!" "Do as I tell you, you coward!", and at last she spread out her hand again, and made another snatch in the air. This time there were *two* little shrieks, and more sounds of broken glass. "What a number of cucumber-frames there must be!" thought Alice. "I wonder what they'll do next! As for pulling me out of the window, I only wish they *could*! I'm sure *I* don't want to stay in here any longer!"

She waited for some time without hearing anything more : at last came a rumbling[19] of little cart-wheels, and the sound of a good many voices all talking together : she made out the words : "Where's the other ladder? — Why, I hadn't to bring but one; Bill's got the other — Bill! fetch it here, lad!—Here, put 'em up at this corner — No, tie 'em together first—they don't reach half high enough yet — Oh! they'll do well enough; don't be particular[20] — Here, Bill! catch hold of this rope—Will the roof bear[21]? — Mind that loose slate—Oh, it's coming down! Heads below!" (a loud crash) — "Now, who did that? — It was Bill, I fancy — Who's to go down the chimney? — Nay, *I* sha'n't! *You* do it! — *That* I wo'n't, then! — Bill's to go down — Here, Bill! the master says you're to go down the chimney!"

"Oh! So Bill's got to come down the chimney, has he?" said Alice to herself. "Why, they seem to put everything upon Bill! I wouldn't be in Bill's place for a good deal : this fireplace is narrow, to be sure; but I *think* I can kick a little!"

She drew her foot as far down the chimney as she could, and waited till she heard a little animal (she couldn't guess of what sort it was) scratching and scrambling about[22] in the chimney close

19) rumbling : (수레가) 덜커덕거리며 가는 소리.
20) particular : 세세한 부분에 지나치게 신경 쓰는.
21) bear : 여기서는 로프가 끊어지지 않고 버텨낸다는 의미.
22) scrambling about : 기어가듯 이리저리 움직이다.

above her : then, saying to herself "This is Bill," she gave one sharp kick, and waited to see what would happen next.

The first thing she heard was a general chorus[23] of "There goes Bill!" then the Rabbit's voice alone — "Catch him, you by the hedge!" then silence, and then another confusion of voices — "Hold up his head — Brandy now — Don't choke him — How was it, old fellow? What happened to you? Tell us all about it!"

Last came a little feeble, squeaking voice, ("That's Bill," thought Alice), "Well, I hardly know — No more, thank ye[24]; I'm better now — but I'm a deal too flustered[25] to tell you — all I know is, something comes at me like a Jack-in-the-box[26], and up I goes like a sky-rocket[27]!"

"So you did, old fellow!" said the others.

"We must burn the house down!" said the Rabbit's voice; and Alice called out as loud as she could, "If you do, I'll set Dinah at you!"

There was a dead silence instantly, and Alice thought to herself, "I wonder what they *will* do next! If

23) she heard a general chorus : 이구동성으로 … 하고 하는 소리를 들었다는 의미.
24) ye : 'you'의 의미.
25) flustered : '당황한', '혼란된'.
26) jack-in-the-box : 도깨비 상자.
27) sky-rocket : 유성 꽃불.

they had any sense, they'd take the roof off." After a minute or two, they began moving about again, and Alice heard the Rabbit say, "A barrowful[28] will do, to begin with."

"A barrowful of *what*?" thought Alice; but she had not long to doubt, for the next moment a shower of little pebbles[29] came rattling in at the window, and some of them hit her in the face. "I'll put a stop to this," she said to herself, and shouted out, "You'd better not do that again!" which produced another dead silence.

Alice noticed with some surprise that the pebbles were all turning into little cakes as they lay on the floor, and a bright idea came into her head. "If I eat one of these cakes," she thought, "it's sure to make *some* change in my size; and as it can't possibly make me larger, it must make me smaller, I suppose."

So she swallowed one of the cakes, and was delighted to find that she began shrinking directly. As soon as she was small enough to get through the door, she ran out of the house, and found quite a crowd of little animals[30] and birds waiting outside. The poor little Lizard, Bill, was in the middle, being held up by two guinea-pigs, who were giving it something out of a bottle. They all made a rush at Alice the moment she appeared; but she ran off as hard as she could, and soon found herself safe in a thick wood.

"The first thing I've got to do," said Alice to herself, as she wandered about in the wood, "is to grow to my right size again; and the second thing is to find my way into that lovely garden. I think that will be the best plan."

It sounded an excellent plan, no doubt, and very neatly and simply arranged: the only difficulty was, that she had not the smallest idea how to set about it[31]; and, while she was peering about[32] anxiously among the trees, a little sharp bark just over her

28) barrowful : 손수레 한 대 분의 양.

29) pebbles : 조약돌.

30) a crowd of little animals : 원본의 원고에는 동물이름이 'guinea-pigs,' 'white-mice', 'squirrels', 'Bill', 'a little green lizard' 등 구체적으로 기술되어 있었다.

31) set about it : 그 일을 시작(착수)하다.

head made her look up in a great hurry.

An enormous puppy[33] was looking down at her with large round eyes, and feebly stretching out one paw, trying to touch her. "Poor little thing!" said Alice, in a coaxing tone[34], and she tried hard to whistle to it; but she was terribly frightened all the time at the thought that it might be hungry, in which case it would be very likely to eat her up in spite of all her coaxing.

Hardly knowing what she did, she picked up a little bit of stick, and held it out to the puppy: whereupon the puppy jumped into the air off all its feet at once, with a yelp of delight, and rushed

32) peering about : 사방을 자세히 응시하다.

33) puppy : 이 강아지는 유일하게 앨리스에게 말을 걸지 않는 현실세계의 동물이다. 즉, 강아지는 다른 짐승과는 달리 앨리스가 현재 있는 wonderland와 어울리지 않는 유일한 동물인 것이다.

34) coaxing tone : 달래는 듯한 어조.

at the stick, and made believe to worry it[35] : then Alice dodged[36] behind a great thistle[37], to keep herself from being run over; and the moment she appeared on the other side, the puppy made another rush at the stick, and tumbled head over heels in its hurry to get hold of it : then Alice, thinking it was very like having a game of play with a cart-horse, and expecting every moment to be trampled under its feet, ran round the thistle again : then the puppy began a series of short charges[38] at the stick, running a very little way forwards each time and a long way back, and barking hoarsely all the while, till at last it sat down a good way off[39], panting, with its tongue hanging out of its mouth, and its great eyes half shut.

This seemed to Alice a good opportunity for making her escape; so she set off at once, and ran till she was quite tired and out of breath, and till the puppy's bark sounded quite faint in the distance.

"And yet what a dear little puppy it was!" said Alice, as she leant against a buttercup[40] to rest herself, and fanned herself with one of the leaves. "I should have liked teaching it tricks very much, if — if I'd only been the right size to do it! Oh dear! I'd nearly forgotten that I've got to grow up again! Let me see — how *is* it to be managed? I suppose I ought to eat or drink something or other; but the great question is, 'what?'"

The great question certainly was, "what?" Alice looked all round her at the flowers and the blades of grass, but she could not see anything that looked like the right thing to eat or drink under the circumstances.[41] There was a large mushroom growing near her, about the same height as herself; and when she had looked under

35) made believe to worry it : 'make believe'는 '… 하는 척하다'; 'worry'는 '물고 뒤흔들다'; 즉, 물고 뒤흔드는 척 하였다.
36) dodged : 몸을 피하다.
37) thistle : 엉겅퀴.
38) charge : '달려듬', '돌진'.
39) a good way off : 멀리 떨어져서.
40) buttercup : 미나리아재비.
41) under the circumstances : '현재로서는', '현재 상황에서는'.

it, and on both sides of it, and behind it, it occurred to her that she might as well look and see what was on the top of it.

She stretched herself up on tiptoe, and peeped over the edge of the mushroom, and her eyes immediately met those of a large caterpillar[42], that was sitting on the top, with its arms folded, quietly smoking a long hookah[43], and taking not the smallest notice of[44] her or of anything else.

42) caterpillar : '애벌레', '모충'; 몇 비평가들은 애벌레의 모습에 주목하면서 이를 성적 위협의 상징으로 보고 있다.

43) hookah : 물 담뱃대.

44) taking not the smallest notice of : … 에 대해 조금도 신경쓰지 않으면서.

CHAPTER V

ADVICE FROM A CATERPILLAR

The Caterpillar and Alice looked at each other for some time in silence: at last the Caterpillar took the hookah out of its mouth, and addressed her in a languid[1], sleepy voice.

"Who are *you*?" said the Caterpillar.

This was not an encouraging opening for a conversation.[2] Alice replied, rather shyly, "I — I hardly know, sir, just at present — at least I know who I *was* when I got up this morning, but I think I must have been changed several times since then."

1) languid: 흥미없는 듯한.
2) This was not … for a conversation: 대화를 시작하는 말로서는 그리 대화를 유도하지 않는 말이란 의미.

"What do you mean by that?" said the Caterpillar sternly. "Explain yourself!"

"I ca'n't explain *myself*, I'm afraid, Sir," said Alice, "because I'm not myself[3], you see."

"I don't see," said the Caterpillar.

"I'm afraid I ca'n't put[4] it more clearly," Alice replied, very politely, "for I ca'n't understand it myself, to begin with; and being so many different sizes in a day is very confusing."

"It isn't," said the Caterpillar.

"Well, perhaps you haven't found it so yet," said Alice; "but when you have to turn into a chrysalis[5] — you will some day, you know — and then after that into a butterfly, I should think you'll feel it a little queer, won't you?"

"Not a bit," said the Caterpillar.

"Well, perhaps *your* feelings may be different," said Alice; "all I know is, it would feel very queer to *me*."

"You!" said the Caterpillar contemptuously. "Who are *you*?"[6]

Which brought them back again to the beginning of the conversation. Alice felt a little irritated at the Caterpillar's making such *very* short remarks, and she drew herself up and said, very gravely, "I think you ought to tell me who *you* are, first."

"Why?" said the Caterpillar.

Here was another puzzling question; and as Alice could not think of any good reason, and the Caterpillar seemed to be in a *very* unpleasant state of mind, she turned away.

---

3) I'm not myself : 앨리스가 자신의 정체성에 대해 회의하는 것은 앞 장에서도 여러 번 있었지만, 애벌레의 질문에 대한 앨리스의 답변은 앨리스 스스로가 자신의 정체성에 대해 회의하고 있음을 구체적으로 보여주고 있다.

4) put : 표현하다.

5) chrysalis : '번데기', '유충'.

6) Who are you? : 맥케이(Charles Mackay)의 *Extraordinary Popular Delusions and the Madness of Crowds*(1841)에 따르면. 이 당시에 선술집을 처음 방문한 사람들은 모두 "who are you?"라는 질문을 받았다고 하는데, 클락(John Clark)은 캐럴이 바로 이 책을 소장하고 있었다는 사실을 지적하고 있어, 여기서 유충이 앨리스에게 던진 질문이 이 책에 소개된 내용과 연관성이 있을 가능성이 있다.

"Come back!" the Caterpillar called after her. "I've something important to say!"

This sounded promising,[7] certainly. Alice turned and came back again.

"Keep your temper," said the Caterpillar.

"Is that all?" said Alice, swallowing down her anger[8] as well as she could.

"No," said the Caterpillar.

Alice thought she might as well wait, as she had nothing else to do, and perhaps after all it might tell her something worth hearing. For some minutes it puffed away without speaking; but at last it unfolded its arms, took the hookah out of its mouth again, and said, "So you think you're changed, do you?"

"I'm afraid I am, Sir," said Alice; "I ca'n't remember things as I used — and I don't keep the same size for ten minutes together!"

"Ca'n't remember *what* things?" said the Caterpillar.

"Well, I've tried to say '*How doth the little busy bee,*' but it all came different!" Alice replied in a very melancholy voice.

"Repeat '*You are old, Father William,*'"[9] said the Caterpillar.

Alice folded her hands[10], and began : —

---

7) This sounded promising : 뭔가 원하는 대답을 할 것 같았다는 의미.

8) swallowing down her anger : 그녀의 분노를 억누르면서.

9) Repeat 'You are old, Father William' : 이 시는 19세기 영국의 낭만주의 시인 싸우디(Robert Southey)가 쓴 "The Old Man's Comforts and How He Gained Them"을 패러디 한 것이다. 원래 싸우디의 이 시는 빅토리아 시대의 어린이들이 배우고 외워야 할 교훈적인 내용을 담고 있는 것으로 간주되었다. 이 시의 2연만 소개하면 다음과 같다.

"You are old, father William," the young man cried,
"The few locks which are left you are grey;
You are hale, father William, a hearty old man;
Now tell me the reason, I pray."

"In the days of my youth," father William replied,
"I remember'd that youth would fly fast,
And abus'd not my health and my vogour at first,
That I never might need them at last."

"You are old, Father William," the young man said,
"And your hair has become very white;
And yet you incessantly stand on your head—
Do you think, at your age, it is right?"

"In my youth," Father William replied to his son,
"I feared it might injure the brain;
But, now that I'm perfectly sure I have none,
Why, I do it again and again."

"You are old," said the youth, "as I mentioned before,
And have grown most uncommonly fat;
Yet you turned a back-somersault[11] in at the door—
Pray, what is the reason of that?"

"In my youth," said the sage[12], as he shook his grey locks,
"I kept all my limbs very supple[13]

10) folded her hands : 손을 접는 행위는 어린아이들이 배운 것을 외워서 낭송할 때 정신집중을 하기 위한 하나의 방편이다.

11) back-somersault : 거꾸로 공중제비 넘기.

12) sage : 현자.

By the use of this ointment — one shilling the box — [14]
Allow me to sell you a couple?"

"You are old," said the youth, "and your jaws are too weak
For anything tougher than suet;[15]
Yet you finished the goose, with the bones and the beak —
Pray, how did you manage to do it?"

"In my youth," said his father, "I took to the law,[16]
And argued each case with my wife;
And the muscular strength, which it gave to my jaw
Has lasted the rest of my life."

"You are old," said the youth, "one would hardly suppose
That your eye was as steady as ever;
Yet you balanced an eel on the end of your nose —
What made you so awfully clever?"

13) supple : 유연한.
14) one shilling the box : 원래 원고에서는 '5실링'으로 되어있었다.
15) suet : '쇠기름', '양기름'.
16) took to the law : '법에 호소하였다'; 즉, '소송을 제기하였다'는 의미.

"I have answered three questions, and that is enough,"
Said his father. "Don't give yourself airs![17]
Do you think I can listen all day to such stuff?[18]
Be off, or I'll kick you down-stairs!"

17) don't give yourself airs : '점잔빼지 말아라', '젠체하지 말아라'.
18) stuff : 허튼 소리.

"That is not said right,"[19] said the Caterpillar.

"Not *quite* right, I'm afraid," said Alice, timidly: "some of the words have got altered."

"It is wrong from beginning to end," said the Caterpillar, decidedly; and there was silence for some minutes.

The Caterpillar was the first to speak.

"What size do you want to be?" it asked.

"Oh, I'm not particular as to size,[20]" Alice hastily replied; "only one doesn't like changing so often, you know."

"I *don't* know," said the Caterpillar.

Alice said nothing: she had never been so much contradicted[21] in her life before, and she felt that she was losing her temper.

"Are you content now?" said the Caterpillar.

"Well, I should like to be a *little* larger, Sir, if you wouldn't mind," said Alice: "three inches is such a wretched height to be."

"It is a very good height indeed!" said the Caterpillar angrily, rearing itself upright as it spoke (it was exactly three inches high).

"But I'm not used to it!" pleaded poor Alice in a piteous tone. And she thought of herself "I wish the creatures wouldn't be so easily offended!"

"You'll get used to it in time," said the Caterpillar; and it put the hookah into its mouth, and began smoking again.

This time Alice waited patiently until it chose to speak again. In a minute or two the Caterpillar took the hookah out of its mouth, and yawned once or twice, and shook itself. Then it got down off the mushroom, and crawled away in the grass, merely remarking, as it went, "One side will make you grow taller, and the other side

19) That is not said right : 앨리스가 자신이 변한 것 같다고 하자, 애벌레는 그것을 확인하기 위해 앨리스에게 시를 암송하게 하는데, 앨리스가 이처럼 시의 내용을 거의 바꾸어서 기억하고 있다는 사실은, 원더랜드의 앨리스는 현실세계의 앨리스와 판이하게 다르다는 증거다.

20) I'm not particular as to size : 자신이 원하는 특정한 크기가 있는 것은 아니다란 의미.

21) contradicted : 반박당하다.

will make you grow shorter."[22)]

"One side of *what*? The other side of *what*?" thought Alice to herself.

"Of the mushroom," said the Caterpillar, just as if she had asked it aloud;[23)] and in another moment it was out of sight.

Alice remained looking thoughtfully at the mushroom for a minute, trying to make out which were the two sides of it; and, as it was perfectly round, she found this a very difficult question. However, at last she stretched her arms round it as far as they would go, and broke off a bit of the edge with each hand.

"And now which is which?" she said to herself, and nibbled[24)] a little of the right-hand bit to try the effect. The next moment she felt a violent blow underneath her chin : it had struck her foot!

She was a good deal frightened by this very sudden change, but she felt that there was no time to be lost, as she was shrinking rapidly : so she set to work at once to eat some of the other bit. Her chin was pressed so closely against her foot, that there was hardly room to open her mouth; but she did it at last, and managed to swallow a morsel[25)] of the left-hand bit.

* * * * * * *
* * * * * *
* * * * * * *

"Come, my head's free at last!" said Alice in a tone of delight, which changed into alarm in another moment, when she found that her shoulders were nowhere to be found : all she could see, when

22) One side will make you grow taller … make you grow shorter : 몇 비평가들은 환각증상을 일으켜 시간과 공간을 혼동시키는 'Amanita muscaria'라는 버섯을 캐럴이 염두에 두고 이 에피소드를 썼을 것이라고 추정하고 있다.

23) just as if she had asked it aloud : 애벌레는 마치 앨리스의 마음을 읽고 있는 듯한데, 실제로 캐럴은 심령현상을 신봉하고 있었으며, 이런 현상을 연구하는 Society for Psychic Research의 멤버이기도 하였다.

24) nibbled : 조금씩 잘라 먹다

25) morsel : 소량(조금)의 음식(먹을거리).

she looked down, was an immense length of neck, which seemed to rise like a stalk out of a sea of green leaves that lay far below her.

"What *can* all that green stuff be?" said Alice. "And where *have* my shoulders got to? And oh, my poor hands, how is it I ca'n't see you?"

She was moving them about as she spoke, but no result seemed to follow, except a little shaking among the distant green leaves.

As there seemed to be no chance of getting her hands up to her head, she tried to get her head down to *them*, and was delighted to find that her neck would bend about easily in any direction, like a serpent. She had just succeeded in curving it down into a graceful zigzag, and was going to dive in among the leaves, which she found to be nothing but the tops of the trees under which she had been wandering, when a sharp hiss[26)] made her draw back in a hurry: a large pigeon had flown into her face, and was beating her violently with its wings.

"Serpent!" screamed the Pigeon.

"I'm *not* a serpent!" said Alice indignantly. "Let me alone!"

"Serpent, I say again!" repeated the Pigeon, but in a more subdued tone,[27)] and added, with a kind of sob, "I've tried every way, but nothing seems to suit[28)] them!"

"I haven't the least idea what you're talking about," said Alice.

"I've tried the roots of trees, and I've tried banks, and I've tried hedges," the Pigeon went on, without attending to her; "but those serpents! There's no pleasing them!"

Alice was more and more puzzled, but she thought there was no use in saying anything more till the Pigeon had finished.

"As if it wasn't trouble enough hatching the eggs," said the Pigeon;

"but I must be on the look-out for serpents[29)] night and day!

---

26) hiss : 쉿 하고 꾸짖다.
27) in a more subdued tone : 좀 더 차분한 어조로.
28) suit : … 마음에 들다.

Why, I haven't had a wink of sleep these three weeks!"

"I'm very sorry you've been annoyed," said Alice, who was beginning to see its meaning.

"And just as I'd taken the highest tree in the wood," continued the Pigeon, raising its voice to a shriek, "and just as I was thinking I should be free of them at last, they must needs come wriggling down[30] from the sky! Ugh, Serpent!"

"But I'm *not* a serpent, I tell you!" said Alice. "I'm a — I'm a —'[31]

"Well! *What* are you?" said the Pigeon. "I can see you're trying to invent something!"

"I — I'm a little girl," said Alice, rather doubtfully, as she remembered the number of changes she had gone through, that day.

"A likely story indeed!" said the Pigeon, in a tone of the deepest contempt. "I've seen a good many little girls in my time, but never *one* with such a neck as that! No, no! You're a serpent; and there's no use denying it. I suppose you'll be telling me next that you never tasted an egg!"

"I *have* tasted eggs, certainly," said Alice, who was a very truthful child; "but little girls eat eggs quite as much as serpents do, you know."

"I don't believe it," said the Pigeon; "but if they do, why, then they're a kind of serpent : that's all I can say."

This was such a new idea to Alice, that she was quite silent for a minute or two, which gave the Pigeon the opportunity of adding, "You're looking for eggs, I know *that* well enough; and what does it matter to me whether you're a little girl or a serpent?"

"It matters a good deal to *me*," said Alice hastily; "but I'm not looking for eggs, as it happens; and, if I was, I shouldn't want *yours* : I don't like them raw."

29) on the look-out for serpents : 뱀을 경계하고 있는.

30) come wriggling down : 꿈틀거리며 아래로 내려오다.

31) "But I'm not a serpent, I tell you!" said Alice. "I'm a — I'm a —" : 비둘기의 질문에 앨리스는 다시 자신의 정체성에 혼란을 겪게 된다.

"Well, be off, then!" said the Pigeon in a sulky tone,[32] as it settled down again into its nest. Alice crouched down among the trees as well as she could, for her neck kept getting entangled among the branches, and every now and then she had to stop and untwist[33] it. After a while she remembered that she still held the pieces of mushroom in her hands, and she set to work very carefully, nibbling first at one and then at the other, and growing sometimes taller, and sometimes shorter, until she had succeeded in bringing herself down to her usual height.

It was so long since she had been anything near the right size, that it felt quite strange at first; but she got used to it in a few minutes, and began talking to herself, as usual. "Come, there's half my plan done now! How puzzling all these changes are! I'm never sure what I'm going to be, from one minute to another! However, I've got back to my right size : the next thing is, to get into that beautiful garden — how *is* that to be done, I wonder?" As she said this, she came suddenly upon an open place, with a little house in it about four feet high. "Whoever lives there," thought Alice, "it'll never do to come upon them *this* size : why, I should frighten them out of their wits[34]!" So she began nibbling at the right-hand bit again, and did not venture to go near the house till she had brought herself down to nine inches high.

32) in a sulky tone : 뚱한(심술 난) 어조로.
33) untwist : (꼬인 것을) 풀다.
34) frighten them out of their wits : 그들을 몹시 놀라게 하다.

CHAPTER VI

PIG AND PEPPER

For a minute or two she stood looking at the house, and wondering what to do next, when suddenly a footman in livery[1]) came running out of the wood — (she considered him to be a footman because he was in livery : otherwise, judging by his face only, she would have called him a fish) — and rapped loudly at the door with his knuckles. It was opened by another footman in livery, with a round face, and large eyes like a frog; and both footmen, Alice noticed, had powdered hair that curled all over their heads. She felt very curious to know what it was all about, and crept a little way out of the wood to listen.

1) livery : 하인이 입는 제복 (어느 집안의 하인인지 표시하기 위해 당시 하인들이 입던 것임)

The Fish-Footman began by producing from under his arm a great letter, nearly as large as himself, and this he handed over to the other, saying, in a solemn tone, "For the Duchess. An invitation from the Queen to play croquet." The Frog-Footman repeated, in the same solemn tone, only changing the order of the words a little, "From the Queen. An invitation for the Duchess to play croquet."

Then they both bowed low, and their curls got entangled together.

Alice laughed so much at this, that she had to run back into the wood for fear of their hearing her; and, when she next peeped out, the Fish-Footman was gone, and the other was sitting on the ground near the door, staring stupidly up into the sky.

Alice went timidly up to the door, and knocked.

"There's no sort of use in knocking," said the Footman, "and that for two reasons. First, because I'm on the same side of the door as you are : secondly, because they're making such a noise inside, no one could possibly hear you." And certainly there *was* a most extraordinary noise going on within — a constant howling and sneezing, and every now and then a great crash, as if a dish or kettle had been broken to pieces.

"Please, then," said Alice, "how am I to get in?"

"There might be some sense in your knocking," the Footman went on without attending to her, "if we had the door between us. For instance, if you were *inside*, you might knock, and I could let you out, you know."

He was looking up into the sky all the time he was speaking, and this Alice thought decidedly uncivil. "But perhaps he ca'n't help it," she said to herself; "his eyes are so *very* nearly at the top of his head. But at any rate he might answer questions. — How am I to get in?" she repeated, aloud.

"I shall sit here," the Footman remarked, "till tomorrow —"

At this moment the door of the house opened, and a large plate came skimming out[2], straight at the Footman's head : it just grazed[3]

2) skimming out : 미끄러지듯 밖으로 나아가다.

his nose, and broke to pieces against one of the trees behind him.

"— or next day, maybe," the Footman continued in the same tone, exactly as if nothing had happened.

"How am I to get in?" asked Alice again, in a louder tone.

"*Are* you to get in at all?" said the Footman. "That's the first question, you know."

It was, no doubt : only Alice did not like to be told so. "It's really dreadful," she muttered to herself, "the way all the creatures argue. It's enough to drive one crazy!"

The Footman seemed to think this a good opportunity for repeating his remark, with variations. "I shall sit here," he said, "on and off,[4] for days and days."

"But what am *I* to do?" said Alice.

"Anything you like," said the Footman, and began whistling.

"Oh, there's no use in talking to him," said Alice desperately :

3) grazed : 스치고 지나갔다.
4) on and off : 때때로.

"he's perfectly idiotic!" And she opened the door and went in.

The door led right into a large kitchen, which was full of smoke from one end to the other : the Duchess[5] was sitting on a three-legged stool in the middle, nursing a baby : the cook was leaning over the fire, stirring a large cauldron[6] which seemed to be full of soup.

"There's certainly too much pepper in that soup!"[7] Alice said to herself, as well as she could for sneezing.

There was certainly too much of it in the *air*. Even the Duchess sneezed occasionally; and as for the baby, it was sneezing and howling alternately without a moment's pause. The only two creatures in the kitchen, that did *not* sneeze, were the cook, and a large cat, which was lying on the hearth and grinning from ear to ear.

"Please would you tell me," said Alice, a little timidly, for she was not quite sure whether it was good manners for her to speak first, "why your cat grins like that?"

"It's a Cheshire-Cat,"[8] said the Duchess, "and that's why. Pig!"

She said the last word with such sudden violence that Alice quite jumped; but she saw in another moment that it was addressed to the baby, and not to her; so she took courage, and went on again : —

"I didn't know that Cheshire-Cats always grinned; in fact, I didn't know that cats *could* grin."

---

5) Dutchess : 이때 앨리스가 만난 공작부인의 특징은 지독히도 못생겼다는 것이다. 가드너는 16세기 프랑드르의 화가 맛시스(Matsys)가 그린 14세기의 마가렛(Margaret) 공작부인을 작가가 떠올렸을 거라 추정하는데, 이 공작부인은 역사상 가장 못생긴 여인으로 알려져 있다.

6) cauldron : 가마솥.

7) too much pepper in that soup : 'peppery'라는 단어에 '후추같은'이라는 의미와 '화를 잘 내는' 혹은 '성질 급한'이란 의미가 있다는 점을 생각해 볼 때, 공작부인이 화 잘 내고, 성질이 급하다는 사실은 그녀가 먹는 음식에 지나치게 후추가 많기 때문이라는 식의 논리가 가능하다.

8) Cheshire-Cat : 'grin like a cheshire cat'(공연히 능글맞게 웃다)라는 표현은 캐럴이 살던 당시 흔히 사용되었던 것이다. 이런 표현이 생긴 기원은 Cheshire에서 생산하는 치즈가 웃는 고양이 모습으로 제조되어 팔렸다는 사실에서 찾아 볼 수 있을 것이다. 그러나 캐럴의 부친이 교구목사로 있던 성 베드로 교회 근방에 웃는 모습을 한 고양이 머리가 있었다는 사실은 이 작품에서 캐럴이 웃는 고양이를 등장시킨 또 하나의 근거가 될 수 있을 것이다.

"They all can," said the Duchess; "and most of 'em do."

"I don't know of any that do," Alice said very politely, feeling quite pleased to have got into a conversation.

"You don't know much," said the Duchess; "and that's a fact."

Alice did not at all like the tone of this remark, and thought it would be as well to introduce some other subject of conversation. While she was trying to fix on one, the cook took the cauldron of soup off the fire, and at once set to work throwing everything within her reach at the Duchess and the baby — the fire-irons came first; then followed a shower of saucepans, plates, and dishes. The Duchess took no notice of them even when they hit her; and the baby was howling so much already, that it was quite impossible to say whether the blows hurt it or not.

"Oh, *please* mind what you're doing!" cried Alice, jumping up and down in an agony of terror.[9] "Oh, there goes his *precious* nose!", as an unusually large saucepan flew close by it, and very nearly carried it off.

"If everybody minded their own business," the Duchess said, in a hoarse growl, "the world would go round a deal faster than it does."

"Which would *not* be an advantage," said Alice, who felt very glad to get an opportunity of showing off a little of her knowledge. "Just think what work it would make with the day and night! You see the earth takes twenty-four hours to turn round on its axis —"

"Talking of axes,"[10] said the Duchess, "chop off[11] her head!"

Alice glanced rather anxiously at the cook, to see if she meant to take the hint; but the cook was busily stirring the soup, and seemed not to be listening, so she went on again: "Twenty-four hours, I *think*; or is it twelve? I —"

"Oh, don't bother *me*!" said the Duchess. "I never could abide[12]

9) in an agony of terror : 'agony'는 '극심한 감정 상태'를 지칭; 즉, '극심한 공포에 질려'.

10) axes : 앨리스는 'axis'(축)을 말했는데, 공작부인은 발음이 동일한 'axes'(도끼)로 오해하며, 도끼로 앨리스의 목을 치라고 말한 것이다. 이 작품에서는 죽음과 연관되는 에피소드가 많이 등장하는데 이것도 그 중 하나다.

11) chop off : '베어내다', '잘라내다'.

figures!" And with that she began nursing her child again, singing a sort of lullaby[13] to it as she did so, and giving it a violent shake at the end of every line : —

"Speak roughly to your little boy,[14]
And beat him when he sneezes :
He only does it to annoy,
Because he knows it teases."

CHORUS
(In which the cook and the baby joined) : —
"Wow! wow! wow!"

While the Duchess sang the second verse[15] of the song, she kept tossing the baby violently up and down, and the poor little thing howled so, that Alice could hardly hear the words : —

"I speak severely to my boy,
I beat him when he sneezes;
For he can thoroughly enjoy
The pepper when he pleases!"

12) abide : 참다.
13) lullaby : 자장가.
14) *Speak roughly to your little boy* :이 시는 베이츠(David Bates)란 시인이 펴낸 *The Eolian*이란 시집에 나오는 시를 패러디한 것이다. 이 시의 첫 두 연을 소개하면 다음과 같다.

Speak gently! It is better far
To rule by love than fear;
Speak gently; let no harsh words mar
The good we might do here!

Speak gently! Love doth whisper low
The vows that true hearts bind;
And gently Friendship's accents flow;
Affection's voice is kind.

15) verse : (시나 노래의) 연.

CHORUS
"Wow! wow! wow!"

"Here! you may nurse it a bit, if you like!" the Duchess said to Alice, flinging the baby at her as she spoke. "I must go and get ready to play croquet with the Queen," and she hurried out of the room. The cook threw a frying-pan after her as she went out, but it just missed her.[16)]

Alice caught the baby with some difficulty, as it was a queer-shaped little creature, and held out its arms and legs in all directions,[17)] "just like a star-fish," thought Alice. The poor little thing was snorting[18)] like a steam-engine when she caught it, and kept doubling itself u p[19)] and straightening itself out again, so that altogether, for the first minute or two, it was as much as she could do to hold it.

As soon as she had made out the proper way of nursing it (which was to twist it up into a sort of knot, and then keep tight hold of its right ear and left foot, so as to prevent its undoing itself), she carried it out into the open air. "If I don't take this child away with me," thought Alice, "they're sure to kill it in a day or two. Wouldn't it be murder to leave it behind?" She said the last words out loud, and the little thing grunted[20)] in reply (it had left off[21)] sneezing by this time). "Don't grunt," said Alice; "that's not at all a proper way of expressing yourself."

The baby grunted again, and Alice looked very anxiously into

---

16) The cook threw a frying-pan … but it just missed her : 요리사가 공작부인에게 부엌용품을 던지는 모습은 빅토리아 사회에서 중시하였던 신분 간에 지켜야할 예절이 파괴되고 있다는 점을 보여주고 있으며, 자기 아이를 사랑으로 보살피기는커녕 오히려 학대하는 공작부인의 모습은 자식과 부모의 전통적인 관계가 이 세계에서는 더 이상 성립되고 있지 않음을 보여주고 있다. 즉, 앨리스가 들어간 이 세계에서는 전통적인 빅토리아 시대의 가치관이 전복되고 있는 것이다.
17) in all directions : 사방으로.
18) snorting : 콧김을 뿜다.
19) doubling itself up : 몸을 구부리다.
20) grunted : (돼지가) '꿀꿀거리다', '투덜대다'.
21) left off : 중단하다.

its face to see what was the matter with it. There could be no doubt that it had a *very* turn-up nose[22], much more like a snout[23] than a real nose : also its eyes were getting extremely small for a baby :[24] altogether Alice did not like the look of the thing at all. "But perhaps it was only sobbing," she thought, and looked into its eyes again, to see if there were any tears.

No, there were no tears. "If you're going to turn into a pig, my dear," said Alice, seriously, "I'll have nothing more to do with you. Mind now!" The poor little thing sobbed again (or grunted, it was impossible to say which), and they went on for some while in silence.

Alice was just beginning to think to herself, "Now, what am I to do with this creature, when I get it home?" when it grunted again, so violently, that she looked down into its face in some alarm. This time there could be *no* mistake about it : it was neither more nor less than a pig,[25] and he felt that

22) turn-up nose : 들창코.
23) snout : (짐승의) 주둥이.
24) for a baby : 아기치고는.
25) it was neither more nor less than a pig : 아기가 돼지로 변한 것에 대해 비평가들은 여러 의견을 제시하고 있다. 가드너는 캐럴이 사내아이를 원래 싫어했기 때문이라고 주장하며, 캐럴이 *Sylvie and Bruno Concluded*에서 Uggug라는 남자아이를 호저(豪豬)로 바꾸어 버린 사실을 그 증거로 제시한다. 모리스(Frankie Morris)는 *Jabberwocky*에서 버킹햄(Buckingham) 공작부인이 제임스 1세를 놀리기 위해 그가 특히 싫어하는 동물인 돼지를 마치 어린 아기인 것처럼 가장하며 세례의식을 거행하게 하였다는 사실을 언급하며, 캐럴이 아기를 돼지로 둔갑시킨 이 일과의 연관성을 주장하고 있다. 이에 반해 로저 그린(Roger Green)은 리처드(Richard) 3세가 흰 돼지를 자신의 뱃지 문양에 사용하였다는 사실과 그

it would be quite absurd for her to carry it any further.

So she set the little creature down, and felt quite relieved to see it trot away quietly into the wood. "If it had grown up," she said to herself, "it would have made a dreadfully ugly child : but it makes[26] rather a handsome pig, I think." And she began thinking over other children she knew, who might do very well as pigs,[27] and was just saying to herself, "if one only knew the right way to change them—" when she was a little startled by seeing the Cheshire-Cat sitting on a bough of a tree a few yards off.

The Cat only grinned when it saw Alice. It looked good-natured, she thought : still it had *very* long claws and a great many teeth,

자신이 돼지라고 불렸다는 사실을 언급하면서, 캐럴이 왕좌와 돼지와의 연관성을 설정하려 하였다고 주장한다.

26) makes : '되다'(become)의 의미.

27) might do very well as pigs : 돼지로서 잘 처신하다(살아가다).

so she felt that it ought to be treated with respect.

"Cheshire-Puss[28]," she began, rather timidly, as she did not at all know whether it would like the name : however, it only grinned a little wider. "Come, it's pleased so far," thought Alice, and she went on. "Would you tell me, please, which way I ought to go from here?"

"That depends a good deal on where you want to get to," said the Cat.

"I don't much care where —" said Alice.

"Then it doesn't matter which way you go," said the Cat.

"— so long as I get *somewhere*," Alice added as an explanation.

"Oh, you're sure to do that," said the Cat, "if you only walk long enough."

Alice felt that this could not be denied, so she tried another question. "What sort of people live about here?"

"In *that* direction," the Cat said, waving its right paw round, "lives a Hatter : and in *that* direction," waving the other paw, "lives a March Hare. Visit either you like : they're both mad."[29]

"But I don't want to go among mad people," Alice remarked.

"Oh, you can't help that," said the Cat : "we're all mad here. I'm mad. You're mad."[30]

---

28) Puss : 고양이.

29) lives a Hatter … lives a March Hare … they're both mad : 'as mad as a Hatter'와 'as mad as a March hare'는 '아주 미쳤다'는 의미로 빅토리아 시대 중기에 흔히 사용되었던 관용구다; 우선 'mad as a hatter'라는 표현의 기원에 관해 말하자면, 'adder'가 'hatter'로 잘못 사용되었다는 주장과, 실제로 모자 장수(hatter)가 모자를 만들기 위해 펠트(felt)를 가공할 때 사용하는 수은에 의해 환각상태에 빠지는 사례가 종종 있어서 이런 표현이 나왔다는 주장도 있다; 'mad as a March hare'라는 표현은 3월은 토끼에게 짝짓기의 달이라, 이때 토끼가 어느 때보다 더 광분한다는 점에서 이런 표현이 생겼을 거라고 주장하는 사람들도 있고, 에라스무스(Erasmus)가 'mad as a marsh hare'라고 쓴 문구가 잘못 와전되어 'mad as a March hare'로 표기되었을 거라고 주장하는 이들도 있다.

30) we're all mad here. I'm mad. You're mad : 캐럴은 1856년 2월 9일자 일기에서 꿈을 꿀 때 우리는 깨어있을 때에는 하지 않을 일을 하거나 말한다면서, 깨어있을 때와 잠들어 있을 때를 구분하지 못하는 것을 비정상(광기)이라고 부르지 않느냐고 반문하고 있다. 즉, 이 작품의 내용이 앨리스의 꿈이라는 사실을 상기한다면, 앨리스가 묘사하는 모든 것들은 비정상적인 광인의 이야기가 되는 셈

"How do you know I'm mad?" said Alice.

"You must be," said the Cat, "or you wouldn't have come here."

Alice didn't think that proved it at all: however, she went on: "And how do you know that you're mad?"

"To begin with," said the Cat, "a dog's not mad. You grant that?"

"I suppose so," said Alice.

"Well, then," the Cat went on, "you see, a dog growls when it's angry, and wags its tail when it's pleased. Now *I* growl when I'm pleased, and wag my tail when I'm angry. Therefore I'm mad."

"*I* call it *purring*, not growling," said Alice.

"Call it what you like," said the Cat. "Do you play croquet with the Queen to-day?"

"I should like it very much," said Alice, "but I haven't been invited yet."

"You'll see me there," said the Cat, and vanished.

Alice was not much surprised at this, she was getting so used to queer things happening. While she was looking at the place where it had been, it suddenly appeared again.

"By-the-bye, what became of the baby?" said the Cat. "I'd nearly forgotten to ask."

"It turned into a pig," Alice answered very quietly, just as if the Cat had come back in a natural way.

"I thought it would," said the Cat, and vanished again.

Alice waited a little, half expecting to see it again, but it did not appear, and after a minute or two she walked on in the direction in which the March Hare was said to live. "I've seen hatters before," she said to herself: "the March Hare will be much the most interesting, and perhaps, as this is May, it wo'n't be raving mad[31) — at least not so mad as it was in March." As she said this, she looked up, and there was the Cat again, sitting on a branch of a tree.

"Did you say 'pig', or 'fig'?" said the Cat.

이며, 이 점에서 고양이의 말은 일리가 있는 것이다.

31) raving mad: 미쳐서 날뛰다.

"I said 'pig'," replied Alice; "and I wish you wouldn't keep appearing and vanishing so suddenly : you make one quite giddy[32]."

"All right," said the Cat; and this time it vanished quite slowly, beginning with the end of the tail, and ending with the grin, which remained some time after the rest of it had gone.

"Well! I've often seen a cat without a grin," thought Alice; "but a grin without a cat![33] It's the most curious thing I ever saw in my life!"

She had not gone much farther before she came in sight of the house of the March Hare : she thought it must be the right house, because the chimneys were shaped like ears and the roof was thatched with fur. It was so large a house, that she did not like to go nearer till she had nibbled some more of the left-hand bit of mushroom, and raised herself to about two feet high : even then she walked up towards it rather timidly, saying to herself "Suppose it should be raving mad after all! I almost wish I'd gone to see the Hatter instead!"

32) giddy : 어지러운.

33) a grin without a cat : 주체가 있어야 속성이 존재하는데, 이상한 나라에서는 속성(여기서는 웃음)만 있고, 주체(고양이)가 없는 현상이 벌어진다. 이를 가드너는 인간의 열정과 분리되어 독자적으로 존재하는 추상적 세계를 상징하는 것으로 해석한다.

CHAPTER VII

A MAD TEA-PARTY

There was a table set out under a tree in front of the house, and the March Hare and the Hatter[1)] were having tea at it : a Dormouse[2)] was sitting between them, fast asleep, and the other two were using it as a cushion, resting their elbows on it, and talking over its head. "Very uncomfortable for the Dormouse," thought Alice; "only, as it's asleep, I suppose it doesn't mind."

The table was a large one, but the three were all crowded together at one corner of it : "No room! No room!" they cried out when they saw Alice coming. "There's *plenty* of room!" said Alice indignantly, and she sat down in a large arm-chair at one end of the table.

"Have some wine," the March Hare said in an encouraging tone.

Alice looked all round the table, but there was nothing on it but tea.[3)] "I don't see any wine," she remarked.

1) Hatter : 옥스퍼드에 살던 가구상인 카터(Theophilus Carter)는 항상 실크 모자를 쓰고 특이한 행동으로 유명하여 'Mad Hatter'란 별명을 가지고 있었는데, 이 작품의 삽화를 그렸던 테니엘(Tenniel)은 이 책에 그릴 그림을 위해 그를 직접 찾아가 만났다고 한다; 카터란 사람은 1851년 Crystal Palace에 자신이 만든 '자명종 침대'(alarm clock bed)를 발명하였는데, 이 침대는 맞추어 놓은 시간에 잠자는 사람을 침대에서 바닥으로 내동댕이쳐 잠자는 사람을 깨우게 하는 기능을 가졌다고 한다. 이 작품에서 mad hatter가 시간에 관심을 많은 카터란 인물의 성품을 반영하기 위한 것이다.

2) Dormouse : '산쥐', '잠꾸러기'; 이 짐승은 원래 겨울잠을 자며 야행성이기 때문에 낮 시간은 대부분 잠으로 보낸다. 따라서 그가 계속 잠을 자고 있는 것도 이 때문이다; 또한 캐럴과 왕래가 많았던 19세기 라파엘 전파의 시인이자 화가인 단테 가브리엘 로제티(Dante Gabriel Rossetti)의 애완동물 웜바트(wombat)가 테이블에서 자는 버릇이 있었는데, 이를 보고 캐럴이 이 산쥐의 모델로 삼았다고 주장하는 사람도 있다.

3) Alice looked all … nothing on it but tea : 테이블 위에는 티 이외에도 우유가 들은 병이 있었다.

"There isn't any," said the March Hare.

"Then it wasn't very civil of you to offer it," said Alice angrily.

"It wasn't very civil of you to sit down without being invited," said the March Hare.

"I didn't know it was *your* table," said Alice : "it's laid for a great many more than three."

"Your hair wants cutting,"[4] said the Hatter. He had been looking at Alice for some time with great curiosity, and this was his first speech.

"You should learn not to make personal remarks," Alice said with some severity :[5] "it's very rude."

The Hatter opened his eyes very wide on hearing this; but all he *said* was, "Why is a raven like a writing-desk?"[6]

4) Your hair wants cutting : *Under the Quizzing Glass*에서 샤버맨(Shaberman)과 크러취(Denis Crutch)는 빅토리아 시대에는 어린 소녀에게 머리가 너무 길다고 말하지 않는다는 것이 예의라고 말하고 있다.

5) with some severity : 엄중하게.

6) Why is a raven like a writing-desk? : 캐럴은 1896년에 나온 이 책의 새 판(edition)의 서문에서 이에 대한 답변을 다음과 같이 밝히고 있다. "재미는 아주 없지만 몇 마디 논할 거리를 제공하고 있기 때문이다"; 여기에 대한 답을 제시하는 행사도 여러 번 벌어졌는데, 1991년에는 『스펙테이터』(*Spectator*)의 주관 하에 이 수수께끼에 대한 답을 공모하기도 하여, 우수한 답변을 선정하기도 하였다.

"Come, we shall have some fun now!" thought Alice. "I'm glad they've begun asking riddles — I believe I can guess that," she added aloud.

"Do you mean that you think you can find out the answer to it?" said the March Hare.

"Exactly so," said Alice.

"Then you should say what you mean," the March Hare went on.

"I do," Alice hastily replied; "at least — at least I mean what I say[7)] — that's the same thing, you know."

"Not the same thing a bit!" said the Hatter. "You might just as well say that 'I see what I eat' is the same thing as 'I eat what I see'!"

"You might just as well say," added the March Hare, "that 'I like what I get' is the same thing as 'I get what I like'!"

"You might just as well say," added the Dormouse, who seemed to be talking in his sleep, "that 'I breathe when I sleep' is the same thing as 'I sleep when I breathe'!"

"It *is* the same thing with you," said the Hatter, and here the conversation dropped, and the party sat silent for a minute, while Alice thought over all she could remember about ravens and writing-desks, which wasn't much.

The Hatter was the first to break the silence. "What day of the month is it?" he said, turning to Alice : he had taken his watch out of his pocket, and was looking at it uneasily, shaking it every now and then, and holding it to his ear.

Alice considered a little, and then said "The fourth."[8)]

---

7) at least I mean what I say : 앨리스는 자신의 말이 자신이 뜻하는 바를 대변한다고 하지만, 참석자들은 이에 의문을 제기한다. 즉 언어가 언어사용자가 뜻하는 바를 그대로 전달할 수 있을 지에 대해 의문을 제기하고 있는 것이다.

8) The fourth : 5월에 벌어진 일이므로 이날은 5월 4일이 된다. 이 날은 바로 여주인공 앨리스의 실제 모델이 된 앨리스의 생일이었다. 또한 1471년 5월 4일은 튜크스베리(Tewkesbury) 전투에서 랑카스터(Lancaster)가가 소위 마지막 장미전쟁에서 패배한 날이기도 하다. 이 작품에서 백장미와 붉은 장미간의 대립을 통해서 암시되는 장미전쟁을 생각해 볼 때, 이 작품의 배경일에 여러 가지 의미가 있는 것은 틀림없다.

"Two days wrong!"[9] sighed the Hatter. "I told you butter wouldn't suit the works!" he added, looking angrily at the March Hare.

"It was the *best* butter," the March Hare meekly replied.

"Yes, but some crumbs must have got in as well," the Hatter grumbled :[10] "you shouldn't have put it in with the bread-knife."

The March Hare took the watch and looked at it gloomily : then he dipped it into his cup of tea, and looked at it again : but he could think of nothing better to say than his first remark, "It was the best butter, you know."

Alice had been looking over his shoulder with some curiosity. "What a funny watch!"[11] she remarked. "It tells the day of the month, and doesn't tell what o'clock it is!"

"Why should it?" muttered the Hatter. "Does *your* watch tell you what year it is?"

"Of course not," Alice replied very readily : "but that's because it stays the same year for such a long time together."

"Which is just the case with *mine*," said the Hatter.

Alice felt dreadfully puzzled. The Hatter's remark seemed to have no sort of meaning in it, and yet it was certainly English. "I don't quite understand you," she said, as politely as she could.

"The Dormouse is asleep again," said the Hatter, and he poured a little hot tea upon its nose.

The Dormouse shook its head impatiently, and said, without opening its eyes, "Of course, of course : just what I was going to remark myself."

"Have you guessed the riddle yet?" the Hatter said, turning to Alice again.

9) Two days wrong! : 테일러(A. L. Taylor)는 *The White Knight*에서 1862년 5월 4일에는 양력과 음력에 정확히 이틀의 차이가 난다고 지적하고 있다. 그렇다면 hatter가 말하는 시간은 음력으로는 정확한 셈이다.

10) grumbled : 투덜거리다.

11) What a funny watch! : 캐럴의 *Sylvie and Bruno*에 나오는 독일 교수가 가진 시계의 시간을 과거로 돌리면 모든 상황이 과거로 돌아간다. 심지어 이 시계는 시간을 거꾸로 가게 할 수도 있다.

"No, I give it up," Alice replied. "What's the answer?"

"I haven't the slightest idea," said the Hatter.

"Nor I," said the March Hare.

Alice sighed wearily. "I think you might do something better with the time," she said, "than waste it in asking riddles that have no answers.'[12)]

"If you knew Time as well as I do," said the Hatter, "you wouldn't talk about wasting *it*. It's *him*."

"I don't know what you mean," said Alice.

"Of course you don't!" the Hatter said, tossing his head[13)] contemptuously. "I dare say[14)] you never even spoke to Time!"

"Perhaps not," Alice cautiously replied; "but I know I have to beat time[15)] when I learn music."

"Ah! That accounts for it,"[16)] said the Hatter. "He wo'n't stand beating. Now, if you only kept on good terms with him, he'd do almost anything you liked with the clock. For instance, suppose it were nine o'clock in the morning, just time to begin lessons : you'd only have to whisper a hint to Time, and round goes the clock in a twinkling![17)] Half-past one, time for dinner!"

("I only wish it was," the March Hare said to itself in a whisper.)

"That would be grand, certainly," said Alice thoughtfully; "but then — I shouldn't be hungry for it, you know."

"Not at first, perhaps," said the Hatter : "but you could keep it to half-past one as long as you liked."

---

12) riddles that have no answers : 이상한 나라에서는 올바른 답이 존재하지도 않고 알 수도 없는 곳이다. 이는 이 작품에서 캐럴이 말하고자 하는 주제 중 하나이다.

13) tossing his head : 그의 머리를 갑자기 쳐들다.

14) I dare say : 아마도(probably).

15) beat time : '박자를 맞추다'; 하지만 뒤에 hatter는 beat란 의미를 문자 그대로 '때린다'는 말로 해석하여, 앨리스가 시간을 때리는 바람에(beat time), 시간과 우호적인 관계를 맺지 못하게 되었다고 주장한다.

16) That accounts for it : "그래서 그렇게 된 것이구나", 혹은 "이제 알겠네"라는 의미.

17) in a twinkling : 눈 깜짝할 사이에.

"Is that the way *you* manage?" Alice asked.

The Hatter shook his head mournfully. "Not I!" he replied. "We quarrelled last March—just before *he* went mad, you know—" (pointing with his teaspoon at the March Hare,) "—it was at the great concert given by the Queen of Hearts, and I had to sing

"Twinkle, twinkle, little bat![18)]
How I wonder what you're at!"

You know the song, perhaps?"

"I've heard something like it," said Alice.

"It goes on, you know," the Hatter continued, "in this way:—

18) Twinkle, twinkle, little bat : *Rhymes for the Nursery*(1806)에 수록된 테일러(Jane Taylor)의 시 "The Star"의 패러디. 그 시의 첫 연은 다음과 같다.

Twinkle, twinkle, little star!
How I wonder what you are.
Up above the world to high,
Like a diamond in the sky.

캐럴은 자신의 스승 프라이스(Bartholomew Price) 교수에 대한 찬사로서, 그의 별명인 박쥐(Bat)라는 단어를 넣어서 이 시를 지었다고 한다.

"Up above the world you fly,
Like a tea-tray in the sky.
Twinkle, twinkle—' "

Here the Dormouse shook itself, and began singing in its sleep "*Twinkle, twinkle, twinkle, twinkle*—" and went on so long that they had to pinch it to make it stop.

"Well, I'd hardly finished the first verse," said the Hatter, "when the Queen bawled out[19] 'He's murdering the time![20] Off with his head!'"

"How dreadfully savage!" exclaimed Alice.

"And ever since that," the Hatter went on in a mournful tone, "he wo'n't do a thing I ask! It's always six o'clock now."[21]

A bright idea came into Alice's head. "Is that the reason so many tea-things[22] are put out here?" she asked.

"Yes, that's it," said the Hatter with a sigh: "it's always tea-time, and we've no time to wash the things between whiles."[23]

"Then you keep moving round, I suppose?" said Alice.

"Exactly so," said the Hatter: "as the things get used up."

"But what happens when you come to the beginning again?" Alice ventured to ask.

"Suppose we change the subject," the March Hare interrupted, yawning. "I'm getting tired of this. I vote[24] the young lady tells us a story."

"I'm afraid I don't know one," said Alice, rather alarmed at the proposal.

---

19) bawled out : '외치다', '소리치다'.
20) murdering the time : '노래의 운율을 망치다'란 의미지만, 문자 그대로 해석하면 "시간을 살해 한다"고 볼 수도 있다.
21) It's always six o'clock now : 이 작품의 주인공의 실제 모델인 앨리스에 따르면, 자신과 자신의 자매들이 8시 30분에 캐럴을 방문할 때면, 항상 티타임을 가졌다고 한다. 하지만 당시에 어린아이들의 티타임은 대개 6시경이었다.
22) tea-things : 찻그릇 한 벌.
23) between whiles : 때때로.
24) vote : 제안하다.

"Then the Dormouse shall!" they both cried. "Wake up, Dormouse!" And they pinched it on both sides at once.

The Dormouse slowly opened his eyes. "I wasn't asleep," he said in a hoarse, feeble voice, "I heard every word you fellows were saying."

"Tell us a story!" said the March Hare.

"Yes, please do!" pleaded Alice.

"And be quick about it," added the Hatter, "or you'll be asleep again before it's done."

"Once upon a time there were three little sisters," the Dormouse began in a great hurry; "and their names were Elsie, Lacie, and Tillie;[25] and they lived at the bottom of a well—"

"What did they live on?" said Alice, who always took a great interest in questions of eating and drinking.

"They lived on treacle,"[26] said the Dormouse, after thinking a minute or two.

"They couldn't have done that, you know," Alice gently remarked. "they'd have been ill."

"So they were," said the Dormouse; "*very* ill."

Alice tried a little to fancy to herself what such an extraordinary way of living would be like, but it puzzled her too much: so she went on: "But why did they live at the bottom of a well?"

"Take some more tea," the March Hare said to Alice, very earnestly.

"I've had nothing yet," Alice replied in an offended tone: "so I ca'n't take more."

"You mean you ca'n't take *less*," said the Hatter: "it's very easy to take *more* than nothing."

---

25) their names were Elsie, Lacie, and Tillie : Elsie는 Lorina Charlotte를 지칭하고, Tillie는 Edith의 별칭인 Matilda, Lacie는 Alice의 철자 순서를 바꾼 이름이다. 곧 이 세 자매는 앨리스와 그녀의 자매들을 지칭하는 것이다.

26) treacle : '당밀'; 당밀은 뱀에게 물리거나 독에 감염된 경우에 치료제로 흔히 사용되었다. 약효가 있다고 여겨지는 샘물을 흔히 'treacle well'이라고 부르기도 하였는데, 캐럴이 살던 시기에 옥스퍼드 근처에 실제로 treacle well이 존재하였다. 이 treacle well은 중세 시대에도 병을 치유하는 것으로 널리 알려져 있어, 산쥐의 이야기에 등장하는 병들은 세 자매가 treacle well에 살았다는 사실은 이러한 관점에서 볼 때 일리가 있는 것이다.

"Nobody asked *your* opinion," said Alice.

"Who's making personal remarks now?" the Hatter asked triumphantly.

Alice did not quite know what to say to this : so she helped herself to some tea and bread-and-butter, and then turned to the Dormouse, and repeated her question. "Why did they live at the bottom of a well?"

The Dormouse again took a minute or two to think about it, and then said, "It was a treacle-well."

"There's no such thing!" Alice was beginning very angrily, but the Hatter and the March Hare went "Sh! sh!" and the Dormouse sulkily[27)] remarked "If you ca'n't be civil, you'd better finish the story for yourself.[28)]

"No, please go on!" Alice said very humbly. "I wo'n't interrupt you again. I dare say there may be one."

"One, indeed!" said the Dormouse indignantly. However, he consented to go on. "And so these three little sisters — they were learning to draw, you know —"

"What did they draw?" said Alice, quite forgetting her promise.

"Treacle," said the Dormouse, without considering at all, this time.

"I want a clean cup," interrupted the Hatter : "let's all move one place on."

He moved on as he spoke, and the Dormouse followed him : the March Hare moved into the Dormouse's place, and Alice rather unwillingly took the place of the March Hare. The Hatter was the only one who got any advantage from the change; and Alice was a good deal worse off than before, as the March Hare had just upset the milk-jug into his plate.

---

27) sulkily : 부루퉁해서.

28) If you ca'n't be civil, you'd better finish the story for yourself : 앨리스에게 이야기를 이어서 마치라고 한다는 점에서 산쥐가 하는 이야기가 실제 이야기가 아니라 하나의 허구임을 암시하고 있다.

Alice did not wish to offend the Dormouse again, so she began very cautiously: "But I don't understand. Where did they draw the treacle from?"

"You can draw water out of a water-well," said the Hatter; "so I should think you could draw treacle out of a treacle-well — eh, stupid?"

"But they were *in* the well," Alice said to the Dormouse, not choosing to notice this last remark.[29)]

"Of course they were," said the Dormouse: "well in."

This answer so confused poor Alice, that she let the Dormouse go on for some time without interrupting it.

"They were learning to draw," the Dormouse went on, yawning and rubbing its eyes, for it was getting very sleepy; "and they drew all manner of things — everything that begins with an M —"

"Why with an M?" said Alice.

"Why not?" said the March Hare.[30)]

Alice was silent.

The Dormouse had closed its eyes by this time, and was going off into a doze;[31)] but, on being pinched by the Hatter, it woke up again with a little shriek, and went on: "— that begins with an M, such as mouse-traps, and the moon, and memory, and muchness — you know you say things are 'much of a muchness' — did you ever see such a thing as a drawing of a muchness?"

"Really, now you ask me," said Alice, very much confused, "I don't think —"

"Then you shouldn't talk," said the Hatter.

---

29) not choosing to notice this last remark: 이 마지막 말을 못들은 척하면서.

30) "Why not?" said the March Hare: 홀리데이(Holiday)란 삽화가가 캐럴에게 배의 선원들 이름이 모두 왜 B로 시작하느냐고 질문하자, 캐럴은 'why not?'이라고 답변하였다고 한다. 여기서 M으로 시작하는 것을 길어 올렸다고 하는 것은 treacle(당밀)의 또 다른 영어 단어는 M으로 시작하는 'Molasses'이기 때문이기도 하고, M으로 시작되면 왜 안 되느냐고 반문한 것이 산쥐가 아니라, 역시 M으로 시작하는 March Hare인 점에서(자신도 거기에 포함되고 싶었던 것 같다) 생각해 볼 수 있을 것이다.

31) going off into a doze: go off는 '… 하기 시작하다'; 즉, '졸기 시작하다'.

This piece of rudeness was more than Alice could bear : she got up in great disgust, and walked off : the Dormouse fell asleep instantly, and neither of the others took the least notice of her going, though she looked back once or twice, half hoping that they would call after her : the last time she saw them, they were trying to put the Dormouse into the teapot.[32)]

"At any rate I'll never go there again!" said Alice, as she picked her way[33)] through the wood. "It's the stupidest tea-party I ever was at in all my life!"[34)]

Just as she said this, she noticed that one of the trees had a door leading right into it. "That's very curious!" she thought. "But everything's curious today. I think I may as well go in at once." And

32) they were trying to put the Dormouse into the teapot : 빅토리아 시대의 어린아이들은 산쥐를 애완동물 삼아, 풀이나 건초를 넣은 오래된 찻주전자에 넣고 길렀다고 한다.

33) picked her way : 더듬거리며 찾아갔다.

34) It's the stupidest tea-party I ever was at in all my life : 실제의 티타임의 모습이 어린아이의 시각에서는 어떻게 보일 수 있을 지 나타내는 장면이다.

in she went.

Once more she found herself in the long hall, and close to the little glass table. "Now, I'll manage better this time," she said to herself, and began by taking the little golden key, and unlocking the door that led into the garden. Then she went to work nibbling at the mushroom (she had kept a piece of it in her pocket) till she was about a foot high: then she walked down the little passage: and *then* — she found herself at last in the beautiful garden, among the bright flower-beds and the cool fountains.

CHAPTER VIII

THE QUEEN'S CROQUET-GROUND

A large rose-tree stood near the entrance of the garden: the roses growing on it were white, but there were three gardeners at it, busily painting them red[1]. Alice thought this a very curious thing, and she went nearer to watch them, and just as she came up to them she heard one of them say, "Look out now, Five[2]! Don't go splashing paint over me like that!"

"I couldn't help it," said Five, in a sulky tone; "Seven jogged[3] my elbow."

On which Seven looked up and said "That's right, Five! Always lay the blame on others!"

"*You'd* better not talk!" said Five. "I heard the Queen say only yesterday you deserved to be beheaded!"

"What for?" said the one who had spoken first.

"That's none of *your* business, Two!" said Seven.

1) painting them red : 15세기 영국의 요크(York) 공 리처드(Richard)와 마가렛(Margaret) 여왕 사이에는 적대감이 있었는데, 요크가를 권력에서 배제하고자 하는 마가렛 여왕의 시도는 랑카스터가(Lancaster)를 상징하는 붉은 장미만 정원에 두고, 요크가를 상징하는 백장미를 없애라는 하트의 여왕의 지시에서 엿보인다; 또한 백장미에 붉은 물감을 들이려는 이 장면은 여기에 묘사된 정원이 자연 그대로가 아니라 인위적으로 만들어진 것임을 시사하고 있다.

2) Five : 카드의 패 중 5를 지칭 한다; 즉, 여기에 나오는 정원사는 여왕과 마찬가지로 카드다.

3) jogged : '밀다', '당기다'.

"Yes, it *is* his business!" said Five. "And I'll tell him — it was for bringing the cook tulip-roots instead of onions."[4)]

Seven flung down his brush, and had just begun "Well, of all the unjust things — ' when his eye chanced to fall upon Alice, as she stood watching them, and he checked himself suddenly : the others looked round also, and all of them bowed low.

"Would you tell me, please," said Alice, a little timidly, "why you are painting those roses?"

Five and Seven said nothing, but looked at Two. Two began, in a low voice, "Why, the fact is, you see, Miss, this here ought to have been a *red* rose-tree, and we put a white one in[5)] by mistake; and if the Queen was to find it out, we should all have our heads cut off, you know. So you see, Miss, we're doing our best, afore[6)] she comes, to —" At this moment, Five, who had been anxiously looking across the garden, called out "The Queen! The Queen!" and the three gardeners instantly threw themselves flat upon their faces. There was a sound of many footsteps, and Alice looked round, eager to see the Queen.

First came ten soldiers carrying clubs[7)] : these were all shaped like the three gardeners, oblong[8)] and flat, with their hands and feet at the corners : next the ten courtiers :[9)] these were ornamented all over with diamonds, and walked two and two[10)], as the soldiers did. After these came the royal children : there were ten of them, and

4) it was for bringing the cook tulip-roots instead of onions : 베번(Bruce Bevan)은 맥캐이(Charles Mackay)가 쓴 *Extraordinary Popular Delusions and the Madness of Crowds*에 소개된 어느 영국 여행가가 겪은 일화를 캐럴이 염두에 두고 있다고 추정한다. 그 책에 따르면 네덜란드로 여행한 영국 여행가가 아주 귀한 품종의 튤립 뿌리를 양파로 착각하고 그 껍질을 벗겨 내어, 결국 4천 플로린이라는 막대한 돈을 내고서야 감옥에서 풀려나왔다고 한다.
5) put a white one in : put in은 '(작물을) 심다'; 즉, '흰 장미를 심었다'는 의미.
6) afore : (고어) 'before'의 의미.
7) clubs : (카드의) 클로버.
8) oblong : 직사각형의.
9) courtiers : '정신'(廷臣), '궁정인'.
10) walked two and two : 둘씩 짝지어 걸었다.

the little dears came jumping merrily along, hand in hand, in couples : they were all ornamented with hearts.[11] Next came the guests, mostly Kings and Queens, and among them Alice recognised the White Rabbit : it was talking in a hurried nervous manner, smiling at everything that was said, and went by without noticing her. Then followed the Knave of Hearts,[12] carrying the King's crown on a crimson velvet cushion; and, last of all this grand procession,[13] came THE KING AND QUEEN OF HEARTS.

11) First came ten soldiers carrying clubs … were all ornamented with hearts : 카드의 스페이드는 정원사, 클로버는 군인, 다이아몬드는 궁정인, 하트는 10명의 왕족이다.

12) Knave of Hearts : 카드의 잭.

13) all this grand procession : 캐럴이 카드의 팩을 이처럼 이 이야기에 소개한 것은 리델가의 어린아이들을 위해 지어낸 궁정기사(Court Circular) 게임의 영향일 것이라고 그린(Green)은 추정하고 있다.

Alice was rather doubtful whether she ought not to lie down on her face like the three gardeners, but she could not remember ever having heard of such a rule at processions; "and besides, what would be the use of a procession," thought she, "if people had all to lie down upon their faces, so that they couldn't see it?" So she stood still where she was, and waited.

When the procession came opposite to Alice, they all stopped and looked at her, and the Queen said, severely "Who is this?" She said it to the Knave of Hearts, who only bowed and smiled in reply.

"Idiot!" said the Queen, tossing her head impatiently; and, turning to Alice, she went on, "What's your name, child?"

"My name is Alice, so please your Majesty," said Alice very politely; but she added, to herself, "Why, they're only a pack of cards, after all. I needn't be afraid of them!"[14)]

"And who are *these*?" said the Queen, pointing to the three gardeners who were lying round the rose-tree; for, you see, as they were lying on their faces, and the pattern on their backs was the same as the rest of the pack, she could not tell whether they were gardeners, or soldiers, or courtiers, or three of her own children.[15)]

"How should *I* know?" said Alice, surprised at her own courage. "It's no business of *mine*."

The Queen turned crimson with fury[16)], and, after glaring[17)] at her for a moment like a wild beast, began screaming "Off with her

14) they're only a pack of cards … needn't be afraid of them : 이상한 나라의 지배자인 여왕이 한낱 카드에 지나지 않는다는 사실을 알고는, 여왕이 갖고 있다고 생각하는 권위가 별것 아님을 앨리스는 깨닫게 된다.

15) she could not tell whether they were gardeners, or soldiers, or courtiers, or three of her own children : 카드로 등장하는 등장인물들은 실제 카드의 속성을 가지고 있다. 즉, 스페이드 정원사는 카드처럼 납작하게 엎드릴 수 있고, 카드 인물들은 모두 등 모양이 같아서 그 등을 보아서는 그 신분을 알 수 없으며, 쉽게 뒤집어지고, 크로켓게임의 아치처럼 몸을 구부릴 수도 있다.

16) Queen turned crimson with fury : 캐럴은 "Alice oh the Stage"란 글에서 자신은 하트 여왕을 "억제할 수 없는 분노의 화신"으로 상상하며, 이 글을 썼다고 말한다. 하지만 하트의 색은 붉은 색이기 때문에 여왕의 이러한 성격과도 부합된다.

17) glaring : 노려보다.

head![18] Off with—"

"Nonsense!" said Alice, very loudly and decidedly, and the Queen was silent.

The King laid his hand upon her arm, and timidly said "Consider, my dear: she is only a child!"

The Queen turned angrily away from him, and said to the Knave "Turn them over!"

The Knave did so, very carefully, with one foot.

"Get up!" said the Queen, in a shrill, loud voice, and the three gardeners instantly jumped up, and began bowing to the King, the Queen, the royal children, and everybody else.

"Leave off that!" screamed the Queen. "You make me giddy." And then, turning to the rose-tree, she went on "What *have* you been doing here?"

"May it please your Majesty," said Two, in a very humble tone, going down on one knee as he spoke, "we were trying—"

"*I* see!" said the Queen, who had meanwhile been examining the roses. "Off with their heads!" and the procession moved on, three of the soldiers remaining behind to execute the unfortunate gardeners, who ran to Alice for protection.

"You sha'n't be beheaded!" said Alice, and she put them into a large flower-pot that stood near. The three soldiers wandered about for a minute or two, looking for them, and then quietly marched off after the others.

"Are their heads off?" shouted the Queen.

"Their heads are gone, if it please your Majesty!" the soldiers shouted in reply.

"That's right!" shouted the Queen. "Can you play croquet?"

The soldiers were silent, and looked at Alice, as the question was evidently meant for her.

"Yes!" shouted Alice.

18) Off with her head : 이 말은 셰익스피어(Shakespeare)가 쓴 역사 극『리처드 3세』(*Richard III*)에서 나오는 말로 19세기 당시에 유행하였던 말이다

"Come on, then!" roared the Queen, and Alice joined the procession, wondering very much what would happen next.

"It's — it's a very fine day!"said a timid voice at her side. She was walking by the White Rabbit, who was peeping anxiously into her face.

"Very," said Alice "Where's the Duchess?"

"Hush! Hush!" said the Rabbit in a low hurried tone.[19] He looked anxiously over his shoulder as he spoke, and then raised himself upon tiptoe, put his mouth close to her ear, and whispered "She's under sentence of execution."

"What for?" said Alice.

"Did you say 'What a pity!'?" the Rabbit asked.

"No, I didn't," said Alice : "I don't think it's at all a pity. I said 'What for?'"

"She boxed the Queen's ears —" the Rabbit began. Alice gave a little scream of laughter. "Oh, hush!" the Rabbit whispered in a frightened tone. "The Queen will hear you! You see she came rather late, and the Queen said —"

"Get to your places!" shouted the Queen in a voice of thunder, and people began running about in all directions, tumbling up against each other;[20] however, they got settled down in a minute or two, and the game began.

Alice thought she had never seen such a curious croquet-ground[21] in her life : it was all ridges and furrows;[22] the balls were live hedgehogs,[23] the mallets[24] live flamingoes,[25] and the soldiers had

---

19) in a low hurried tone : 나지막이 다급한 목소리로.

20) tumbling up against each other : 서로서로 부딪치며 굴러 떨어지다.

21) curious croquet-ground : curious는 '기묘한'; 크로켓은 리델가의 아이들이 좋아하는 게임이었는데, 캐럴은 이를 응용하여 Croquet Castle이라는 새로운 게임을 만들어내서 이를 아이들과 함께 즐겼다고 한다.

22) ridges and furrows : 'ridge'는 '솟아나온 부분', 'furrow'는 '움푹 파진 부분'

23) hedgehogs : 고슴도치.

24) mallets : 타구봉.

25) flamingoes : 원래 원고에서는 '타조'(Ostriches)로 되어 있었다.

to double themselves up and to stand on their hands and feet, to make the arches.

The chief difficulty Alice found at first was in managing her flamingo : she succeeded in getting its body tucked away,[26] comfortably enough, under her arm, with its legs hanging down, but generally, just as she had got its neck nicely straightened out, and was going to give the hedgehog a blow with its head, it *would* twist itself round and look up in her face, with such a puzzled expression that she could not help bursting out laughing; and, when she had got its head down, and was going to begin again, it was very provoking to find that the hedgehog had unrolled itself, and was in the act of crawling away :[27] besides all this, there was generally a ridge or furrow in the way wherever she wanted to send the hedgehog to, and, as the doubled-up soldiers were always getting up and walking off to other parts of the ground, Alice soon came to the conclusion that it was a very difficult game indeed.

The players all played at once, without waiting for turns, quarrelling all the while, and fighting for the hedgehogs;[28] and in a very short time the Queen was in a furious passion, and went stamping about,[29] and shouting "Off with his head!" or "Off with

26) tucked away : 밀어 넣다.

27) in the act of crawling away : in the act of는 '…의 현행 중에', '…을 하는 현장에서' ; crawl away는 '살금살금 도망가다'.

28) The players all played at once … fighting for the hedgehogs : 이상한 나라의 특징은 모든 것에 제대로 된 규칙이나 질서가 없다는 것이다.

29) stamping about : 요란스럽게 발을 구르면 이리저리 걷다.

her head!" about once in a minute.

Alice began to feel very uneasy : to be sure, she had not as yet had any dispute with the Queen, but she knew that it might happen any minute, "and then," thought she, "what would become of me? They're dreadfully fond of beheading people here : the great wonder is, that there's any one left alive!"[30)]

She was looking about for some way of escape, and wondering whether she could get away without being seen, when she noticed a curious appearance in the air : it puzzled her very much at first, but after watching it a minute or two she made it out to be a grin, and she said to herself

"It's the Cheshire-Cat : now I shall have somebody to talk to."

"How are you getting on?" said the Cat, as soon as there was mouth enough for it to speak with.

Alice waited till the eyes appeared, and then nodded. "It's no use speaking to it," she thought, "till its ears have come, or at least one of them." In another minute the whole head appeared, and then Alice put down her flamingo, and began an account of the game, feeling very glad she had someone to listen to her.[31)] The Cat seemed to think that there was enough of it now in sight, and no more of it appeared.

"I don't think they play at all fairly," Alice began, in rather a complaining tone, "and they all quarrel so dreadfully one ca'n't hear oneself speak — and they don't seem to have any rules in particular; at least, if there are, nobody attends to them — and you've no idea how confusing it is all the things being alive : for instance, there's the arch I've got to go through next walking about at the other end of the ground — and I should have croqueted[32)] the Queen's

30) They're dreadfully fond of beheading … any one left alive : 여왕은 수많은 사람에게 사형을 언도하였지만, 말이 행동으로 옮겨지지 않는 이 이상한 나라에서 실제로 처형된 사람은 하나도 없다.

31) feeling very glad she had someone to listen to her : 이 이상한 나라에서 유일하게 가장 논리적이고 가장 객관적으로 볼 수 있는 이 고양이에 대해 앨리스는 심리적으로 의존하고 있다.

hedgehog just now, only it ran away when it saw mine coming!"

"How do you like the Queen?" said the Cat in a low voice.

"Not at all," said Alice: "she's so extremely—" Just then she noticed that the Queen was close behind her, listening: so she went on "—likely to win, that it's hardly worth while finishing the game."

The Queen smiled and passed on.

"Who *are* you talking to?" said the King, coming up to Alice, and looking at the Cat's head with great curiosity.

"It's a friend of mine—a Cheshire-Cat," said Alice: "allow me to introduce it."

"I don't like the look of it at all," said the King: "however, it may kiss my hand, if it likes."

"I'd rather not," the Cat remarked.

"Don't be impertinent," said the King, "and don't look at me like that!"

He got behind Alice as he spoke.

"A cat may look at a king," said Alice. "I've read that in some book, but I don't remember where."[33)]

"Well, it must be removed," said the King very decidedly; and he called to the Queen, who was passing at the moment, "My dear! I wish you would have this cat removed!"

The Queen had only one way of settling all difficulties, great or small.

"Off with his head!" she said without even looking round.

"I'll fetch the executioner myself," said the King eagerly, and he hurried off.

Alice thought she might as well go back and see how the game was going on, as she heard the Queen's voice in the distance, screaming with passion. She had already heard her sentence three

32) croqueted: (크로케) (상대방 공을) 쳐서 물리치다.

33) A cat may look at a king … but I don't remember where: 이 말의 원전은 웰던(Sir Archibald Weldon)의 *A Cat May Look Upon a King*인 것 같다. 이 말은 하나의 속담처럼 인용되기도 하는데, 그 의미는 아무리 하찮은 사람도 신분 높은 사람을 만날 권리는 있다는 것이다.

of the players to be executed for having missed their turns, and she did not like the look of things[34] at all, as the game was in such confusion that she never knew whether it was her turn or not. So she went off in search of her hedgehog.

The hedgehog was engaged in a fight with another hedgehog, which seemed to Alice an excellent opportunity for croqueting one of them with the other : the only difficulty was, that her flamingo was gone across to the other side of the garden, where Alice could see it trying in a helpless sort of way to fly up into a tree.

By the time she had caught the flamingo and brought it back, the fight was over, and both the hedgehogs were out of sight : "but it doesn't matter much," thought Alice, "as all the arches are gone from this side of the ground." So she tucked it away under her arm, that it might not escape again, and went back to have a little more conversation with her friend.

When she got back to the Cheshire-Cat, she was surprised to find quite a large crowd collected round it : there was a dispute going on between the executioner,[35] the King, and the Queen, who were all talking at once, while all the rest were quite silent, and looked very uncomfortable.

The moment Alice appeared, she was appealed to by all three to settle the question,[36] and they repeated their arguments to her, though, as they all spoke at once, she found it very hard indeed to make out exactly what they said.

The executioner's argument was, that you couldn't cut off a head unless there was a body to cut it off from : that he had never had to do such a thing before, and he wasn't going to begin at *his* time of life.[37]

34) look of things : 돌아가는 상황.
35) executioners : 원래 삽화에서 사형집행인은 클로버의 잭으로 등장하였다.
36) she was appealed to by all three to settle the question : 앨리스는 어린아이지만 이상한 나라에서는 상당한 권위를 가지고 있다. 실상 이 모든 것이 앨리스의 꿈이라는 점에서 앨리스가 이런 권한을 누리는 것은 당연한 것이기도 하다.
37) at *his* time of life : 지금 이 나이에.

The King's argument was that anything that had a head could be beheaded, and that you weren't to talk nonsense.

The Queen's argument was that, if something wasn't done about it in less than no time,[38] she'd have everybody executed, all round. (It was this last remark that had made the whole party look so grave and anxious.)

Alice could think of nothing else to say but "It belongs to the Duchess: you'd better ask *her* about it."

"She's in prison," the Queen said to the executioner: "fetch her here." And the executioner went off like an arrow.

38) in less than no time: '곧', '즉시'.

The Cat's head began fading away the moment he was gone, and, by the time he had come back with the Duchess, it had entirely disappeared: so the King and the executioner ran wildly up and down, looking for it, while the rest of the party went back to the game.

CHAPTER IX

THE MOCK TURTLE'S STORY

"You can't think how glad I am to see you again, you dear old thing!" said the Duchess, as she tucked her arm affectionately into Alice's, and they walked off together.

Alice was very glad to find her in such a pleasant temper, and thought to herself that perhaps it was only the pepper that had made her so savage when they met in the kitchen.

"When *I'm* a Duchess," she said to herself (not in a very hopeful tone, though), "I won't have any pepper in my kitchen *at all*. Soup does very well without — Maybe it's always pepper that makes people hot-tempered,"[1] she went on, very much pleased at having found out a new kind of rule, "and vinegar that makes them sour[2] and camomile[3] that makes them bitter — and — and barley-sugar[4] and such things that make children sweet-tempered. I only wish people knew *that* : then they wouldn't be so stingy about it, you know —"

She had quite forgotten the Duchess by this time, and was a little startled when she heard her voice close to her ear. "You're

1) Maybe it's always pepper that makes people hot-tempered : peppery에는 '성질 급한'(hot-tempered)이란 의미가 있다는 사실에 착안한 앨리스의 발상이다.

2) vinegar that makes them sour : vinegar는 '식초'의 의미이며, 이것의 형용사형인 'vinegary'에는 '심술궂은'이란 의미가 있고, sour에도 '신' 이란 의미와 '심술궂은'이란 의미가 있기 때문에 앨리스는 신 음식인 식초가 사람을 심술궂게 만든다고 생각하는 것이다.

3) camomile : 빅토리아 시대 당시 널리 의약품으로 사용되었던 카밀레라는 식물에서 추출한 카밀레라는 액은 몹시 쓰다.

4) barley-sugar : 뒤틀린 막대 모양으로 만들어진 '보리 물엿'; 이런 달콤한 음식을 먹으면 사람들의 성품도 '상냥해'(sweet-tempered)질 것이라고 앨리스는 생각하기 때문에, 왜 아이들에게 사탕을 주지 않으려는지 이해하지 못하겠다고 앨리스는 말하고 있는 것이다.

thinking about something, my dear, and that makes you forget to talk. I ca'n't tell you just now what the moral of that is, but I shall remember it in a bit."[5)]

"Perhaps it hasn't one," Alice ventured to remark.

"'Tut, tut, child!" said the Duchess. "Everything's got a moral, if only you can find it."[6)] And she squeezed herself up closer to Alice's side as she spoke.

Alice did not much like keeping so close to her :[7)] first, because the Duchess was *very* ugly; and secondly, because she was exactly the right height to rest her chin upon Alice's shoulder, and it was an uncomfortably sharp chin. However, she did not like to be rude : so she bore it as well as she could.

"The game's going on rather better now," she said, by way of[8)] keeping up the conversation a little.

"'Tis so," said the Duchess : "and the moral of that is — 'Oh, 'tis love, 'tis love, that makes the world go round!'"[9)]

5) in a bit : 잠시 후에.

6) Everything's got a moral, if only you can find it : 디킨즈(Charles Dickens)의 소설 *Dombey and Son*에 "우리가 찾을 수만 있다면, 이 세상 모든 일에는 교훈이 있다"는 구절이 있으며, 캐럴의 *The New Belfry of Christ Church, Oxford*에서도 "찾기만 원한다면, 모든 것에는 교훈이 있다"란 구절이 있다; 하지만 앨리스가 하는 모든 말에서 교훈을 찾으려고 하는 공작부인의 태도는 교훈과 도덕성을 강조하는 빅토리아 시대의 풍조를 풍자하기 위한 것이기도 하다.

7) Alice did not much like keeping so close to her : 앨리스와 신체적 접촉을 최대한 하려고 공작부인은 앨리스에게는 성적으로 치근거리는 사람의 모습으로 보인다.

8) by way of : '… 할 목적으로', '… 할 방편으로'.

"Somebody[10] said," Alice whispered, "that it's done by everybody minding their own business!"[11]

"Ah, well! It means much the same thing," said the Duchess, digging her sharp little chin into Alice's shoulder as she added "and the moral of *that* is — 'Take care of the sense, and the sounds will take care of themselves.'"[12]

"How fond she is of finding morals in things!" Alice thought to herself.

"I dare say you're wondering why I don't put my arm round your waist," the Duchess said, after a pause : "the reason is, that I'm doubtful about the temper of your flamingo. Shall I try the experiment?"

"He might bite," Alice cautiously replied, not feeling at all anxious to have the experiment tried.

"Very true," said the Duchess : "flamingoes and mustard both bite.[13] And the moral of that is — 'Birds of a feather flock together.'"[14]

"Only mustard isn't a bird," Alice remarked.

"Right, as usual," said the Duchess : "what a clear way you have of putting things!"

"It's a mineral, I *think*," said Alice.

"Of course it is," said the Duchess, who seemed ready to agree

---

9) Oh, 'tis love, 'tis love, that makes the world go round : 이와 비슷한 내용의 문구는, 당시에 유행했던 프랑스 노래에서뿐만 아니라, 단테의 『신곡』 중 『낙원』편과 "The Dawn of Love"라는 영국 노래에서도 발견된다. 디킨즈의 *Our Mutual Friend* 에서도 이와 비슷한 문구가 나온다. 'Tis love that makes the world go round, my baby'

10) Somebody : 공작부인을 지칭한다.

11) everybody minding their own business : '누구나 다의 일은 아무의 일도 아니다'(Everybody's business is nobody's business)라는 영국 속담을 떠올리게 하는 문구다.

12) Take care of the sense, and the sounds will take care of themselves : '푼돈을 아끼면 큰돈은 저절로 모이는 법'(Take care of he pence and the pounds will take care of themselves)이란 영국 속담을 약간 변형시킨 표현.

13) flamingoes and mustard both bite : bite에는 '물다'라는 의미와 '(맛이) 톡 쏜다'는 의미가 있다. 이 두 가지 의미를 동시에 표현하고 있다.

14) Birds of a feather flock together : 유유상종.

to everything that Alice said: "there's a large mustard-mine near here. And the moral of that is — 'The more there is of mine, the less there is of yours.'"[15)]

"Oh, I know!" exclaimed Alice, who had not attended to this last remark, "it's a vegetable.[16)] It doesn't look like one, but it is."

"I quite agree with you," said the Duchess; "and the moral of that is — 'Be what you would seem to be'[17)] — or, if you'd like it put more simply — 'Never imagine yourself not to be otherwise than what it might appear to others that what you were or might have been was not otherwise than what you had been would have appeared to them to be otherwise.'"

"I think I should understand that better," Alice said very politely, "if I had it written down: but I ca'n't quite follow it as you say it."

"That's nothing to what I could say if I chose," the Duchess replied, in a pleased tone.

"Pray don't trouble yourself to say it any longer than that," said Alice.

"Oh, don't talk about trouble!" said the Duchess. "I make you a present of everything I've said as yet."

"A cheap sort of present!" thought Alice. "I'm glad they don't give birthday presents like that!" But she did not venture to say it out loud.

"Thinking again?" the Duchess asked, with another dig of her sharp little chin.

---

15) The more there is of mine, the less there is of yours: 한쪽이 이득을 보면 다른 쪽은 손해를 본다는 현대의 게임이론과 유사하다.

16) it's a vegetable: 상대방이 무엇을 생각하는지 알아 맞추는 빅토리아 시대의 게임을 연상시킨다. 즉, 상대방이 생각하고 있는 것이 동물인지, 광물인지, 식물인지를 물어보며, 그 범위를 좁혀가면서 알아 맞추는 놀이를 공작부인과 앨리스가 하고 있는 듯하다.

17) Be what you would seem to be: 그린은 이 구절이 셰익스피어의 『한여름밤의 꿈』(*A Mid-summer Night's Dream*)의 4막 1장에 나오는 "Be as thou wast wont to be"와 유사하다고 말하고 있다.

"I've a right to think," said Alice sharply, for she was beginning to feel a little worried.[18)]

"Just about as much right," said the Duchess, "as pigs have to fly;[19)] and the m—"

But here, to Alice's great surprise, the Duchess's voice died away, even in the middle of her favourite word "moral," and the arm that was linked into hers began to tremble. Alice looked up, and there stood the Queen in front of them, with her arms folded, frowning like a thunderstorm.

"A fine day, your Majesty!" the Duchess began in a low, weak voice.

"Now, I give you fair warning," shouted the Queen, stamping on the ground as she spoke; "either you or your head must be off, and that in about half no time![20)] Take your choice!"

The Duchess took her choice, and was gone in a moment.

"Let's go on with the game," the Queen said to Alice; and Alice was too much frightened to say a word, but slowly followed her back to the croquet-ground.

The other guests had taken advantage of the Queen's absence, and were resting in the shade : however, the moment they saw her, they hurried back to the game, the Queen merely remarking that a moment's delay would cost them their lives.

All the time they were playing the Queen never left off quarrelling with the other players, and shouting "Off with his head!" or "Off with her head!" Those whom she sentenced were taken into custody[21)] by the soldiers, who of course had to leave off being arches to do this, so that, by the end of half an hour or so, there were no arches left, and all the players, except the King, the Queen, and Alice, were in custody and under sentence of execution.

---

18) worried : 귀찮은.

19) Just about as much right … as pigs have to fly : 동요에 나오는 "Dickory, Dickory dare! The pig flew up in the air"라는 구절을 연상시킨다.

20) in about half no time : '즉각', '즉시'.

21) taken into custody : 구금되다.

Then the Queen left off, quite out of breath, and said to Alice "Have you seen the Mock Turtle yet?"

"No," said Alice. "I don't even know what a Mock Turtle is."

"It's the thing Mock Turtle Soup[22] is made from," said the Queen.

"I never saw one, or heard of one," said Alice.

"Come on, then," said the Queen, "and he shall tell you his history."

As they walked off together, Alice heard the King say in a low voice, to the company generally, "You are all pardoned." "Come, *that's* a good thing!" she said to herself, for she had felt quite unhappy at the number of executions the Queen had ordered.

They very soon came upon a Gryphon,[23] lying fast asleep in the sun. (If you don't know what a Gryphon is, look at the picture.) "Up, lazy thing!" said the Queen, "and take this young lady to see the Mock Turtle, and to hear his history. I must go back and see after[24] some executions I have ordered;" and she walked off, leaving Alice alone with the Gryphon. Alice did not quite like the look of the creature, but on the whole she thought it would be quite as safe to stay with it as to go after that savage Queen : so she waited.

The Gryphon sat up and rubbed its eyes : then it watched the Queen till she was out of sight : then it chuckled.[25] "What fun!" said the Gryphon, half to itself, half to Alice.

"What *is* the fun?" said Alice.

"Why, *she*," said the Gryphon. "It's all her fancy, that : they never

22) Mock Turtle Soup : 거북이 스프를 모방하여 송아지 머리에 소스와 양념을 하여 만든 수프; 테니엘이 Mock Turtle의 삽화를 그릴 때 송아지 머리와 발굽, 그리고 꼬리를 한 거북이의 형상을 그린 이유가 여기에 있다.

23) Gryphon : 독수리 머리에 독수리 날개를 달고, 몸통은 사자의 몸을 가진 전설상의 동물로 중세에는 신과 인간의 합일을 상징하는 동물로 여겨졌다; 옥스퍼드 대학의 트리니티 칼리지(Trinity College)의 상징이기도 한 이 동물은 고대 스키타이의 금광을 지키는 동물로 묘사되고 있는데, 흥미로운 사실은 이 동물이 이 작품에서는 잠을 자고 있어 그 본분을 망각하고 있다는 사실이다.

24) see after : 살펴보다.

25) chuckled : 껄껄거리고 웃었다.

executes nobody, you know. Come on!"

"Everybody says 'come on!' here," thought Alice, as she went slowly after it: "I never was so ordered about[26] in all my life, never!"

They had not gone far before they saw the Mock Turtle in the distance, sitting sad and lonely on a little ledge of rock, and, as they came nearer, Alice could hear him sighing as if his heart would break. She pitied him deeply. "What is his sorrow?" she asked the Gryphon. And the Gryphon answered, very nearly in the same words as before, "It's all his fancy, that: he hasn't got no sorrow, you know.[27] Come on!"

So they went up to the Mock Turtle, who looked at them with large eyes full of tears, but said nothing.

"This here young lady," said the Gryphon, "she wants for to

26) ordered about : 사방에서 지시를 받다.

27) It's all his fancy, that : he hasn't got no sorrow, you know : 이상한 나라에서 벌어지는 일은 실제가 아니라 단지 꿈, 상상 속에서 벌어지는 일이기 때문에 Mock Turtle의 슬픔도 단지 허구에 지나지 않는 것이다.

know your history, she do."

"I'll tell it her," said the Mock Turtle in a deep, hollow[28] tone: "Sit down, both of you, and don't speak a word till I've finished."

So they sat down, and nobody spoke for some minutes. Alice thought to herself "I don't see how he can *ever* finish, if he doesn't begin." But she waited patiently.

"Once," said the Mock Turtle at last, with a deep sigh, "I was a real Turtle."

These words were followed by a very long silence, broken only by an occasional exclamation of "Hjckrrh!" from the Gryphon, and the constant heavy sobbing of the Mock Turtle. Alice was very nearly getting up and saying "Thank you, Sir, for your interesting story," but she could not help thinking there *must* be more to come, so she sat still and said nothing.

"When we were little," the Mock Turtle went on at last, more calmly, though still sobbing a little now and then, "we went to school in the sea. The master was an old Turtle — we used to call him Tortoise —"

"Why did you call him Tortoise, if he wasn't one?"[29] Alice asked.

"We called him Tortoise because he taught us,"[30] said the Mock Turtle angrily: "Really you are very dull!"

"You ought to be ashamed of yourself for asking such a simple question," added the Gryphon; and then they both sat silent and looked at poor Alice, who felt ready to sink into the earth. At last the Gryphon said to the Mock Turtle "Drive on,[31] old fellow! Don't

28) hollow : 힘없는.

29) Why did you call him Tortoise, if he wasn't one? : 19세기 당시에는 바다에 사는 거북이는 'Turtle', 육지 거북이는 'Tortoise'라고 구분해서 불렀다. 따라서 앨리스가 여기서 의문을 제기하는 것은 당연한 것이다.

30) We called him Tortoise because he taught us : 여기서 캐럴은 일종의 펀을 사용하고 있다; 즉, taught-us란 말이 tortoise와 발음이 비슷하기 때문에, Mock Turtle은 자신들을 가르친 거북이를 tortoise라고 부르는 것은 당연하다고 주장하고 있는 것이다.

31) Drive on : '계속 진행하다'; 감정에 복받쳐서 Mock Turtle이 말을 잇지 못하자 재촉하는 말이다.

be all day about it!" and he went on in these words : —

"Yes, we went to school in the sea, though you mayn't believe it —"

"I never said I didn't!" interrupted Alice.

"You did," said the Mock Turtle.[32)]

"Hold your tongue!" added the Gryphon, before Alice could speak again. The Mock Turtle went on.

"We had the best of educations — in fact, we went to school every day —"

32) "You did," said the Mock Turtle : 앨리스가 하지도 않은 말을 했다고 주장하는 것은 Mock Turtle 뿐만 아니라 뒤에 나오는 Humpty Dumpty 역시 마찬가지다.

"*I've* been to a day-school, too," said Alice. "You needn't be so proud as all that."

"With extras?" asked the Mock Turtle, a little anxiously.

"Yes," said Alice, "we learned French and music."

"And washing?" said the Mock Turtle.

"Certainly not!" said Alice indignantly.

"Ah! then yours wasn't a really good school," said the Mock Turtle in a tone of great relief. "Now, at *ours*, they had, at the end of the bill, 'French, music, *and washing* — extra.'"[33)]

"You couldn't have wanted it much," said Alice; "living at the bottom of the sea."

"I couldn't afford to learn it," said the Mock Turtle, with a sigh. "I only took the regular course."

"What was that?" inquired Alice.

"Reeling and Writhing, of course, to begin with," the Mock Turtle replied; "and then the different branches of Arithmetic — Ambition, Distraction, Uglification, and Derision."[34)]

"'I never heard of 'Uglification,'"[35)] Alice ventured to say. "What is it?"

The Gryphon lifted up both its paws in surprise. "Never heard of uglifying!" it exclaimed. "You know what to beautify is, I suppose?"

"Yes," said Alice doubtfully : "it means — to — make — anything — prettier."

---

33) French, music, *and washing* – extra : 이런 문구는 흔히 기숙사 청구비에 나오는 표현이다. 즉, 프랑스어와 음악 수업을 받은 것과, 세탁해 준 것에 대해 추가비용을 내라는 의미다.

34) Reeling and Writhing … Arithmetic – Ambition, Distraction, Uglification, and Derision : Mock Turtle이 배웠다고 하는 과목은 전부 펀으로 다른 의미를 가지고 있다. 즉, Reeling은 '강독'(reading), writhing은 '쓰기'(writing), ambition은 '덧셈'(addition), distraction은 '빼기'(subtraction), uglification은 '곱셈'(multiplication), derision은 '나누기'(division)를 각각 패러디한 용어들이다.

35) Uglification : 캐럴의 조어로 beautify처럼 ugly에서 uglify란 용어를 만들어, 이를 다시 명사화한 것이다; Gryphon이 Uglification의 의미를 설명할 때 beautify란 단어의 의미를 앨리스에게 물어 본 것은 바로 이 때문이다.

"Well, then," the Gryphon went on, "if you don't know what to uglify is, you *are* a simpleton."

Alice did not feel encouraged to ask any more questions about it : so she turned to the Mock Turtle, and said "What else had you to learn?"

"Well, there was Mystery," the Mock Turtle replied, counting off the subjects on his flappers[36), — "Mystery, ancient and modern, with Seaography : then Drawling — the Drawling-master[37) was an old conger-eel,[38) that used to come once a week : *he* taught us Drawling, Stretching, and Fainting in Coils."[39)

"What was *that* like?" said Alice.

"Well, I ca'n't show it you, myself," the Mock Turtle said : "I'm too stiff. And the Gryphon never learnt it."

"Hadn't time," said the Gryphon : "I went to the Classical master, though. He was an old crab, *he* was."

"I never went to him," the Mock Turtle said with a sigh : "He taught Laughing and Grief, they used to say."

"So he did, so he did," said the Gryphon, sighing in his turn; and both creatures hid their faces in their paws.

"And how many hours a day did you do lessons?" said Alice, in

---

36) counting off the subjects on his flappers : count off는 '하나하나씩 번호를 붙이다', flapper는 '(거북이의) 손'; 즉, 손으로 과목을 하나씩 세며 꼽았다는 의미.

37) Drawling-master : 19세기 당시 영국의 유명한 화가이자 비평가였던 러스킨(John Ruskin)으로 실제로 리델가의 아이들에게 회화를 가르치러 일주일에 한 번씩 방문하였는데, 그도 캐럴처럼 어린아이에 대해 호감을 가졌던 인물이다.

38) conger-eel : '붕장어'; 러스킨은 키가 크고 야위어서 캐럴은 이 작품에서 그를 붕장어로 그린 것 같다고 가드너는 추정하고 있다.

39) there was Mystery … with Seaography : then Drawling — the Drawling-master… taught us Drawling, Stretching, and Fainting in Coils : 역시 펀을 사용한 구분으로, mystery는 '역사'(history), Seography는 '지리'(geography), drawling은 '선화'(drawing), stretching은 '스케치'(sketching), fainting in coils는 '유화'((painting in oils)를 각각 패러디한 것 같다. 하지만 역사를 'mystery'라고 한 것은 역사가 실제로 투명한 진실을 보여주지 못할 수 있다는 관점에서 보면, 오히려 history란 단어보다 더 적합한 용어일 수 있다. seaography란 용어도 이들이 바다(sea)에 살기 때문에 육지(geo)에 관한 연구인 geography보다 더 합당한 과목이 될 수 있을 것이다.

a hurry to change the subject.

"Ten hours the first day," said the Mock Turtle : "nine the next, and so on."

"What a curious plan!" exclaimed Alice.

"That's the reason they're called lessons," the Gryphon remarked : "because they lessen from day to day."

This was quite a new idea to Alice, and she thought it over a little before she made her next remark. "Then the eleventh day must have been a holiday?"40)

"Of course it was," said the Mock Turtle.

"And how did you manage on the twelfth?"41) Alice went on eagerly.

"That's enough about lessons," the Gryphon interrupted in a very decided tone. "Tell her something about the games now."

40) Then the eleventh day must have been a holiday : 첫날 10시간 공부하고 하루에 한 시간씩 줄여서 공부하니까, 11일 째에는 전혀 공부를 하지 않게 되기 때문에 휴일이냐고 앨리스가 물어본 것이다. 수업이라는 'lesson'이란 단어와 발음이 유사한 '줄이다'란 의미를 가진 'lessen'이라는 단어를 사용해 교묘한 상황을 만들어낸 캐럴의 재치가 돋보인다.

41) And how did you manage on the twelfth : 수업 시작 12일 후에는 학생의 공부시간이 마이너스로 가야하기 때문에, 이럴 경우엔 어떻게 하느냐고 앨리스가 물어 본 것이다. 이런 상황에서는 학생이 오히려 선생을 가르쳐야 하는 것이 아닌가하고 가드너는 추측해 본다.

CHAPTER X

THE LOBSTER QUADRILLE

The Mock Turtle sighed deeply, and drew the back of one flapper across his eyes. He looked at Alice and tried to speak, but, for a minute or two, sobs choked his voice. "Same as if he had a bone in his throat," said the Gryphon : and it set to work shaking him and punching him in the back. At last the Mock Turtle recovered his voice, and, with tears running down his cheeks, he went on again : —

"You may not have lived much under the sea —" ("I haven't," said Alice) — "and perhaps you were never even introduced to a lobster —" (Alice began to say "I once tasted —" but checked herself[1] hastily, and said "No, never") "— so you can have no idea what a delightful thing a Lobster-Quadrille[2] is!"

"No, indeed," said Alice. "What sort of a dance is it?"

"Why," said the Gryphon, "you first form into a line along the sea-shore —"

"Two lines!" cried the Mock Turtle. "Seals, turtles, salmon, and so on : then, when you've cleared all the jelly-fish out of the way —"

"*That* generally takes some time," interrupted the Gryphon.

"— you advance twice —"

"Each with a lobster as a partner!" cried the Gryphon.

"Of course," the Mock Turtle said : "advance twice, set to

1) checked herself : 말을 멈추었다.
2) Quadrille : 네 사람이 한 조가 되어 추는 춤으로 가장 배우기 어려운 춤으로 리델가의 아이들은 개인 교사를 통해 이 춤을 배웠다고 한다. 그런데 여기서 말하는 lobster quadrille은 8쌍에서 16쌍을 위한 춤인 lancers Quadrille과 비슷한데, 이 lancers는 처음 파리에서 소개된 후 1850년대 이후부터 국제적으로 퍼지기 시작하였다. Mock Turtle이 부르는 노래의 마지막 연은 프랑스에서 이 lancers 춤이 얼마나 유행했는지 보여주고 있다.

partners[3] —"

"— change lobsters, and retire in same order," continued the Gryphon.

"Then, you know," the Mock Turtle went on, "you throw the —"

"The lobsters!" shouted the Gryphon, with a bound into the air.[4]

"— as far out to sea as you can —"

"Swim after them!" screamed the Gryphon.

"Turn a somersault in the sea!" cried the Mock Turtle, capering wildly about.[5]

"Change lobsters again!" yelled the Gryphon at the top of its voice.[6]

3) set to partners : 춤 상대자를 바라보며 한발로 깡총 뛰었다가 다른 발로 뛰는 행동.

4) "The lobsters!" shouted the Gryphon, with a bound into the air : 'with a bound'는 '단번에'; 바다가재를 던지는 행위는 전쟁에서 창을 던지는 행위와 유사하다고 가드너는 지적하고 있다.

5) capering wildly about : 이리저리 미친 듯이 뛰어다니면서.

6) at the top of its voice : 목청껏.

"Back to land again, and — that's all the first figure,"[7] said the Mock Turtle, suddenly dropping his voice; and the two creatures, who had been jumping about like mad things all this time, sat down again very sadly and quietly, and looked at Alice.

"It must be a very pretty dance," said Alice timidly.

"Would you like to see a little of it?" said the Mock Turtle.

"Very much indeed,'" said Alice.

"Come, let's try the first figure!" said the Mock Turtle to the Gryphon. "We can do without lobsters, you know. Which shall sing?"

"Oh, *you* sing," said the Gryphon. "I've forgotten the words."

So they began solemnly dancing round and round Alice, every now and then treading on her toes when they passed too close, and waving their fore-paws to mark the time,[8] while the Mock Turtle sang this, very slowly and sadly : —

"Will you walk a little faster?'[9] *said a whiting*[10] *to a snail,*
"There's a porpoise close behind us, and he's treading on my tail.
See how eagerly the lobsters and the turtles all advance!
They are waiting on the shingle[11] *— will you come and join the dance?*
Will you, won't you, will you, wo'n't you, will you join the dance?
Will you, won't you, will you, wo'n't you, wo'n't you join the dance?
"You can really have no notion how delightful it will be

7) figure : '(댄스의) 일련의 동작', '일선회'.
8) mark the time : 박자를 표시하다.
9) *Will you walk a little faster?* : 이어지는 노래는 호윗(Mary Howitt)의 시 "The Spider and the Fly"의 첫 행을 패러디한 것이다. 그 시의 첫 연을 소개하면 다음과 같다.

"Will you walk into my parlour? said the spider to the fly
"'Tis the prettiest little parlour that ever you did spy.
The way into my parlour is up a winding stair,
And I've got many curious things to show when you are there."
"Oh, no, no," said the little fly, "to ask me is in vain,
For who goes up uour winding stair can ne'er come down again."

10) whiting : 명태.
11) shingle : 조약돌이 깔린 해변.

When they take us up and throw us, with the lobsters, out to sea!"
But the snail replied "Too far, too far!", and gave a look askance[12] *—*
Said he thanked the whiting kindly, but he would not join the dance.
Would not, could not, would not, could not, would not join the dance.
Would not, could not, would not, could not, could not join the dance.

"What matters it how far we go?" his scaly friend replied.
"There is another shore, you know, upon the other side.
The further off from England the nearer is to France —
Then turn not pale, beloved snail, but come and join the dance.
Will you, wo'n't you, will you, wo'n't you, will you join the dance?
Will you, wo'n't you, will you, wo'n't you, wo'n't you join the dance?"

"Thank you, it's a very interesting dance to watch," said Alice, feeling very glad that it was over at last : "and I do so like that curious song about the whiting!"

"Oh, as to the whiting," said the Mock Turtle, "they — you've seen them, of course?"

"Yes," said Alice, "I've often seen them at dinn —" she checked herself hastily.

"I don't know where Dinn[13] may be," said the Mock Turtle; "but, if you've seen them so often, of course you know what they're like?"

"I believe so," Alice replied thoughtfully. "They have their tails in their mouths — and they're all over crumbs."[14]

12) *gave a look askance* : 곁눈질로 보다.

13) Dinn : 원래 앨리스는 'Dinner', 즉 식사시간에 명태를 보았다고 말하려 하였으나, 이들의 기분을 상할까 발음을 다하지 못하고 Dinn에서 말을 끊었다. 그러나 이를 눈치 채지 못한 거북이는 Dinn이란 장소가 있다고 오인한 것이다.

14) They have their tails in their mouths — and they're all over crumbs : 당시에는 명태를 튀길 때 꼬리를 입에 넣고 빵가루에 묻혀 튀겼다. 따라서 요리된 명태만

"You're wrong about the crumbs," said the Mock Turtle: "crumbs would all wash off in the sea. But they *have* their tails in their mouths; and the reason is—" here the Mock Turtle yawned and shut his eyes. "Tell her about the reason and all that," he said to the Gryphon.

"The reason is," said the Gryphon, "that they *would* go with the lobsters to the dance. So they got thrown out to sea. So they had to fall a long way. So they got their tails fast in their mouths. So they couldn't get them out again. That's all."

"Thank you," said Alice, "it's very interesting. I never knew so much about a whiting before."

"I can tell you more than that, if you like," said the Gryphon. "Do you know why it's called a whiting?"

"I never thought about it," said Alice. "Why?"

"*It does*[15] *the boots and shoes*," the Gryphon replied very solemnly.

Alice was thoroughly puzzled. "Does the boots and shoes!" she repeated in a wondering tone.

"Why, what are your *shoes* done with?" said the Gryphon. "I mean, what makes them so shiny?"

Alice looked down at them, and considered a little before she gave her answer. "They're done with blacking,[16] I believe."

"Boots and shoes under the sea," the Gryphon went on in a deep voice, "are done with whiting.[17] Now you know."

"And what are they made of?" Alice asked in a tone of great curiosity.

본 앨리스는 명태의 모습을 이렇게만 기억하고 있는 것이다; 캐럴도 자신이 이 글을 쓸 때 명태의 꼬리가 명태의 입에 있다고 실제로 믿었으며, 나중에야 생선 장수가 명태의 꼬리를 명태의 눈에 끼어 넣는다는 사실을 알게 되었다고 고백하고 있다.

15) does : 닦다.

16) blacking : 검정 구두약.

17) whiting : 'uglification'이란 단어를 'beautify'라는 동사에서 유추해 만들어 냈듯이, Gryphon은 blacking이란 단어를 통해 whiting이란 단어에 새로운 의미를 부여하고 있는 것이다.

"Soles[18] and eels, of course," the Gryphon replied, rather impatiently:

"any shrimp could have told you that."

"If I'd been the whiting," said Alice, whose thoughts were still running on the song, "I'd have said to the porpoise 'Keep back,[19] please! we don't want *you* with us!'"

"They were obliged to have him with them," the Mock Turtle said. "No wise fish would go anywhere without a porpoise."[20]

"Wouldn't it really?" said Alice, in a tone of great surprise.

"Of course not," said the Mock Turtle. "Why, if a fish came to *me*, and told me he was going a journey, I should say 'With what porpoise?'"[21]

"Don't you mean 'purpose'?" said Alice.

"I mean what I say," the Mock Turtle replied, in an offended tone. And the Gryphon added "Come, let's hear some of *your* adventures."

"I could tell you my adventures — beginning from this morning," said Alice a little timidly; "but it's no use going back to yesterday, because I was a different person then."

"Explain all that," said the Mock Turtle.

"No, no! The adventures first," said the Gryphon in an impatient tone: "explanations take such a dreadful time."

So Alice began telling them her adventures from the time when she first saw the White Rabbit. She was a little nervous about it, just at first, the two creatures got so close to her, one on each side, and opened their eyes and mouths so *very* wide; but she gained courage as she went on. Her listeners were perfectly quiet till she got to the part about her repeating "*You are old, Father William,*"

18) Soles : 넙치의 일종.
19) Keep back : '물러나다', '접근하지 않다'.
20) without a porpoise : 'without purpose'의 펀; 즉, 현명한 물고기는 아무런 목적 없이 살지 않는다는 의미.
21) With what porpoise? : '무슨 거북이와 함께'라는 의미와 동시에 '무슨 목적으로' 라는 의미로도 해석될 수 있다.

to the Caterpillar, and the words all coming different, and then the Mock Turtle drew a long breath, and said "That's very curious"22)

"It's all about as curious as it can be," said the Gryphon.

"It all came different!" the Mock Turtle repeated thoughtfully. "I should like to hear her try and repeat something now. Tell her to begin." He looked at the Gryphon as if he thought it had some kind of authority over Alice.

"Stand up and repeat "*Tis the voice of the sluggard,*"'23) said the Gryphon.

"How the creatures order one about, and make one repeat lessons!" thought Alice. "I might as well24) be at school at once."

22) That's very curious : 앨리스가 하는 말에 대해 'curious', 'confusing', 'nonsense', 'confusing' 등의 말을 Mock Turtle과 Gryphon이 하였기 때문에, 자신이 겪었던 일이나 자신이 만난 인물들에 대해 항상 이와 비슷한 생각을 하였던 앨리스는, 이들이 자신의 상황에 공감하고 있다고 생각하게 된다. 하지만 뒤이어 나오는 이들의 태도는 그들이 앨리스와 실제로 공감하고 있지 못하다는 사실을 보여준다. 즉, Gryphon은 앨리스의 상황에 너무나 무관심하고, Mock Turtle은 너무나도 감상적이어서, 앨리스는 이들의 감정을 진실된 것으로 여길 수 없는 것이다.

23) *Tis the voice of the sluggard* : 캐럴이 살던 당시의 독자들에게는 널리 알려진 왓츠(Isaac Watts)가 쓴 "Sluggard"의 첫 구절이다. 다음에 나올 앨리스의 낭송시는 바로 이 시를 패러디 한 것으로 이 시의 첫 두 연은 다음과 같다.

'Tis the voice of the Sluggard; I hear him complain
You have wak'd me too soon, I must slumber again.
As the door on its hinges, so he on his bed,
Turns his sides and his shoulders, and his heavy head.

"A little more sleep, and a little more slumber,"
Thus he wastes half his days, and his hours without number,
And when he gets up, he sits folding his hands,
Or walks about sauntering, or trifling he stands.

However, she got up, and began to repeat it, but her head was so full of the Lobster Quadrille, that she hardly knew what she was saying; and the words came very queer indeed : —

"'Tis the voice of the Lobster : I heard him declare
'You have baked me too brown, I must sugar my hair.'
As a duck with its eyelids, so he with his nose
Trims his belt and his buttons, and turns out[25] *his toes.*
When the sands are all dry, he is gay as a lark,
And will talk in contemptuous tones of the Shark :
But, when the tide rises and sharks are around,
His voice has a timid and tremulous sound."

"That's different from what *I* used to say when I was a child," said the Gryphon.

"Well, *I* never heard it before," said the Mock Turtle; "but it sounds uncommon nonsense."

Alice said nothing; she had sat down with her face in her hands, wondering if anything would *ever* happen in a natural way again.

"I should like to have it explained," said the Mock Turtle.

"She ca'n't explain it," said the Gryphon hastily. "Go on with the next verse."

"But about his toes?" the Mock Turtle persisted. "How *could* he turn them out with his nose, you know?'

"It's the first position in dancing."[26] Alice said; but she was dreadfully puzzled by the whole thing, and longed to change the subject.

"Go on with the next verse," the Gryphon repeated : "it begins '*I passed by his garden.*'"

---

24) might as well : … 하는 것이 낫겠다.
25) *turns out* : (발가락 등을) 밖으로 향하게 하다.
26) It's the first position in dancing : 실제로 테니엘이 바다가재의 삽화를 그릴 때, 바다가재의 발 위치를 발레 시작할 때의 모습으로 그렸다.

Alice did not dare to disobey, though she felt sure it would all come wrong, and she went on in a trembling voice : —

"I passed by his garden,[27] *and marked, with one eye,*
How the Owl and the Panther were sharing a pie :
The Panther took pie-crust, and gravy, and meat,
While the Owl had the dish as its share of the treat.
When the pie was all finished, the Owl, as a boon,
Was kindly permitted to pocket the spoon :
While the Panther received knife and fork with a growl,
And concluded the banquet by —"[28]

"What *is* the use of repeating all that stuff" the Mock Turtle interrupted, "if you don't explain it as you go on? It's by far the most confusing thing *I* ever heard!"

"Yes, I think you'd better leave off," said the Gryphon, and Alice was only too glad to do so.

"Shall we try another figure of the Lobster Quadrille?" the Gryphon went on. "Or would you like the Mock Turtle to sing you another song?"

"Oh, a song, please, if the Mock Turtle would be so kind," Alice replied, so eagerly that the Gryphon said, in a rather offended tone, "Hm! No accounting for tastes! Sing her 'Turtle Soup,'[29] will you,

---

27) *I passed by his garden* : 이 구절은 다음과 같이 시작하는 "Sluggard"의 3번째 연과 비슷하다.

I pass'd by his garden, and saw the wild brier,
The thorn and the thistle grow broader and higher;
The clothes that hang on him are turning to rags;
And his money still wastes till he starves or he begs.

28) *concluded the banquet by* — : 클락(Savile Clarke)의 『오페레타』의 1886년 판에서는 이 다음에 나오는 마지막 말이 "eating the owl"로 되어있다.

29) Turtle Soup : 1862년 8월1일자 일기에 캐럴은 리델가의 아이들이 James Sayles가 작사, 작곡한 "Beautiful Star"란 노래를 부르는 것을 들었다고 기록하고 있다. Mock Turtle이 부르는 노래는 이 노래를 패러디 한 것으로, 원작의 첫 연을 소개하면 다음과 같다.

old fellow?"

The Mock Turtle sighed deeply, and began, in a voice sometimes choked with sobs, to sing this : —

"Beautiful Soup, so rich and green,
Waiting in a hot tureen![30]
Who for such dainties would not stoop?[31]
Soup of the evening, beautiful Soup!
Soup of the evening, beautiful Soup!
Beau — ootiful Soo — oop!
Beau — ootiful Soo — oop!
Soo — oop of the e — e — vening,
Beautiful, beautiful Soup!

"Beautiful Soup! Who cares for fish,[32]
Game, or any other dish?
Who would not give all else for two
Pennyworth only of beautiful Soup?
Pennyworth only of beautiful Soup?
Beau —— ootiful Soo —— oop!
Beau —— ootiful Soo —— oop!
Soo — oop of the e — e — evening,
Beautiful, beauti — FUL SOUP!"[33]

Beautiful star in heav'n so bright
Softly falls thy silv'ry light,
As thou movest from earth so far,
Star of the evening, beautiful star,
Beau- ti-ful star,
Beau- ti-ful star
Star-r of the eve-ning,
Beautiful, beautiful star.

30) *tureen* : (스프를 담는) 움푹한 그릇.
31) *stoop* : 굴복하다.
32) *Beautiful Soup! Who cares for fish* : 이 구절은 "Beautiful Star"의 원본에 나타나지 않는다.

"Chorus again!" cried the Gryphon, and the Mock Turtle had just begun to repeat it, when a cry of "The trial's beginning!" was heard in the distance.

"Come on!" cried the Gryphon, and, taking Alice by the hand, it hurried off, without waiting for the end of the song.

"What trial is it?" Alice panted as she ran; but the Gryphon only answered "Come on!" and ran the faster, while more and more faintly came, carried on the breeze that followed them, the melancholy words : —

"Soo — oop of the e — e — evening,
Beautiful, beautiful Soup!"

33) *Soo —oop of the e —e —evening,*
Beautiful, beauti — FUL SOUP! : 거북이가 노래할 때, 이처럼 beautiful, soup, evening이란 단어 사이에 간격을 두는 것은, 거북이가 울면서 노래를 하기 때문이다. 바다 거북이는 몸의 소금기를 배출하기 위해 눈가에서 수분을 배출하는데, 이것은 마치 거북이가 눈물 흘리는 것처럼 보이게 만든다. 동물에 관심이 많았던 캐럴은 거북이의 이런 모습을 잘 알고 있었다고 한다.

CHAPTER XI

WHO STOLE THE TARTS?

The King and Queen of Hearts were seated on their throne when they arrived, with a great crowd assembled about them — all sorts of little birds and beasts, as well as the whole pack of cards : the Knave was standing before them, in chains, with a soldier on each side to guard him; and near the King was the White Rabbit, with a trumpet in one hand, and a scroll of parchment[1] in the other. In the very middle of the court was a table, with a large dish of tarts[2] upon it : they looked so good, that it made Alice quite hungry to look at them — "I wish they'd get the trial done," she thought, "and hand round the refreshments!" But there seemed to be no chance of this; so she began looking at everything about her to pass away the time.

Alice had never been in a court of justice before,[3] but she had read about them in books, and she was quite pleased to find that she knew the name of nearly everything there. "That's the judge," she said to herself, "because of his great wig."

The judge, by the way, was the King; and, as he wore his crown over the wig (look at the frontispiece if you want to see how he did it), he did not look at all comfortable, and it was certainly not becoming.

"And that's the jury-box,"[4] thought Alice, "and those twelve creatures," (she was obliged to say "creatures," you see, because

1) scroll of parchment : 양피지의 문서를 말은 것.
2) tarts : 타트(일종의 과일 파이).
3) Alice had never been in a court of justice before : 1863년 7월 13일 순회재판을 구경한 캐럴은 자신이 전에는 재판을 구경한 적이 없다고 일기장에 기술하고 있다.
4) jury-box : 배심원 석.

some of them were animals, and some were birds,) "I suppose they are the jurors." She said this last word two or three times over to herself, being rather proud of it : for she thought, and rightly too, that very few little girls of her age knew the meaning of it at all. However, "jurymen" would have done just as well.[5)]

The twelve jurors were all writing very busily on slates. "What are they doing?" Alice whispered to the Gryphon. "They ca'n't have anything to put down yet, before the trial's begun."

"They're putting down their names," the Gryphon whispered in reply, "for fear they should forget them before the end of the trial."

"Stupid things!" Alice began in a loud, indignant voice; but she stopped hastily, for the White Rabbit cried out "Silence in the court!", and the King put on his spectacles and looked anxiously round, to make out who was talking.

Alice could see, as well as if she were looking over their shoulders, that all the jurors were writing down "stupid things!" on their slates, and she could even make out that one of them didn't know how to spell "stupid," and that he had to ask his neighbour to tell him. "A nice muddle their slates'll be in,[6)] before the trial's over!" thought Alice.

One of the jurors had a pencil that squeaked. This, of course, Alice could *not* stand,

5) jurymen would have done just as well : 'juryman'란 단어도 'juror'란 단어와 마찬가지일 것이란 의미. 즉, 둘 다 배심원이란 의미를 가지고 있기 때문에 어떤 단어를 사용된다는 의미다.

6) A nice muddle their slates'll be in : 그들이 글을 쓰는 석판이 잡다한 글을 다 적어서 엉망진창이 될 거라는 의미.

and she went round the court and got behind him, and very soon found an opportunity of taking it away. She did it so quickly that the poor little juror (it was Bill, the Lizard) could not make out at all what had become of it; so, after hunting all about for it, he was obliged to write with one finger for the rest of the day; and this was of very little use, as it left no mark on the slate.

"Herald, read the accusation!" said the King.

On this the White Rabbit blew three blasts on the trumpet, and then unrolled the parchment-scroll, and read as follows : —

"The Queen of Hearts, she made some tarts,[7)]
All on a summer day :
The Knave of Hearts, he stole those tarts
And took them quite away!"

"Consider your verdict,"[8)] the King said to the jury.

"Not yet, not yet!" the Rabbit hastily interrupted. "There's a great deal to come before that!"

"Call the first witness," said the King; and the White Rabbit blew three blasts on the trumpet, and called out, "First witness!"

The first witness was the Hatter. He came in with a teacup in one hand and a piece of bread-and-butter in the other. "I beg pardon, your Majesty," he began, "for bringing these in; but I hadn't quite finished my tea when I was sent for."

"You ought to have finished," said the King. "When did you begin?"

---

7) *The Queen of Hearts, she made some tarts* : 1782년 4월 *The European Magazine*에 익명으로 실린 4개의 연으로 구성된 시 "On a Pack of Cards"의 첫 연의 반을 패러디한 글. 이 시의 첫 연을 소개하면 다음과 같다.

The Queen of Hearts/ She made some tarts,/ All on a summer's day :
The Knave of Hearts/ He stole the tarts,/ And took them clean away.
The King of Hearts/ Called for the tarts,/ And beat the Knave full sore;
The Knave of Hearts/ Brought back the tarts,/ And vow'd he'd steal no more.

8) verdict : 배심원의 평결.

The Hatter looked at the March Hare, who had followed him into the court, arm-in-arm with the Dormouse. "Fourteenth of March,[9] I *think* it was," he said.

"Fifteenth," said the March Hare.

"Sixteenth," added the Dormouse.

"Write that down," the King said to the jury; and the jury eagerly wrote down all three dates on their slates, and then added them up, and reduced the answer to shillings and pence.

"Take off your hat," the King said to the Hatter.

"It isn't mine," said the Hatter.

"*Stolen!*" the King exclaimed, turning to the jury, who instantly made a memorandum of the fact.[10]

"I keep them to sell," the Hatter added as an explanation. "I've none of my own. I'm a hatter."

Here the Queen put on her spectacles, and began staring hard at the Hatter, who turned pale and fidgeted.[11]

"Give your evidence," said the King; "and don't be nervous, or I'll have you executed on the spot."[12]

This did not seem to encourage the witness at all : he kept shifting from one foot to the other, looking uneasily at the Queen, and in his confusion he bit a large piece out of his teacup instead of the bread-and-butter.

Just at this moment Alice felt a very curious sensation, which puzzled her a good deal until she made out what it was : she was beginning to grow larger again, and she thought at first she would get up and leave the court; but on second thoughts she decided to remain where she was as long as there was room for her.

"I wish you wouldn't squeeze so," said the Dormouse, who was sitting next to her. "I can hardly breathe."

9) Fourteenth of March : 시저(Caesar)가 암살될 날로 예언되었던 날로, 불길한 일이 일어나는 날로서의 상징을 갖게 되었다.

10) made a memorandum of the fact : 사건을 메모하다.

11) fidgeted : 안절부절 못하다.

12) on the spot : '그 자리에서', '즉석에서'.

"I ca'n't help it," said Alice very meekly: "I'm growing."

"You've no right to grow *here*," said the Dormouse.

"Don't talk nonsense," said Alice more boldly: "you know you're growing too."

"Yes, but *I* grow at a reasonable pace," said the Dormouse: "not in that ridiculous fashion."[13] And he got up very sulkily and crossed over to the other side of the court.

All this time the Queen had never left off staring at the Hatter, and, just as the Dormouse crossed the court, she said, to one of the officers of the court, "Bring me the list of the singers in the last concert!" on which the wretched Hatter trembled so, that he shook off both his shoes.[14]

"Give your evidence," the King repeated angrily, "or I'll have you executed, whether you're nervous or not."

"I'm a poor man, your Majesty," the Hatter began, in a trembling voice, "and I hadn't begun my tea — not above a week or so — and what with the bread-and-butter getting so thin[15] — and the twinkling of the tea —"[16]

13) not in that ridiculous fashion : fashion은 '방식'(way)의 의미; 즉, '그렇게 우스꽝스런 방식이 아니라'는 뜻.

14) "Bring me the list of the singers in the last concert!" on which the wretched Hatter trembled so, that he shook off both his shoes : Hatter가 떠는 이유는 그가 "Twinkle, twinkle, little bat"라는 노래를 불러 시간을 죽인 일을 여왕이 기억해 내었기 때문이다. (7장 참고)

15) what with the bread-and-butter getting so thin : 'what with'는 '… 하기도 하고'; 즉, '버터 바른 빵이 얇아지기도 하고'.

16) the twinkling of the tea — : Hatter는 티파티에서 찻 쟁반(tea tray)처럼 하늘에서 빗나는 박쥐에 관해 자신이 불렀던 노래를 생각하고 있다. 따라서 이 구절의 마지막 단어인 tea라는 단어 다음에 나올 단어는 'tray'일 것이다.

"The twinkling of *what*?" said the King.

"It began with the tea," the Hatter replied.

"Of course twinkling *begins* with a T!"[17] said the King sharply. "Do you take me for a dunce?[18] Go on!"

"I'm a poor man," the Hatter went on, "and most things twinkled after that — only the March Hare said —"

"I didn't!" the March Hare interrupted in a great hurry.

"You did!" said the Hatter.

"I deny it!" said the March Hare.

"He denies it," said the King : "leave out that part."

"Well, at any rate, the Dormouse said —" the Hatter went on, looking anxiously round to see if he would deny it too; but the Dormouse denied nothing, being fast asleep.

"After that," continued the Hatter, "I cut some more bread-and-butter —"

"But what did the Dormouse say?" one of the jury asked.

"That I ca'n't remember," said the Hatter.

"You *must* remember," remarked the King, "or I'll have you executed."

The miserable Hatter dropped his teacup and bread-and-butter, and went down on one knee. "I'm a poor man, your Majesty," he began.

"You're a *very* poor *speaker*," said the King.

Here one of the guinea-pigs cheered, and was immediately suppressed by the officers of the court. (As that is rather a hard word, I will just explain to you how it was done.[19] They had a large

17) Of course twinkling *begins* with a T : Hatter는 자신이 말하려던 단어가 차(tea)로 시작한다고 했는데, 왕은 이 말을 알파벳의 'T'로 오인하고 있는 것이다.

18) dunce : 바보.

19) As that is rather a hard word, I will just explain to you how it was done : 여기서 말하는 suppress란 단어는 어려운 단어이기 때문에 쉽게 설명해 주겠다는 앨리스는 법원직원이 기니피그를 '진압'한 것(suppress)을 가방에 넣고 눌러 버렸다고 설명한다. 그러나 'suppress'라는 단어에 '진압하다'는 말과 '압박하다'는 의미가 동시에 있다는 점에서 앨리스의 설명이 그다지 잘못된 것은 아니다.

canvas bag, which tied up at the mouth with strings: into this they slipped the guinea-pig, head first, and then sat upon it.)

"I'm glad I've seen that done," thought Alice. "I've so often read in the newspapers, at the end of trials, 'There was some attempts at applause, which was immediately suppressed by the officers of the court,' and I never understood what it meant till now."

"If that's all you know about it, you may stand down," continued the King.

"I ca'n't go no lower," said the Hatter: "I'm on the floor, as it is."

"Then you may *sit* down," the King replied.

Here the other guinea-pig cheered, and was suppressed.

"Come, that finished the guinea-pigs!" thought Alice. "Now we shall get on better."

"I'd rather finish my tea," said the Hatter, with an anxious look at the Queen, who was reading the list of singers.

"You may go," said the King, and the Hatter hurriedly left the court, without even waiting to put his shoes on.

"— and just take his head off outside," the Queen added to one of the officers; but the Hatter was out of sight before the officer could get to the door.

"Call the next witness!" said the King.

The next witness was the Duchess's cook. She carried the pepper-box in her hand, and Alice guessed who it was, even before she got into the court, by the way the people near the door began sneezing all at once.

"Give your evidence," said the King.

"Sha'n't," said the cook.

The King looked anxiously at the White Rabbit, who said, in a low voice, "Your Majesty must cross-examine[20] this witness."

"Well, if I must, I must," the King said with a melancholy air, and, after folding his arms and frowning at the cook till his eyes were nearly out of sight, he said in a deep voice, "What are tarts made of?"

"Pepper, mostly," said the cook.

"Treacle," said a sleepy voice behind her.

"Collar that Dormouse!"[21] the Queen shrieked out. "Behead that Dormouse! Turn that Dormouse out of court! Suppress him! Pinch him! Off with his whiskers!"

For some minutes the whole court was in confusion, getting the Dormouse turned out, and, by the time they had settled down again, the cook had disappeared.

"Never mind!" said the King, with an air of great relief. "Call the next witness." And, he added, in an undertone to the Queen, "Really, my dear, *you* must cross-examine the next witness. It quite makes my forehead ache!"

Alice watched the White Rabbit as he fumbled over the list, feeling very curious to see what the next witness would be like, "—for they haven't got much evidence yet," she said to herself. Imagine her surprise, when the White Rabbit read out, at the top of his shrill little voice, the name "Alice!"

---

20) cross-examine : 반대심문하다.

21) Collar that Dormouse : collar은 '체포하다'; 여기서 벌어지는 터무니없는 재판장면은 현실세계의 법률제도를 우회적으로 비판하기 위한 것이다.

CHAPTER XII

ALICE'S EVIDENCE

"Here!" cried Alice, quite forgetting in the flurry of the moment[1] how large she had grown in the last few minutes, and she jumped up in such a hurry that she tipped over[2] the jury-box with the edge of her skirt, upsetting all the jurymen[3] on to the heads of the crowd below, and there they lay sprawling about,[4] reminding her very much of a globe of gold-fish[5] she had accidentally upset the week before.

1) flurry of the moment : 현재의 소동(flurry).
2) tipped over : 쓰러뜨리다.
3) all the jurymen : 캐럴은 *The Nursery 'Alice'*에서 12명의 배심원이 개구리, 산쥐, 쥐, 흰족제비. 고슴도치, 도마뱀, 밴텀 닭, 두더지, 오리, 다람쥐, 황새(storkling), 생쥐(mousling)라고 설명하고 있다.
4) sprawling about : 사방에 큰 대자로 넘어져서.
5) globe of gold-fish : 금붕어 어항(globe).

"Oh, I *beg* your pardon!" she exclaimed in a tone of great dismay, and began picking them up again as quickly as she could, for the accident of the gold-fish kept running in her head,[6] and she had a vague sort of idea that they must be collected at once and put back into the jury-box, or they would die.

"The trial cannot proceed," said the King in a very grave voice, "until all the jurymen are back in their proper places — *all*," he repeated with great emphasis, looking hard at Alice as he said do.

Alice looked at the jury-box, and saw that, in her haste, she had put the Lizard in head downwards, and the poor little thing was waving its tail about in a melancholy way, being quite unable to move. She soon got it out again, and put it right; "not that it signifies much," she said to herself; "I should think it would be *quite* as much use in the trial one way up as the other."

As soon as the jury had a little recovered from the shock of being upset, and their slates and pencils had been found and handed back to them, they set to work very diligently to write out a history of the accident, all except the Lizard, who seemed too much overcome to do anything but sit with its mouth open, gazing up into the roof of the court.

"What do you know about this business?" the King said to Alice.

"Nothing," said Alice.

"Nothing *whatever*?" persisted the King.

"Nothing whatever," said Alice.

"That's very important," the King said, turning to the jury. They were just beginning to write this down on their slates, when the White Rabbit interrupted : "*Un*important, your Majesty means, of course," he said, in a very respectful tone, but frowning and making faces[7] at him as he spoke.

"*Un*important, of course, I meant," the King hastily said, and went on to himself in an undertone, "important — unimportant —

6) kept running in her head : (생각이) 계속 그녀의 머리에 맴돌았다.
7) making faces : 찡그리다.

unimportant — important —" as if he were trying which word sounded best.[8)]

Some of the jury wrote it down "important," and some "unimportant." Alice could see this, as she was near enough to look over their slates; "but it doesn't matter a bit," she thought to herself.[9)]

At this moment the King, who had been for some time busily writing in his note-book, cackled out "Silence!", and read out from his book, "Rule Forty-two.[10)] *All persons more tan a mile high to leave the court.*"

Everybody looked at Alice.

"*I'm* not a mile high," said Alice.

"You are," said the King.

"Nearly two miles high," added the Queen.

"Well, I sha'n't go, at any rate," said Alice : "besides, that's not a regular rule : you invented it just now."

"It's the oldest rule in the book," said the King.

"Then it ought to be Number One," said Alice.

The King turned pale, and shut his note-book hastily. "Consider your verdict," he said to the jury, in a low trembling voice.

"There's more evidence to come yet, please your Majesty," said the White Rabbit, jumping up in a great hurry : "this paper has just been picked up."

"What's in it?" said the Queen.

---

8) "important — unimportant — unimportant — important —" as if he were trying which word sounded best : 어떤 말이 더 합당한지 그 의미를 근거로 판단하는 것이 아니라 소리로 판단하려는 재판관의 행위는, 이상한 나라에서 언어는 아무런 의미가 없다는 사실과, 이런 언어를 사용하여 벌이는 재판이 아무런 의미가 없음을 시사한다.

9) "but it doesn't matter a bit," she thought to herself : 이 마지막 장에서 앨리스가 남의 말에 신경 쓰지 않게 되었다는 사실은 앨리스가 이상한 나라에서는 말이 아무런 의미가 없음을 분명히 깨닫게 되었다는 사실을 보여주고 있다.

10) Rule Forty-two : 캐럴은 42라는 숫자를 좋아한 듯하다. 이 작품에 나온 삽화의 개수도 42개이고, 그가 쓴 *Phantasmagoria*(1869)의 화자의 나이도 42살이며, 1876년에 출판한 *The Hunting of the Snark*의 서문에서 말한 룰의 숫자도 42였기 때문이다.

"I haven't opened it yet," said the White Rabbit; "but it seems to be a letter, written by the prisoner to — to somebody."

"It must have been that," said the King, "unless it was written to nobody, which isn't usual, you know."

"Who is it directed to?" said one of the jurymen.

"It isn't directed at all," said the White Rabbit : "in fact, there's nothing written on the *outside*." He unfolded the paper as he spoke, and added "It isn't a letter, after all : it's a set of verses."

"Are they in the prisoner's handwriting?" asked another of the jurymen.

"No, they're not," said the White Rabbit, "and that's the queerest thing about it." (The jury all looked puzzled.)

"He must have imitated somebody else's hand,"[11] said the King. (The jury all brightened up again.)

"Please your Majesty," said the Knave, "I didn't write it, and they ca'n't prove I did : there's no name signed at the end."[12]

"If you didn't sign it," said the King, "that only makes the matter worse. You *must* have meant some mischief, or else you'd have signed your name like an honest man."

There was a general clapping of hands at this : it was the first really clever thing the King had said that day.

"That *proves* his guilt," said the Queen : "so off with — ."

"It doesn't proves anything of the sort!" said Alice. "Why, you don't even know what they're about!"

"Read them," said the King.

The White Rabbit put on his spectacles. "Where shall I begin, please your Majesty?" he asked.

"Begin at the beginning," the King said, very gravely, "and go on till you come to the end : then stop."

11) hand : 필체(handwriting).

12) I didn't write it, and they ca'n't prove I did : there's no name signed at the end : 잭이 쓰지 않은 것이라면, 책 끝에 서명이 없다는 것을 잭이 어떻게 알았을까 하는 의문이 생긴다.

There was dead silence in the court, whilst the White Rabbit read out these verses : —

"They told me you had been to her,[13]
And mentioned me to him :
She gave me a good character,
But said I could not swim.

He sent them word I had not gone
(We know it to be true) :
If she should push the matter on,
What would become of you?

I gave her one, they gave him two,
You gave us three or more;
They all returned from him to you,
Though they were mine before.
If I or she should chance to be
Involved in this affair,
He trusts to you to set them free,
Exactly as we were.

My notion was that you had been
(Before she had this fit)
An obstacle that came between
Him, and ourselves, and it.

13) *They told me you had been to her* : 이 시는 1855년 9월에 *Comic Times*에 수록되었던 캐럴의 시 "She's All My Fancy Painted Him"를 개작한 것이다. 하지만 *Comic Times*에 수록되었던 이 시도 미(William Mee)의 발라드인 "Alice Gray"의 첫 행을 패러디한 것이었다. 1815년 출판된 미가 쓴 발라드의 첫 연은 다음과 같다. (가드너는 캐럴이 앨리스란 여자에 대한 짝 사랑을 노래한 "Alice Gray"란 시를 개작하여 이 작품에 실은 이유가 앨리스에 대한 캐럴의 연모의 정 때문이었을 거라고 생각한다)

She's all my fancy painted her — / Ye gods! She is divine;
But her heart it is another's — / It never can be mine …

Don't let him know she liked them best,
For this must ever be
A secret, kept from all the rest,
Between yourself and me."

"That's the most important piece of evidence we've heard yet," said the King, rubbing his hands; "so now let the jury—"

"If any one of them can explain it," said Alice, (she had grown so large in the last few minutes that she wasn't a bit afraid of interrupting him,) "I'll give him sixpence.[14] *I* don't believe there's an atom of meaning in it."

The jury all wrote down, on their slates, "*She* doesn't believe there's an atom of[15] meaning in it," but none of them attempted to explain the paper.

"If there's no meaning in it," said the King, "that saves a world of trouble, you know, as we needn't try to find any. And yet I don't know," he went on, spreading out the verses on his knee, and looking at them with one eye; "I seem to see some meaning in them, after all. '—*said I could not swim*—' you ca'n't swim, can you?" he added, turning to the Knave.

The Knave shook his head sadly. "Do I look like it?" he said. (Which he certainly did *not*, being made entirely of cardboard.)

"All right, so far," said the King, and he went on muttering over the verses to himself: " '*We know it to be true*'—that's the jury, of course—'*If she should push the matter on*'—that must be the Queen—'*What would become of you?*'—What, indeed!—'*I gave her one, they gave him two*'—why, that must be what he did with the tarts, you know—"

"But, it goes on '*they all returned from his to you*,'" said Alice.

"Why, there they are!" said the King triumphantly, pointing to

14) I'll give him sixpence: 앞서 앨리스는 호주머니에 골무 하나 밖에 가진 것이 없었다고 하였다. 따라서 가드너는 이를 앨리스의 자신감의 표현이라고 간주하고 있는 것이다.

15) atom of: '약간의 …'

the tarts on the table. "Nothing can be clearer than *that*. Then again—'*before she had this fit*'—you never had *fits,* my dear, I think?" he said to the Queen.

"Never!" said the Queen, furiously, throwing an inkstand at the Lizard as she spoke.[16] (The unfortunate little Bill had left off writing on his slate with one finger, as he found it made no mark; but he now hastily began again, using the ink, that was trickling down his face, as long as it lasted.)

"Then the words don't *fit* you," said the King, looking round the court with a smile. There was a dead silence.

"It's a pun!" the King added in an offended tone, and everybody laughed. "Let the jury consider their verdict," the King said, for about the twentieth time that day.

16) throwing an inkstand at the Lizard as she spoke : 타인의 얼굴에 잉크를 집어던지는 행위는 이번 말고도 *Through the Looking-Glass*에서도 나온다.

"No, no!" said the Queen. "Sentence first — verdict afterwards."

"Stuff and nonsense!" said Alice loudly. "The idea of having the sentence first!"[17]

"Hold your tongue!" said the Queen, turning purple.

"I wo'n't!" said Alice.

"Off with her head!" the Queen shouted at the top of her voice. Nobody moved.

"Who cares for *you*?" said Alice (she had grown to her full size by this time.) "You're nothing but a pack of cards!"

At this the whole pack rose up into the air, and came flying down upon her :[18] she gave a little scream, half of fright and half of anger, and tried to beat them off, and found herself lying on the bank, with her head in the lap of her sister, who was gently brushing away some dead leaves that had fluttered down[19] from the trees upon her face.

"Wake up, Alice dear!" said her sister. "Why, what a long sleep

17) "Stuff and nonsense!" said Alice loudly. "The idea of having the sentence first : 이상한 나라에서의 황당한 법절차, 혹은 공정하지 못한 재판 과정을 희극적으로 묘사함으로써. 19세기 당시의 영국법제도에 대해 캐럴은 일침을 가하고 있는 것이다.

18) came flying down upon her : 삽화에서는 이 순간 카드의 모습을 한 인물들이 보통의 카드로 변하게 된다.

19) fluttered down : 펄럭거리며 떨어지다.

you've had!"

"Oh, I've had such a curious dream!" said Alice. And she told her sister, as well as she could remember them, all these strange Adventures of hers that you have just been reading about; and when she had finished, her sister kissed her, and said, "It *was* a curious dream, dear, certainly; but now run in to your tea : it's getting late." So Alice got up and ran off, thinking while she ran, as well she might, what a wonderful dream it had been.

But her sister sat still just as she left her, leaning her head on her hand, watching the setting sun, and thinking of little Alice and all her wonderful Adventures, till she too began dreaming after a fashion,[20] and this was her dream : —

First, she dreamed of little Alice herself : and once again the tiny hands were clasped[21] upon her knee, and the bright eager eyes were looking up into hers — she could hear the very tones of her voice, and see that queer little toss of her head to keep back the wandering hair that *would* always get into her eyes — and still as she listened, or seemed to listen, the whole place around her became alive with the strange creatures of her little sister's dream.[22]

The long grass rustled at her feet as the White Rabbit hurried by — the frightened Mouse splashed his way through[23] the neighbouring pool — she could hear the rattle of the teacups as the March Hare and his friends shared their never-ending meal, and the shrill voice of the Queen ordering off her unfortunate guests to execution — once more the pig-baby was sneezing on the Duchess's knee, while plates and dishes crashed around it — once more the shriek of the Gryphon, the squeaking of the Lizard's slate-pencil,[24]

---

20) after a fashion : '어느 정도', '이럭저럭'.

21) clasped : 두 손을 깍지 끼다.

22) the whole place around her became alive with the strange creatures of her little sister's dream : 앨리스가 꾼 꿈을 앨리스의 언니가 다시 꾸는 것은 *Through the Looking-Glass*에서도 나타난다.

23) splashed his way through : 물을 철벅거리며 건넜다.

24) slate-pencil : 석필.

and the choking of the suppressed guinea-pigs, filled the air, mixed up with the distant sobs of the miserable Mock Turtle.

So she sat on, with closed eyes, and half believed herself in Wonderland, though she knew she had but to open them again, and all would change to dull reality — the grass would be only rustling in the wind, and the pool rippling[25] to the waving of the reeds — the rattling teacups would change to tinkling[26] sheep-bells, and the Queen's shrill cries to the voice of the shepherd boy — and the sneeze of the baby, the shriek of the Gryphon, and all the other queer noises, would change (she knew) to the confused clamour[27] of the busy farm-yard — while the lowing[28] of the cattle in the distance would take the place of the Mock Turtle's heavy sobs.

Lastly, she pictured to herself how this same little sister of hers would, in the after-time,[29] be herself a grown woman; and how she would keep, through all her riper years, the simple and loving heart of her childhood: and how she would gather about her other little children, and make *their* eyes bright and eager with many a strange tale, perhaps even with the dream of Wonderland of long ago; and how she would feel with all their simple sorrows, and find a pleasure in all their simple joys, remembering her own child-life, and the happy summer days.

THE END

25) rippling : 잔물결이 일다.
26) tinkling : 딸랑거리는.
27) clamour : '왁자지껄한 소리', '소란'.
28) lowing : 소의 울음소리.
29) after-time : '미래에'; 세월이 흘러 결국 어른이 될 앨리스가 어린 시절에 갖던 순진함과 꿈을 어떻게 계속 간직할 것인가에 대해 작가는 생각하고 있는 것이다.

Lewis Carroll

THROUGH THE LOOKING-GLASS
AND WHAT ALICE FOUND THERE

RED

WHITE.

White Pawn (Alice) to play, and win in eleven moves.

		PAGE		
1.	Alice meets R. Q.	140	1.	R. Q. to K. R.'s 4th
2.	Alice through Q.'s 3rd *(by railway)* to Q.'s 4th *(Tweedledum and Tweedledee)*	147 149	2.	W. Q. to Q. B.'s 4th *(after shawl)*
			3.	W. Q. to Q. B.'s 5th *(becomes sheep)*
			4.	W. Q. to K. B.'s 8th *(leaves egg on shelf)*
3.	Alice meets W. Q. *(with shawl)*	168		
4.	Alice to Q.'s 5th *(shop, river, shop)*	173	5.	W. Q. to Q. B.'s 8th *(flying from R. Kt.)*
5.	Alice to Q.'s 6th *(Humpty Dumpty)*	179		
6.	Alice to Q.'s 7th *(forest)*	200	6.	R. Kt. to K.'s 2nd (ch.)
7.	W. Kt. takes R. Kt	202	7.	W. Kt. to K. B.'s 5th
8.	Alice to Q.'s 8th *(coronation)*	213	8.	R. Q. to K.'s sq. *(examination)*
9.	Alice becomes Queen	220	9.	Queens castle
10.	Alice castles *(feast)*	223	10.	W. Q. to Q. R.'s 6th *(soup)*
11.	Alice takes R.Q. & wins	230		

DRAMATIC PERSONÆ

(*As arranged before commencement of game*)

- - - - - - - - White	- - - - - - - - - - -	- - - - - - - - Red	- - - - - - - - - -
Pieces	Pawns	Pawns	Pieces
Tweedledee	Daisy	Daisy	Humpty Dumpty
Unicorn	Haigha	Messenger	Carpenter
Sheep	Oyster	Oyster	Walrus
W. Queen	'Lily'	Tiger-Lily	R. Queen
W. King	Fawn	Rose	R. King
Aged man	Oyster	Oyster	Crow
W. Knight	Hatta	Frog	R. Knight
Tweedledum	Daisy	Daisy	Lion

Child of the pure unclouded brow
  And dreaming eyes of wonder!
Though time be fleet[1], and I and thou
  Are half a life asunder,
Thy loving smile will surely hail[2]
The love-gift of a fairy-tale.

I have not seen thy sunny face,
  Nor heard thy silver laughter:
No thought of me shall find a place
  In thy young life's hereafter—
Enough that now thou wilt not fail
To listen to my fairy-tale.

A tale begun in other days,
  When summer suns were glowing—
A simple chime, that served to time
  The rhythm of our rowing—
Whose echoes live in memory yet,
Though envious years would say "forget."

Come, hearken then, ere voice of dread,
  With bitter tidings laden,
Shall summon to unwelcome bed[3]
  A melancholy maiden!
We are but older children, dear,
Who fret[4] to find our bedtime near.

Without, the frost, the blinding snow,

1) fleet: (시어) 빠른.
2) hail: 환호하다.
3) unwelcome bed : 죽음(deathbed)을 암시하면서, 동시에 소녀가 어린시절의 육체적 순결을 잃게 될 부부의 동침(marriage bed)을 암시하기도 한다.
4) fret: '초조하다', '안달이 나다'.

The storm-wind's moody madness—
Within, the firelight's ruddy glow,
And childhood's nest of gladness.
The magic words shall hold thee fast:
Thou shalt not heed the raving[5] blast.

And, though the shadow of a sigh
May tremble through the story,
For "happy summer days"[6] gone by,
And vanish'd summer glory—
It shall not touch, with breath of bale,[7]
The pleasance[8] of our fairy-tale.

5) raving: 휘몰아치는.
6) happy summer days: 『이상한 나라의 앨리스』의 마지막 세 단어다.
7) bale: 슬픔.
8) pleasance: (고어) '향락', '즐거움'; 캐럴은 의도적으로 이 고어를 사용한 것 같다. 이는 앨리스의 중간이름과 같기 때문이다.

CHAPTER I

LOOKING-GLASS HOUSE

One thing was certain, that the *white* kitten had had nothing to do with it — it was the black kitten's fault entirely. For the white kitten had been having its face washed by the old cat for the last quarter of an hour (and bearing it pretty well, considering[1]): so you see that it *couldn't* have had any hand in the mischief.[2]

The way Dinah washed her children's faces was this: first she held the poor thing down by its ear with one paw, and then with the other paw she rubbed its face all over, the wrong way,[3] beginning at the nose: and just now, as I said, she was hard at work on the white kitten,[4] which was lying quite still and trying to purr[5] — no doubt feeling that it was all meant for its good.

But the black kitten had been finished with earlier in the afternoon, and so, while Alice was sitting curled up[6] in a corner of the great arm-chair, half talking to herself and half asleep, the kitten had been having a grand game of romps[7] with the ball of worsted[8] Alice had been trying to wind up, and had been rolling it up and down till it had all come undone[9] again; and there it was, spread over the hearth-rug, all knots and tangles,[10] with the kitten running after its own tail in the middle.

1) considering: (구어) '그런대로', '비교적'.
2) had any hand in the mischief: have a hand in은 '… 에 관여[관계]하다'; 즉, 그 못된 일에 관여하지 않았다는 의미.
3) the wrong way: 반대로.
4) hard at work on the white kitten: 흰 고양이를 애써 씻기고 있다는 의미.
5) purr: (고양이가 기분 좋은 듯이) 목을 가르랑거리다.
6) curled up: 몸을 웅크리고.
7) romps: 활발하게 이리저리 뛰어다니며 놀기.
8) ball of worsted: 소모사(worsted)를 감아서 공처럼 둥글게 뭉쳐 놓은 것.
9) come undone: 둥글게 감은 실이 다 풀어졌다는 의미.
10) all knots and tangles: 실이 서로 얽히고 헝크러졌다는 의미.

"Oh, you wicked little thing!" cried Alice, catching up the kitten, and giving it a little kiss to make it understand that it was in disgrace.[11] "Really, Dinah ought to have taught you better manners! You *ought*, Dinah, you know you ought!" she added, looking reproachfully at the old cat, and speaking in as cross a voice as she could manage[12] — and then she scrambled back into the arm-chair,[13] taking the kitten and the worsted with her, and began winding up the ball again. But she didn't get on[14] very fast, as she was talking all the time, sometimes to the kitten, and sometimes to herself. Kitty sat very demurely[15] on her knee, pretending to watch the progress of the winding, and now and then putting out one paw and gently touching the ball, as if it would be glad to help if it might.

"'Do you know what to-morrow is, Kitty?"[16] Alice began. "You'd

11) in disgrace: 사랑받지 못하는.

12) in as cross a voice as she could manage: 최대한 화난 어조로.

13) scrambled back into the arm-chair: 기어서 가듯 의자로 돌아가 앉았다는 의미.

14) get on: (일을) 진행시키다,

15) demurely: '새침떨며', '점잖빼며'.

16) Do you know what to-morrow is, Kitty?: *Alice's Adventure in Wonder*의 배경시기가 5월 4일, 그러니까 이 작품의 주인공 앨리스의 모델이 된 엘리스 리델의 7번째 생일이라면, 이 작품은 앨리스가 정확히 7살 반이 되던 11월 4일에 벌어진 일이다. 이러한 사실은 이 책의 5장에서 앨리스가 White Queen에게 자신이 정확히 7살 반이라고 말한 것과, 지금 앨리스가 고양이에게 사내아이들이 큰

have guessed if you'd been up in the window with me — only Dinah was making you tidy, so you couldn't. I was watching the boys getting in sticks for the bonfire — and it wants plenty of sticks, Kitty! Only it got so cold, and it snowed so, they had to leave off. Never mind, Kitty, we'll go and see the bonfire to-morrow.'" Here Alice wound two or three turns of the worsted round the kitten's neck,[17] just to see how it would look: this led to a scramble,[18] in which the ball rolled down upon the floor, and yards and yards of it got unwound again.

화톳불을 피우기 위해 막대를 모으고 있다고 말한 사실에서도 짐작할 수 있다. 신교도 정권에 대한 저항으로 1605년 11월 5일 의회 지하에 화약을 장치하고 폭파하려던 가톨릭교도인 Guy Fawkes의 체포를 기념하기 위해서 매년 11월 5일에 캐럴이 소속해 있던 Christ Church에서는 당시에 커다란 화톳불을 피워 축하하였기 때문이다.

17) wound two or three turns of the worsted round the kitten's neck: 고양이 목에 우스터 실을 두 세 바퀴 감았다는 의미.

18) scramble: '아귀다툼'; 서로 실타래를 빼앗으려고 다투는 것을 지칭.

"Do you know, I was so angry, Kitty," Alice went on as soon as they were comfortably settled again, "when I saw all the mischief you had been doing, I was very nearly opening the window, and putting you out into the snow! And you'd have deserved it, you little mischievous darling! What have you got to say for yourself? Now don't interrupt me!" she went on, holding up one finger. "I'm going to tell you all your faults. Number one: you squeaked[19] twice while Dinah was washing your face this morning. Now you can't deny it, Kitty: I heard you! What's that you say?" (pretending that the kitten was speaking). "Her paw went into your eye? Well, that's *your* fault, for keeping your eyes open — if you'd shut them tight up, it wouldn't have happened. Now don't make any more excuses, but listen! Number two: you pulled Snowdrop[20] away by the tail just as I had put down the saucer of milk before her! What, you were thirsty, were you? How do you know she wasn't thirsty too? Now for number three: you unwound every bit of the worsted while I wasn't looking!

"That's three faults, Kitty, and you've not been punished for any of them yet. You know I'm saving up all your punishments for Wednesday week[21] — Suppose they had saved up all *my* punishments!" she went on, talking more to herself than the kitten. "What *would* they do at the end of a year? I should be sent to prison, I suppose, when the day came. Or — let me see — suppose each punishment was to be going without a dinner: then, when the miserable day came, I should have to go without[22] fifty dinners at once! Well, I shouldn't mind *that* much! I'd far rather go without them than eat

19) squeaked : 징징거리다(울다).

20) Snowdrop : 캐럴의 친구이자 스코틀랜드 시인이며 소설가인 맥도널드(George Macdonald)의 딸 매리(Mary Macdonald)가 키우던 고양이 이름; 캐럴은 이 작품을 출판하기 전 매리에게 이 이야기를 들려주고 좋은 반응을 얻어 출판을 결심하였다고 한다; 이 작품에 등장하는 검은 고양이 Kitty와 흰 고양이 Snowdrop은 각각 체스판의 사각형의 검은 눈과 흰 눈을, 그리고 이 책에 나오는 체스게임의 붉은 말과 흰 말을 각각 상징한다.

21) Wednesday week: 다가오는 일주일 후 수요일.

22) go without : … 없이 지내다.

them!

"Do you hear the snow against the window-panes, Kitty? How nice and soft it sounds! Just as if some one was kissing the window all over outside. I wonder if the snow *loves* the trees and fields, that it kisses them so gently? And then it covers them up snug[23], you know, with a white quilt; and perhaps it says, 'Go to sleep, darlings, till the summer comes again.' And when they wake up in the summer, Kitty, they dress themselves all in green, and dance about — whenever the wind blows — oh, that's very pretty!" cried Alice, dropping the ball of worsted to clap her hands. "And I do so *wish* it was true! I'm sure the woods look sleepy in the autumn, when the leaves are getting brown.

"Kitty, can you play chess? Now, don't smile, my dear, I'm asking it seriously. Because, when we were playing just now, you watched just as if you understood it: and when I said 'Check!'[24] you purred! Well, it *was* a nice check, Kitty, and really I might have won, if it hadn't been for that nasty Knight, that came wriggling[25] down among my pieces.[26] Kitty, dear, let's pretend —" And here I wish I could tell you half the things Alice used to say, beginning with her favourite phrase "Let's pretend." She had had quite a long argument with her sister only the day before — all because Alice had begun with "Let's pretend we're kings and queens"; and her sister, who liked being very exact, had argued that they couldn't, because there were only two of them, and Alice had been reduced at last to say,[27] "Well, *you* can be one of them then, and *I'll* be all the rest." And once she had really frightened her old nurse by shouting suddenly in her ear, "Nurse! Do let's pretend that I'm a hungry hyaena, and you're a bone."

---

23) snug: '포근한', '안락한'.
24) Check: 〖체스〗 장군.
25) wriggling: 꿈틀거리며 나아가다.
26) pieces: (체스게임의) 말.
27) been reduced at last to say: be reduced to는 ' …하여야 할 상황에 빠진다'는 의미; 즉, 결국 … 라고 말할 수밖에 없게 되었다는 뜻이다.

But this is taking us away from Alice's speech to the kitten. "Let's pretend that you're the Red Queen, Kitty! Do you know, I think if you sat up and folded your arms, you'd look exactly like her. Now do try, there's a dear!" And Alice got the Red Queen off the table, and set it up before the kitten as a model for it to imitate: however, the thing didn't succeed, principally, Alice said, because the kitten wouldn't fold its arms properly. So, to punish it, she held it up to the Looking-glass, that it might see how sulky it was "—and if you're not good directly," she added, "I'll put you through into Looking-glass House. How would you like *that*"

"Now, if you'll only attend, Kitty, and not talk so much, I'll tell you all my ideas about Looking-glass House. First, there's the room you can see through the glass—that's just the same as our drawing room, only the things go the other way.[28] I can see all of it when I get upon a chair—all but the bit just behind the fireplace. Oh! I do so wish I could see *that* bit! I want so much to know whether they've a fire in the winter: you never *can* tell, you know, unless our fire smokes, and then smoke comes up in that room too—but that may be only pretence, just to make it look as if they had a fire. Well then, the books are something like our books, only the words go the wrong way:[29] I know *that*, because I've held up one of our books to the glass, and then they hold up one in the other room.

"How would you like to live in Looking-glass House, Kitty? I wonder if they'd give you milk in there? Perhaps Looking-glass milk isn't good to drink—But oh, Kitty! now we come to the passage. You can just see a little *peep*[30] of the passage in Looking-glass

28) the things go the other way : 가드너는 리델가의 여자아이들이 체스게임을 배울 당시, 이들에게 캐럴이 해준 체스 이야기가 이 소설의 뼈대를 형성하였지만, 실제 세계와는 반대로 비치는 거울 세계라는 주제는, 캐럴의 먼 친척인 앨리스 레이크스(Alice Raikes)에게서 받은 영감에 기인한다고 설명하고 있다.

29) only the words go the wrong way: 'wrong way'는 '반대 방향'; 즉, (책의) 글씨가 반대 방향으로 쓰여 있다는 의미.

30) *peep* : 흘끗 보임.

House, if you leave the door of our drawing-room wide open: and it's very like our passage as far as you can see, only you know it may be quite different on beyond. Oh, Kitty! how nice it would be if we could only get through into Looking-glass House! I'm sure it's got, oh! such beautiful things in it! Let's pretend there's a way of getting through into it, somehow, Kitty. Let's pretend the glass has got all soft like gauze, so that we can get through. Why, it's turning into a sort of mist now, I declare! It'll be easy enough to get through —" She was up on the chimney-piece[31)] while she said this, though she hardly knew how she had got there. And certainly the glass *was* beginning to melt away,[32)] just like a bright silvery mist.

31) chimney-piece: 벽로선반.
32) glass *was* beginning to melt away: 거울은 많은 과학소설에서 현실세계와 병치를 이루는, 혹은 또 다른 세계로 들어가는 통로로 흔히 이용되어 왔다.

In another moment Alice was through the glass, and had jumped lightly down into the Looking-glass room. The very first thing she did was to look whether there was a fire in the fireplace, and she was quite pleased to find that there was a real one, blazing away as brightly as the one she had left behind. "So I shall be as warm here as I was in the old room," thought Alice: "warmer, in fact, because there'll be no one here to scold me away from the fire. Oh, what fun it'll be, when they see me through the glass in here, and ca'n't get at[33] me!"

Then she began looking about, and noticed that what could be seen from the old room was quite common and uninteresting, but that all the rest was as different as possible. For instance, the pictures on the wall next the fire seemed to be all alive, and the

33) get at: 붙잡다.

very clock on the chimney-piece (you know you can only see the back of it in the Looking-glass) had got the face of a little old man, and grinned at her.

"They don't keep this room so tidy as the other," Alice thought to herself, as she noticed several of the chessmen[34] down in the hearth among the cinders:[35] but in another moment, with a little "Oh'" of surprise, she was down on her hands and knees watching them. The chessmen were walking about, two and two!

"Here are the Red King and the Red Queen," Alice said (in a whisper, for fear of frightening them), "and there are the White King and the White Queen sitting on the edge of the shovel — and here are two Castles[36] walking arm in arm — I don't think they can hear me," she went on, as she put her head closer down, "and I'm nearly sure they ca'n't see me. I feel somehow as if I were invisible —"

34) chessmen : (체스의) 말.

35) cinders: (벽난로의) 타다 남은 재.

36) Castles : 『체스』 성장(城將); 여기서 캐럴은 주교(bishop)를 언급하지 않았다. 가드너는 이를 주교에 대한 캐럴의 존경심에서 연유되었을 것이라고 추측하고 있다.

Here something began squeaking on the table behind Alice, and made her turn her head just in time to see one of the White Pawns[37) roll over[38) and begin kicking: she watched it with great curiosity to see what would happen next.

"It is the voice of my child!" the White Queen cried out, as she rushed past the King, so violently that she knocked him over[39) among the cinders. "My precious Lily! My imperial kitten!" and she began scrambling wildly up the side of the fender.

"Imperial fiddlestick!"[40) said the King, rubbing his nose, which had been hurt by the fall. He had a right to be a *little* annoyed with the Queen, for he was covered with ashes from head to foot.

Alice was very anxious to be of use, and, as the poor little Lily was nearly screaming herself into a fit,[41) she hastily picked up the Queen and set her on the table by the side of her noisy little daughter.

The Queen gasped, and sat down: the rapid journey through the air had quite taken away her breath[42) and for a minute or two she could do nothing but hug the little Lily in silence. As soon as she had recovered her breath a little, she called out to the White King, who was sitting sulkily among the ashes, "Mind the volcano!"[43)

"What volcano?" said the King, looking up anxiously into the fire, as if he thought that was the most likely place to find one.

"Blew — me — up," panted the Queen, who was still a little out of

37) Pawns: (체스의) 졸(卒).

38) roll over: 자빠 넘어지다.

39) knocked him over: 부딪혀 넘어뜨리다.

40) fiddlestick: 원래 '하찮은 일'이란 의미이지만, 여기서는 '에잇' 정도의 투덜거리는 소리다.

41) screaming herself into a fit: '비명을 지르다', '발작(경련)을 일으키다'.

42) taken away her breath: 몹시 놀라게 하다.

43) Mind the volcano: 앨리스가 들어서 여왕을 이동시켜 주었지만 자신의 눈에는 앨리스가 보이지 않기 때문에, 여왕은 화산 폭발의 충격으로 자신이 허공을 날아왔다고 생각하고 있는 것이다. 여기서 체스의 말에게 보이지는 않지만 실제로 이들을 통제할 수 있는 앨리스는 이들에게 있어서는 일종의 신과 같은 존재다. 이는 작가가 체스게임이라는 모티브를 통해 이 작품에서 그리고자 하는 통제된 삶을 사는 인간의 모습이기도 하다.

breath. "Mind[44] you come up — the regular way — don't get blown up!"

Alice watched the White King as he slowly struggled up from bar to bar,[45] till at last she said "Why, you'll be hours and hours getting to the table, at that rate. I'd far better help you, hadn't I?" But the King took no notice of the question: it was quite clear that he could neither hear her nor see her.

So Alice picked him up very gently, and lifted him across more slowly than she had lifted the Queen, that she mightn't take his breath away: but, before she put him on the table, she thought she might as well dust him a little, he was so covered with ashes.

She said afterwards that she had never seen in all her life such a face as the King made, when he found himself held in the air by an invisible hand, and being dusted: he was far too much astonished to cry out, but his eyes and his mouth went on getting larger and larger, and rounder and rounder, till her hand shook so with laughing that she nearly let him drop upon the floor.

"Oh! *please* don't make such faces,[46] my dear!" she cried out, quite forgetting that the King couldn't hear her. "You make me laugh so that I can hardly hold you! And don't keep your mouth

44) Mind: 반듯이 … 하다.

45) Alice watched the White King as he slowly struggled up from bar to bar: 체스게임에서 여왕은 한번에 7칸까지 갈수 있지만, 왕은 어떤 방향으로도 갈 수는 있지만 한 번에 한 칸 밖에 가지 못한다. 왕이 벽난로의 창살을 하나씩 가로 질러 갈 수밖에 없는 것은 바로 이 때문이다.

46) make such faces: '묘한 표정을 짓다', '얼굴을 찡그리다'.

so wide open! All the ashes will get into it — there, now I think you're tidy enough!" she added, as she smoothed his hair, and set him upon the table near the Queen.

The King immediately fell flat on his back,[47] and lay perfectly still: and Alice was a little alarmed at what she had done, and went round the room to see if she could find any water to throw over him. However, she could find nothing but a bottle of ink, and when she got back with it she found he had recovered, and he and the Queen were talking together in a frightened whisper — so low, that Alice could hardly hear what they said.

The King was saying "I assure you, my dear, I turned cold[48] to the very ends of my whiskers!"

To which the Queen replied "You haven't got any whiskers."

"The horror of that moment," the King went on, "I shall never, *never* forget!"

"You will, though," the Queen said, "if you don't make a memorandum of it.."

Alice looked on with great interest as the King took an enormous memorandum-book out of his pocket, and began writing. A sudden thought struck her, and she took hold of the end of the pencil, which came some way over his shoulder, and began writing for him.[49]

The poor King looked puzzled and unhappy, and struggled with the pencil for some time without saying anything; but Alice was too strong for him, and at last he panted out,[50] "My dear! I really *must* get a thinner pencil. I ca'n't manage this one a bit: it writes all manner[51] of things that I don't intend —"

47) The King immediately fell flat on his back: 체스게임에서 패배자는 종종 왕을 바닥에 눕혀서 자신의 패배를 나타낸다. 여왕이 이 순간을 기록하자고 하는 것은 체스게임을 하는 사람이 자신이 패배한 게임을 잊지 않기 위해, 자신이 움직인 말을 기록하는 관례를 암시한다.

48) cold: '정신을 잃은': 왕은 마치 전쟁 중 목숨을 잃은 사람처럼 보였던 것이었다.

49) began writing for him: '자동 서자'(書字)(automatic writing)는 19세기 심령술사사이에서 유행하였는데, 캐럴도 심령술사의 자동 서자에 대해 관심이 많았다고 한다.

50) panted out: 헐떡거리며 말했다.

"What manner of things?" said the Queen, looking over the book (in which Alice had put "*The White Knight is sliding down the poker. He balances very badly*"[52]). "That's not a memorandum of *your* feelings!"

There was a book lying near Alice on the table, and while she sat watching the White King (for she was still a little anxious about him, and had the ink all ready to throw over him, in case he fainted again), she turned over the leaves, to find some part that she could read, "—for it's all in some language I don't know," she said to herself.

It was like this.

ykcowrebbaj

sevot yhtils eht dna, gillirb sawT'
:ebaw eht ni elbmig dna eryg diD
,sevogorob eht erew ysmim llA
.ebargtuo shtar emom eht dnA

She puzzled[53] over this for some time, but at last a bright thought struck her. "Why, it's a Looking-glass book, of course! And if I hold it up to a glass, the words will all go the right way again."[54]

51) manner: 종류(kind).

52) *The White Knight is sliding down the poker. He balances very badly*: poker는 '부지깽이'; 부지깽이 위에서 균형을 잘 잡지 못하는 백기사에 관한 이야기는 8장에서 앨리스가 만나게 되는 백기사가 말위에서 균형을 잡지 못하고 자주 떨어지는 모습을 예고한다.

53) puzzled : 어리둥절하다.

54) if I hold it up to a glass, the words will all go the right way again : 이 시가 앨리스에게 거울에 비친 것처럼 거꾸로 보였다는 사실은 거울속의 세계에 들

This was the poem that Alice read.

Jabberwocky[55)]

'Twas brillig[56)]*, and the slithy*[57)] *toves*[58)]
Did gyre[59)] *and gimble*[60)] *in the wabe*[61)]*:*

어간 앨리스 자신은 거꾸로 되지 않았다는 증거라고 가드너는 말하고 있다.

55) *Jabberwocky* : 이 시의 첫 4행은 캐럴이 1855년에 "Stanza of Anglo-Saxon Poetry"라는 제목으로 쓴 시의 구절이다. 캐럴은 자신의 사촌 윌콧스(Wilcox)와 윗번(Whitburn)이라는 곳에 머물면서 시 짓기 놀이를 벌이다가 이 시를 쓰게 되었다고 한다. 이때 방문객 중에는 스메들리(Menella Bute Smedley)라는 여자 시인도 있었는데, 이 시인이 번역한 독일 발라드로 자신의 양들을 괴롭히던 그리핀을 처치한 양치기소년에 관한 이야기를 다룬 "The Shepherd of the Giant Mountains"이란 시가 있다고 한다. 이 시는 환한 미소를 짓는 어떤 소년이 tumtum 나무아래서 괴물을 물리친 이 이야기를 다루고 있는데, 바로 이 내용이 위의 시의 배경이 되었던 것 같다. 후에 캐럴은 이 시를 자신의 형제와 누이를 위해 만든 *Mischmasch*라는 잡지에 삽입하였다.

56) *brillig* : *Mischmasc*의 서문에서 캐럴은 이 단어가 동사 'Bryl' 혹은 'Broil'에서 파생되었다면서, 이는 저녁식사가 끓는 시간, 즉, '저녁때'를 의미한다고 설명하고 있다. 이 책의 6장에서 Humpty Dumpty도 이 단어가 "오후 네 시, 그러니까 저녁 음식을 끓이기 시작하는 시간"이라고 설명하여 캐럴의 설명과 그 맥을 같이하고 있다.

57) *slithy* : 'slimy'와 'lithe'의 합성어로 그 의미는 '부드럽고 활동적인'이라고 *MischMasch*에서 캐럴은 설명하고 있다; Humpty Dumpty는 이 단어가 '부드럽고 미끈미끈한' 의 의미를 가지고 있다며, 여행용 가방처럼 두 가지 의미가 하나의 단어에 들어가는 경우가 이에 해당한다고 설명 한다; 원래 이 단어는 'sleathy'의 변형된 형태로, '단정치 못한'(slovenly)의 의미를 가지고 있었지만, 현재는 더 이상 사용되지 않고 있다.

58) *toves* : 오소리의 일종이라고 케럴은 *MischMasch에서* 설명하고 있다; *The Hunting of the Snark*의 서문에서 캐럴은 이 단어를 groves와 운을 맞추어서 발음해야 한다고 말하고 있다.

59) *gyre* : '개'라는 의미의 'Gyaour' 혹은 'Glaour'에서 파생된 동사로, '개처럼 긁다'의 의미라고 캐럴은 *MischMasch*에서 설명하고 있다; 이 단어는 '돌다', '소용돌이치다'의 의미다.

60) *gimble* : 캐럴은 *MischMasch*에서 이 단어가 'Gimblet'(도래송곳)에서 파생된 단어로 '어떤 것이든 구멍을 뚫는다'는 의미를 가지고 있다고 설명 한다; 이 단어는 실제로는 'gimbal'의 변형된 철자로 나침의나 크로노미터 따위를 수평으로 유지하는 장치를 일컫는다.

61) *Ware* : 'swab' 혹은 'soak'에서 파생된 단어로 '언덕의 한 면'을 뜻한다고 캐럴은 *MischMasch*에서 설명하고 있다.

All mimsy[62] *were the borogoves*[63]*,*
And the mome[64] *raths*[65] *outgrabe.*[66]

"Beware the Jabberwock,[67] *my son!*
The jaws that bite, the claws that catch!
Beware the Jubjub bird, and shun[68]
The frumious[69] *Bandersnatch!"*[70]

He took his vorpal[71] *sword in hand:*

62) *mimsy* : 'Mimserable'과 'Miserable'에서 파생된 단어로 그 의미는 "불행한"이라고 캐럴은 *MischMasch*에서 설명하고 있다; 이 단어와 형태가 유사한 mimsey라는 단어의 의미는 '새침떼는', '숙녀연하는', '경멸스러운'이란 의미를 갖고 있는데, 가드너에 따르면 캐럴이 이런 의미를 염두에 두고 이 단어를 사용하고 있다고 한다.

63) *borogoves* : 멸종된 앵무새의 일종으로 '날개가 없고 부리는 위를 향해있으며, 해시계아래 둥지를 짓고 송아지 고기를 먹고 산다'고 캐럴은 *MischMasch*에서 설명하고 있다.

64) *mome* : 캐럴은 *MischMasch*에서 이 단어에서 'Solemone', 'solemone', 'solemn'이란 단어가 나왔으며, 그 의미는 "심각한"이라고 말하고 있다; 이 단어는 '어머니', '바보', '흠만 잡는 비평가', '어릿광대'란 의미를 갖고 있었지만 지금은 그런 의미로는 사용되지 않는다.

65) *raths* : 캐럴은 *MischMasch*에서 이것은 거북이의 일종이라고 말한다; Humpty Dumpty는 이 단어가 '초록색 돼지'를 지칭한다고 말하고 있지만, 캐럴이 살던 당시에 이 단어는 '둥글게 흙으로 쌓은 담'을 의미하는 아일랜드어로 널리 알려져 있었다.

66) *outgrabe* : 캐럴은 *MischMasch*에서 이 단어가 'outgribe'라는 동사의 과거시제라며, 그 의미는 '찍찍 울다'라고 말하고 있다.

67) *Jabberwock* : 미국 보스턴에 있던 라틴 스쿨에서 발행하는 잡지 이름; 이 이름을 잡지이름으로 사용하여도 좋겠느냐는 잡지 편집자에게, 캐럴은 이를 허용하면서 'wocer' 혹은 'wocor'가 고대영어로 '결과물' '후손'의 의미며, 'jabber'는 '흥분하여 하는 수많은 논의'라는 의미를 가지고 있기 때문에, 이 단어는 '아주 흥분된 논의의 결과'라는 뜻을 가지게 된다고 설명하고 있다.

68) *shun* : 피하다.

69) *frumious* : *The Hunting of the Snark*의 서문에서 캐럴은 'furious'와 'fuming'이라는 단어를 동시에 발음하면 'frumious'라고 발음하게 될 것이라고 설명하고 있다.

70) *Bandersnatch* : 'Bandar'는 힌두어로 '원숭이'; 그린은 이 단어가 바기라천을 의미하기도 한다고 말하고 있다.

71) *vorpal* : 테일러(Alexander Taylor)는 케럴이 'verbal'과 'gospel'란 단어를 사용하여 이 단어를 만들어내었을 거라 추정하지만, 정작 캐럴은 이 단어의 의미를

Long time the manxome[72] foe he sought--
So rested he by the Tumtum tree,
And stood awhile in thought.

And, as in uffish[73] thought he stood,
The Jabberwock, with eyes of flame,
Came whiffling[74] through the tulgey wood,
And burbled[75] as it came!

One, two! One, two! And through and through
The vorpal blade went snicker-snack![76]
He left it dead, and with its head
He went galumphing[77] back.

"And hast thou slain the Jabberwock?
Come to my arms, my beamish[78] boy!
O frabjous[79] day! Callooh![80] Callay!'

자신도 설명할 수 없다고 말하고 있다.

72) *manxome* : 'manx'는 '맨섬'(Isle of Man)의 켈트어로 이 단어는 이 섬에 관련된 대상에 적용되어 왔다. 하지만 가드너의 주장처럼 캐럴이 만든 'manxome'란 단어가 이와 연관이 있는지는 불분명하다.

73) *uffish* : 1877년 캐럴이 스탄덴(Maud Standen)이라는 어린 친구에게 보낸 편지에서 이 단어가 '목소리는 무뚝뚝하고 매너는 거칠며 심술궂은 심리 상태'를 의미한다고 설명하고 있다.

74) *whiffling* : '휙 부는', '가볍게 움직이는' : 가드너는 이 단어가 '일정치 않은' '포착하기 어려운'이란 의미로도 사용된다고 설명한다.

75) *burbled* : 스탄덴(Maud Standen)이란 어린아이에게 쓴 편지에서 캐럴은 이 단어가 'bleat', 'murmur', 'warble'라는 세 단어에서 따왔음을 시사하고 있다; 이 단어는 bubble이라는 단어의 변형된 형태로 사용되어 왔으며, '혼란스럽게 하다'는 의미로도 사용되어 왔었다.

76) *snicker-snack* : 일종의 의성어로 사용되었지만, 캐럴은 '커다란 칼' 혹은 '칼로 싸우다'란 의미를 지닌 'Snickersnee'라는 단어를 염두에 두고 있는 것 같다.

77) *galumphing* : 'gallop'(말이 질주하다)과 'triumphant'(의기양양한)의 합성어; *Oxford English Dictionary*는 이 단어를 캐럴이 만든 조어로 기록하며 그 의미는 '불규칙하게 뛰어오르면서 몹시 기뻐하며 행군하다'로 기록하고 있다.

78) *beamish* : 'beaming'(미소 짓는)의 변형된 형태.

79) *frabjous* : 캐럴의 조어로 '훌륭한', '굉장한', '멋있는' 이란 의미.

80) *Callooh* : 북 스코틀랜드에서 겨울을 보내는 북극 오리의 일종으로 그 울음소리에서 이런 이름이 붙여졌다고 한다; 몇 비평가들은 이 단어의 발음이 그리스어로 '아름다운', '좋은'이란 의미를 갖고 있는 'kalos'라는 단어와 발음이 비슷하다는 사실을 지적하며, 이런 의미로 캐럴이 이 단어를 사용하지 않았나 추정한다.

He chortled[81] in his joy.

'Twas brillig, and the slithy toves
Did gyre and gimble in the wabe;
All mimsy were the borogoves,
And the mome raths outgrabe.

"It seems very pretty," she said when she had finished it, "but it's *rather* hard to understand!" (You see she didn't like to confess, even to herself, that she couldn't make it out at all.) "Somehow it seems to fill my head with ideas — only I don't exactly know what they are! However, somebody killed something : that's clear, at any rate —"

"But oh!" thought Alice, suddenly jumping up, "if I don't make haste, I shall have to go back through the Looking-glass, before I've seen what the rest of the house is like! Let's have a look at the garden first!" She was out of the room in a moment, and ran down stairs — or, at least, it wasn't exactly running, but a new invention for getting down stairs quickly and easily, as Alice said to herself. She just kept the tips of her fingers on the hand-rail, and floated gently down without even touching the stairs with her feet : then she floated on through the hall, and would have gone straight out at the door in the same way, if she hadn't caught hold of the door-post. She was getting a little giddy with so much floating in the air, and was rather glad to find herself walking again in the natural way.

81) *chortled* : 'chuckle'(낄낄 웃다)과 'snort'(코를 씨근거리다) 두 단어를 합하여 캐럴이 만든 합성어; *Oxford English Dictionary*에서는 이 단어가 '만족스러운 듯이 크게 웃다'란 의미를 가지고 있다고 기록하고 있다.

CHAPTER II

THE GARDEN OF LIVE FLOWERS

"I should see the garden far better," said Alice to herself, "if I could get to the top of that hill : and here's a path that leads straight to it — at least, no, it doesn't do *that* —" (after going a few yards along the path, and turning several sharp corners), "but I suppose it will at last. But how curiously it twists! It's more like a corkscrew[1] than a path! Well, *this* turn goes to the hill, I suppose — no, it doesn't! This goes straight back to the house! Well then, I'll try it the other way."

And so she did : wandering up and down, and trying turn after turn, but always coming back to the house, do what she would.[2] Indeed, once, when she turned a corner rather more quickly than usual, she ran against it before she could stop herself.

"It's no use talking about it," Alice said, looking up at the house and pretending it was arguing with her. "I'm *not* going in again yet. I know I should have to get through the Looking-glass again — back into the old room — and there'd be an end of all my adventures!"

So, resolutely turning her back upon the house, she set out once more down the path, determined to keep straight on till she got to the hill. For a few minutes all went on well, and she was just saying "I really *shall* do it this time —" when the path gave a sudden twist and shook itself (as she described it afterwards), and the next moment she found herself actually walking in at the door.

"Oh, it's too bad!" she cried. "I never saw such a house for getting in the way! Never!"

1) corkscrew : '타래송곳'을 의미하는 이 단어는 이 작품에 여러 번에 걸쳐서 나온다.
2) do what she would : 어떻게 하던 간에.

However, there was the hill full in sight, so there was nothing to be done but start again. This time she came upon a large

However, there was the hill full in sight, so there was nothing to be done but start again. This time she came upon a large flower-bed, with a border of daisies, and a willow-tree growing in the middle.

"O Tiger-lily,"[3] said Alice, addressing herself to one that was waving gracefully about in the wind, "I *wish* you could talk!"

"We *can* talk," said the Tiger-lily, "when there's anybody worth

3) Tiger-lily : 캐럴은 원래 'passion flower'[시계(時計)풀]이라는 단어를 사용하려 하였으나, 이 단어가 종교적 의미를 가진 것을 알고는 'tiger lily'(참나리)로 바꾸었다고 한다. 그리고 여기서처럼 꽃들이 말을 하는 장면은 19세기 빅토리아 시대의 대표적인 영국시인 테니슨(Alfred Tennyson)의 시 "Maud"의 섹션 22에 나오는 장면을 떠올리게 한다. 거기에 나오는 한 소절을 소개하면 다음과 같다.
"There has fallen a splendid tear/ From the passion-flower at the gate"

talking to."

Alice was so astonished that she could not speak for a minute: it quite seemed to take her breath away. At length, as the Tiger-lily only went on waving about, she spoke again, in a timid voice—almost in a whisper. "And can *all* the flowers talk?"

"As well as *you* can," said the Tiger-lily. "And a great deal louder."

"It isn't manners for us to begin, you know," said the Rose,[4] "and I really was wondering when you'd speak! Said I to myself, 'Her face has got *some* sense in it, though it's not a clever one!' Still, you're the right colour, and that goes a long way."

"I don't care about the colour," the Tiger-lily remarked. "If only her petals curled up a little more, she'd be all right."

Alice didn't like being criticised, so she began asking questions. "Aren't you sometimes frightened at being planted out here, with nobody to take care of you?"

"There's the tree in the middle," said the Rose. "What else is it good for?"

"But what could it do, if any danger came?" Alice asked.

"It says 'Bough-wough!'" cried a Daisy. "That's why its branches are called boughs!"

"Didn't you know *that*?" cried another Daisy. And here they all began shouting together, till the air seemed quite full of little shrill voices. "Silence, every one of you!" cried the Tiger-lily, waving itself passionately from side to side, and trembling with excitement. "They know I ca'n't get at them!" it panted, bending its quivering head towards Alice, "or they wouldn't dare to do it!"

"Never mind!" Alice said in a soothing tone, and stooping down to the daisies, who were just beginning again, she whispered "If you don't hold your tongues, I'll pick you!"

There was silence in a moment, and several of the pink daisies

4) Rose: 장미는 'Rhoda Caroline Anne Liddell'을 대변하는 것 같다고 가드너는 말하고 있다.

turned white.[5)]

"That's right!" said the Tiger-lily. "The daisies are worst of all. When one speaks, they all begin together, and it's enough to make one wither[6)] to hear the way they go on!"

"How is it you can all talk so nicely?" Alice said, hoping to get it into a better temper[7)] by a compliment. "I've been in many gardens before, but none of the flowers could talk."

"Put your hand down, and feel the ground," said the Tiger-lily. "Then you'll know why."

Alice did so. "It's very hard," she said; "but I don't see what that has to do with it."

"In most gardens," the Tiger-lily said, "they make the beds too soft — so that the flowers are always asleep."

This sounded a very good reason, and Alice was quite pleased to know it. "I never thought of that before!" she said.

"It's *my* opinion that you never think *at all*," the Rose said, in a rather

severe tone.

"I never saw anybody that looked stupider," a Violet[8)] said, so suddenly, that Alice quite jumped;[9)] for it hadn't spoken before.

"Hold *your* tongue!" cried the Tiger-lily. "As if *you* ever saw anybody! You keep your head under the leaves, and snore away[10)] there, till you know no more what's going on in the world, than if you were a bud!"

---

5) several of the pink daisies turned white : Hornback에 따르면, 데이지 꽃 중 위는 하얗고 아래는 붉은 꽃잎을 가진 것이 있는데, 이런 종류의 데이지 꽃이 아침에 꽃을 피우면 이 데이지 꽃이 분홍색에서 마치 흰색으로 변하는 것처럼 보인다고 한다.

6) wither : 시들다.

7) get it into a better temper : 좀 더 기분 좋게 만들다.

8) Violet : 리델가의 여자 아이 중 가장 나이 어린 Violet Constance Liddell을 지칭하는데, 캐럴이 리델가를 방문할 당시에 Violet는 아기에 지나지 않았다. Tiger-lily가 Violet에게 조심하라고 야단치는 이유는 바로 여기에 있다.

9) jumped : 가슴이 철렁했다.

10) snore away : 코를 골며 시간을 보내다.

"Are there any more people in the garden besides me?" Alice said, not choosing to notice the Rose's last remark.

"There's one other flower in the garden that can move about like you," said the Rose. "I wonder how you do it—" ("You're always wondering," said the Tiger-lily), "but she's more bushy than you are."

"Is she like me?" Alice asked eagerly, for the thought crossed her mind, "There's another little girl in the garden, somewhere!"

"Well, she has the same awkward shape as you," the Rose said : "but she's redder—and her petals are shorter, I think."

"They're done up close, like a dahlia," said the Tiger-lily : "not tumbled about,[11] like yours."

"But that's not *your* fault," the Rose added kindly. "You're beginning to fade, you know—and then one ca'n't help one's petals getting a little untidy."

Alice didn't like this idea at all : so, to change the subject, she asked "Does she ever come out here?"

"I daresay you'll see her soon," said the Rose. "She's one of the kind that has nine spikes,[12] you know."

"Where does she wear them?" Alice asked with some curiosity.

"Why all round her head, of course," the Rose replied. "I was wondering *you* hadn't got some too. I thought it was the regular rule."

"She's coming!" cried the Larkspur.[13] "I hear her footstep, thump, thump, thump, along the gravel-walk!"[14]

---

11) tumbled about : 이리저리 엉클어지다.

12) She's one of the kind that has nine spikes : spike는 '큰 못'인데 여기서는 Red Queen의 왕관의 9개의 뾰족한 끝을 지칭 한다; 원래 이 문장은 'She's one of the thorny kind'였다가 현재의 문장으로 바뀐 것으로 여기서 she는 나중에 등장할 Red Queen을 지칭한다. 그런데 이 Red Queen은 리델가의 여자 아이들을 가르쳤던 가정교사 프리킷(Prickett)의 모습을 많이 담고 있다고 가드너는 주장하며 그 근거 중 하나로서 그 가정교사의 별명이 Pricks(가시, 꼬치)이었다는 사실을 제시한다.

13) Larkspur : 참제비고깔속(屬).

14) gravel-walk : '공원의 자갈길'; Larkspur가 하는 말은 테니슨의 "Maud"에 나오는 구절과 묘한 병치를 이룬다.

Alice looked round eagerly and found that it was the Red Queen. "She's grown a good deal!" was her first remark. She had indeed: when Alice first found her in the ashes, she had been only three inches high — and here she was, half a head taller than Alice herself!

"It's the fresh air that does it,"[15] said the Rose: "wonderfully fine air it is, out here."

"I think I'll go and meet her," said Alice, for, though the flowers were interesting enough, she felt that it would be far grander to have a talk with a real Queen.

"You ca'n't possibly do that," said the Rose: "*I* should advise you to walk the other way."

This sounded nonsense to Alice, so she said nothing, but set off at once towards the Red Queen. To her surprise, she lost sight of her in a moment, and found herself walking in at the front-door again.

A little provoked, she drew back, and, after looking everywhere for the Queen (whom she spied out[16] at last, a long way off), she thought she would try the plan, this time, of walking in the opposite direction.

It succeeded beautifully.[17] She had not been walking a minute before she found herself face to face with the Red Queen, and full in sight of the hill she had been so long aiming at.

"Where do you come from?" said the Red Queen. "And where are you going? Look up, speak nicely, and don't twiddle your fingers all the time."[18]

There has fallen a splendid tear/ From the passion-flower at the gate.
She is coming, my dove, my dear;/ She is coming, my life, my fate;
The red rose cries, "She is near, she is near,"/ And the white rose weeps, "She is late;"
The larkspur listens, "I hear, I hear,"/ And the lily whispers, "I wait."

15) It's the fresh air that does it: Leckhampton Hill에서 부는 바람을 지칭한다.

16) spied out: '발견하다', '찾아내다'.

17) It succeeded beautifully: 거울 속 세상이므로 앞으로 가거나 뒤로 가는 것이 현실세계와는 반대 방향이다.

18) don't twiddle your fingers all the time: twiddle은 '만지작거리다'의 의미; 앨리스

Alice attended to all these directions, and explained, as well as she could, that she had lost her way.

"I don't know what you mean by *your* way," said the Queen : "all the ways about here belong to *me* — but why did you come out here at all?" she added in a kinder tone. "Curtsey while you're thinking what to say. It saves time."

Alice wondered a little at this, but she was too much in awe of the Queen to disbelieve it. "I'll try it when I go home," she thought to herself, "the next time I'm a little late for dinner."

"It's time for you to answer now," the Queen said, looking at her watch : "open your mouth a *little* wider when you speak, and always say 'your Majesty.'"

에게 훈계조로 Red Queen이 이야기하는 것은 앨리스의 가정교사인 프리킷을 모델로 삼고 있기 때문이다.

"I only wanted to see what the garden was like, your Majesty—"

"That's right," said the Queen, patting her on the head, which Alice didn't like at all: "though, when you say 'garden'—*I've* seen gardens, compared with which this would be a wilderness."

Alice didn't dare to argue the point, but went on: "—and I thought I'd try and find my way to the top of that hill—"

"When you say 'hill,'" the Queen interrupted, "*I* could show you hills, in comparison with which you'd call that a valley."

"No, I shouldn't," said Alice, surprised into contradicting her[19) at last: "a hill *ca'n't* be a valley, you know. That would be nonsense—"

The Red Queen shook her head. "You may call it 'nonsense' if you like," she said, "but *I've* heard nonsense, compared with which that would be as sensible as a dictionary!"

Alice curtseyed again, as she was afraid from the Queen's tone that she was a *little* offended: and they walked on in silence till they got to the top of the little hill.

19) surprised into contradicting her: 너무나도 놀라서 Red Queen의 말을 반박하게 되었다는 의미.

For some minutes Alice stood without speaking, looking out in all directions over the country — and a most curious country it was. There were a number of tiny little brooks[20] running straight across it from side to side, and the ground between was divided up into squares by a number of little green hedges, that reached from brook to brook.

"I declare it's marked out just like a large chessboard!" Alice said at last. "There ought to be some men moving about somewhere — and so there are!" She added in a tone of delight, and her heart began to beat quick with excitement as she went on. "It's a great huge game of chess that's being played[21] — all over the world — if this *is* the world at all, you know. Oh, what fun it is! How I *wish* I was one of them! I wouldn't mind being a Pawn, if only I might join — though of course I should *like* to be a Queen, best."

She glanced rather shyly at the real Queen as she said this, but her companion only smiled pleasantly, and said "That's easily managed. You can be the White Queen's Pawn, if you like, as Lily[22]'s too young to play; and you're in the Second Square to begin with : when you get to the Eighth Square you'll be a Queen —" Just at this moment, somehow or other,[23] they began to run.

Alice never could quite make out, in thinking it over afterwards, how it was that they began : all she remembers is, that they were running hand in hand, and the Queen went so fast that it was all she could do to keep up with her : and still the Queen kept crying "Faster! Faster!" but Alice felt she *could not* go faster, though she had not breath left to say so.

The most curious[24] part of the thing was, that the trees and

20) brooks : '시내'. '개여울'.

21) It's a great huge game of chess that's being played : 인간의 생을 체스게임에 비유하거나 인간을 체스게임의 말에 비유하는 예는 많은 문학작품에서 발견된다.

22) Lily : White Queen의 딸이자 체스의 흰 졸; 캐럴의 친구 조지 맥도널드(George MacDonald)의 큰 딸 릴리아(Lilia Scott Macdonald)가 모델인 것 같다고 가드너는 추정한다.

23) somehow or other : 어떻게 되었든지 간에.

the other things round them never changed their places at all: however fast they went, they never seemed to pass anything. "I wonder if all the things move along with us?" thought poor puzzled Alice. And the Queen seemed to guess her thoughts, for she cried "Faster! Don't try to talk!"

Not that Alice had any idea of doing *that*. She felt as if she would never be able to talk again, she was getting so much out of breath : and still the Queen cried "Faster! Faster!" and dragged her along. "Are we nearly there?" Alice managed to pant out at last.

"Nearly there!" the Queen repeated. "Why, we passed it ten minutes ago! Faster!" And they ran on for a time in silence, with the wind whistling in Alice's ears, and almost blowing her hair off her head, she fancied.

"Now! Now!" cried the Queen. "Faster! Faster!" And they went so fast that at last they seemed to skim[25] through the air, hardly touching the ground with their feet, till suddenly, just as Alice was getting quite exhausted, they stopped, and she found herself sitting on the ground, breathless and giddy.

24) curious : 기이한.
25) skim : 미끄러지듯 달려가다.

The Queen propped her up against a tree, and said kindly, "You may rest a little now."

Alice looked round her in great surprise. "Why, I do believe we've been under this tree the whole time! Everything's just as it was!"

"Of course it is," said the Queen. "What would you have it?"

"Well, in *our* country," said Alice, still panting a little, "you'd generally get to somewhere else — if you ran very fast for a long time as we've been doing."

"A slow sort of country!" said the Queen. "Now, *here*, you see, it takes all the running *you* can do, to keep in the same place. If you want to get somewhere else, you must run at least twice as fast as that!"

"I'd rather not try, please!" said Alice. "I'm quite content to stay here — only I *am* so hot and thirsty!"

"I know what *you'd* like!" the Queen said good-naturedly, taking a little box out of her pocket. "Have a biscuit?"

Alice thought it would not be civil to say "No," though it wasn't at all what she wanted. So she took it, and ate it as well as she could : and it was *very* dry : and she thought she had never been so nearly choked in all her life.

"While you're refreshing yourself," said the Queen, "I'll just take the measurements." And she took a ribbon[26] out of her pocket, marked in inches, and began measuring the ground, and sticking little pegs in here and there.

"At the end of two yards," she said, putting in[27] a peg to mark the distance, "I shall give you your directions — have another biscuit?"

"No, thank you," said Alice : "one's *quiet* enough!"

"Thirst quenched, I hope?"[28] said the Queen.

---

26) ribbon : 쇠줄자.

27) putting in : (말뚝을) 박다.

28) Thirst quenched, I hope : quench는 '(갈증을) 해소하다'의 의미; 뻑뻑한 비스킷을 먹었기 때문에 갈증이 가중된 앨리스에게 이 질문은 황당한 것이다. 하지만 이는 모든 논리와 상식이 전복된 이상한 나라에서는 놀라운 일이 아니다.

Alice did not know what to say to this, but luckily the Queen did not wait for an answer, but went on. "At the end of *three* yards I shall repeat them — for fear of your forgetting them. At the end of *four*, I shall say good-bye. And at the end of *five*, I shall go!"

She had got all the pegs put in by this time, and Alice looked on with great interest as she returned to the tree, and then began slowly walking down the row.

At the two-yard peg she faced round,[29] and said "A pawn goes two squares[30] in its first move, you know. So you'll go *very* quickly through the Third Square — by railway, I should think — and you'll find yourself in the Fourth Square in no time.[31] Well, *that* square belongs to Tweedledum and Tweedledee — the Fifth is mostly water — the Sixth belongs to Humpty Dumpty — But you make no remark?"[32]

"I — I didn't know I had to make one — just then," Alice faltered out.[33]

"You *should* have said," the Queen went on in a tone of grave reproof, "'It's extremely kind of you to tell me all this' — however, we'll suppose it said — the Seventh Square is all forest — however, one of the Knights will show you the way — and in the Eighth Square we shall be Queens together, and it's all feasting and fun!" Alice got up and curtseyed, and sat down again.

At the next peg the Queen turned again, and this time she said "Speak in French when you ca'n't think of the English for a thing[34] —

29) faced round : 돌아보았다.

30) squares : (체스판의) 사각형의 눈.

31) in no time : 즉시.

32) you make no remark : 무슨 말을 왜 안 하느냐는 질문; 즉, 자신의 친절한 설명에 감사의 말이라도 해야 한다는 뜻이다.

33) faltered out : 더듬더듬 말하였다.

34) Speak in French when you ca'n't think of the English for a thing : 앨리스에게 체스게임의 졸로서 어떻게 처신해야 하는지 가르쳐주는 Red Queen의 이 말은 불어로 'en passant'라고 불리는, 체스게임의 한 가지 룰에 관한 설명이다. 우리 말로 '통과 포획'이라고 번역되는 이 용어는 두 칸 나간 졸을 그 지나간 눈을 커버하고 있는 상대편 졸이 직접 잡아도 된다는 룰을 지칭하는 것이다.

turn out your toes as you walk — and remember who you are!" She did not wait for Alice to curtsey this time, but walked on quickly to the next peg, where she turned for a moment to say "Good-bye," and then hurried on to the last.

How it happened, Alice never knew, but exactly as she came to the last peg, she was gone. Whether she vanished into the air, or whether she ran quickly into the wood ("and she *can* run very fast!" thought Alice), there was no way of guessing, but she was gone,[35] and Alice began to remember that she was a Pawn, and that it would soon be time for her to move.

35) Whether she vanished into the air ··· there was no way of guessing, but she was gone : 체스게임에서 여왕은 한 번에 많이 움직일 수 있기 때문에 졸에 불과한 앨리스에게 여왕의 빠른 움직임은 보이지 않을 정도다.

CHAPTER III

LOOKING-GLASS INSECTS

Of course the first thing to do was to make a grand survey of the country she was going to travel through. "'It's something very like learning geography," thought Alice, as she stood on tiptoe in hopes of being able to see a little further. "Principal rivers — there *are* none. Principal mountains — I'm on the only one, but I don't think it's got any name. Principal towns — why, what *are* those creatures, making honey down there? They ca'n't be bees — nobody ever saw bees a mile off, you know —" and for some time she stood silent, watching one of them that was bustling about[1] among the flowers, poking its proboscis[2] into them, "just as if it was a regular bee," thought Alice.

However, this was anything but a regular bee : in fact it was an elephant[3] — as Alice soon found out, though the idea quite took her breath away at first. "And what enormous flowers they must be!" was her next idea. "Something like cottages with the roofs taken off, and stalks put to them — and what quantities of honey they must make! I think I'll go down and — no, I wo'n't go *just* yet," she went on, checking herself just as she was beginning to run down the hill, and trying to find some excuse for turning shy so suddenly. "It'll never do to go down among them without a good long branch to brush them away — and what fun it'll be when they ask me how

1) bustling about : 부산떨며 다니다.
2) poking its proboscis : poke는 '쑥 넣다', proboscis는 '(코끼리 따위의) 비죽 나온 코'.
3) it was an elephant : A. S. M Dickins라는 비평가는 bee(벌)처럼 행동하는 elephant(코끼리)는 체스게임에서 bishop(주교)을 의미한다고 주장한다. 그 근거로서 그는 bishop이 b라는 철자로 시작하며, 약 600년 전에는 elephant라고 불렸다는 사실을 그 근거로 든다.

I liked my walk. I shall say 'Oh, I liked it well enough—' (here came the favourite little toss of the head[4]), 'only it *was* so dusty and hot, and the elephants *did* tease so!'

"I think I'll go down the other way," she said after a pause; "and perhaps I may visit the elephants later on. Besides, I *do* so want to get into the Third Square!"

So, with this excuse, she ran down the hill, and jumped over the first of the six little brooks.[5]

*   *   *   *   *   *   *
  *   *   *   *   *   *
*   *   *   *   *   *   *

"Tickets, please!' said the Guard,[6] putting his head in at the window. In a moment everybody was holding out a ticket : they were about the same size as the people, and quite seemed to fill the carriage.

"Now then! Show your ticket, child!" the Guard went on, looking angrily at Alice. And a great many voices all said together ("like the chorus of a song," thought Alice) "Don't keep him waiting, child! Why, his time is worth a thousand pounds[7] a minute!"

"I'm afraid I haven't got one," Alice said in a frightened tone : "there wasn't a ticket-office where I came from." And again the chorus of voices went on. "There wasn't room for one where she came from. The land there is worth a thousand pounds an inch!"

"Don't make excuses," said the Guard : "you should have bought one from the engine-driver." And once more the chorus of voices

4) toss of the head : 머리를 쳐듦.

5) six little brooks : 앨리스가 여왕이 되기로 되어있는 8번째 눈으로부터 앨리스가 떨어진 6개의 수평으로 난 선을 지칭한다. 선 하나를 넘어갈 때마다 3개의 점으로, 이 텍스트에 표시되는데, 졸이 처음 움직일 때는 두 개의 눈을 갈 수 있다. 여기서 앨리스는 3번째 눈으로 이동하였는데 그 다음에 기차가 앨리스를 한 칸 더 이동시켜 앨리스는 4번째 눈으로 이동하게 되는 것이다.

6) Guard : (열차의) 차장.

7) thousand pounds : 당시의 대중가요나 광고 문구에서 따온 구절이라고 추측된다.

went on with "The man that drives the engine. Why, the smoke alone is worth a thousand pounds a puff!"

Alice thought to herself "Then there's no use in speaking." The voices didn't join in, this time, as she hadn't spoken, but to her great surprise, they all *thought* in chorus (I hope you understand what *thinking in chorus* means — for I must confess that *I* don't), "Better say nothing at all. Language is worth a thousand pounds a word!"

"I shall dream about a thousand pounds to-night, I know I shall!" thought Alice.

All this time the Guard was looking at her, first through a telescope, then through a microscope, and then through an opera-glass.[8] At last he said "You're travelling the wrong way," and shut up the window, and went away.

"So young a child," said the gentleman sitting opposite to her (he was dressed in white paper,[9]) "ought to know which way she's going, even if she doesn't know her own name!"

8) opera-glass : 관극용 작은 쌍안경.

9) he was dressed in white paper : 테니엘의 삽화는 'he'로 지칭되는 인물은 당시의 유명정치가인 디즈라엘리(Benjamin Disraeli)의 모습을, 그리고 흰 종이는 정치가를 둘러싼 서류나 공문서를 떠올리게 한다고 가드너는 주장하고 있다.

A Goat, that was sitting next to the gentleman in white, shut his eyes and said in a loud voice, "She ought to know her way to the ticket-office, even if she doesn't know her alphabet!"

There was a Beetle sitting next to the Goat (it was a very queer carriage-full of passengers altogether), and, as the rule seemed to be that they should all speak in turn, *he* went on with "She'll have to go back from here as luggage!"

Alice couldn't see who was sitting beyond the Beetle, but a hoarse voice spoke next. "Change engines[10] —" it said, and there it choked and was obliged to leave off.

"It sounds like a horse," Alice thought to herself. And an extremely small voice, close to her ear, said, "You might make a joke on that — something about 'horse' and 'hoarse,' you know."[11]

Then a very gentle voice in the distance said, "She must be labelled 'Lass, with care,'[12] you know —"

And after that other voices went on ("What a number of people there are in the carriage!" thought Alice) saying "She must go by post, as she's got a head on her[13] —" "She must be sent as a message by the telegraph —" "She must draw the train herself the rest of the way —," and so on.

But the gentleman dressed in white paper leaned forwards and whispered in her ear, "Never mind what they all say, my dear, but

10) Change engines : 'changes horses'(말을 바꾸라)는 말은 마차여행 당시 일반적으로 하는 말인데, 여기서는 앨리스가 기차여행을 하기 때문에 말 대신 엔진이라는 단어를 사용한 것이다.

11) You might make a joke on that — something about 'horse' and 'hoarse,' you know : 'horse'(말)와 'hoarse'(목이 쉰)라는 두 개의 단어를 사용한 펀(pun)을 떠올리게 한다.

12) Lass, with care : 'glass, with care'(유리제품, 취급주의)라는 문구는 유리제품의 포장 표면에 일반적으로 쓰여지는 문구인데, 앨리스를 우편으로 발송한다면 포장 표면이 'Lass, with care'(여자아이, 취급주의)라고 쓰여져야 할 것이란 의미다.

13) She must go by post, as she's got a head on her : head는 '머리'의 의미지만, 빅토리아 시대의 슬랭으로 '우표'의 의미도 있었다. 따라서 앨리스가 우편으로 발송되어야 한다고 누군가가 말한 것이다.

take a return-ticket every time the train stops."

"Indeed I sha'n't!" Alice said rather impatiently. "I don't belong to this railway journey at all — I was in a wood just now — and I wish I could get back there."

"You might make a joke on *that*," said the little voice close to her ear: "something about 'you *would* if you could,' you know."

"Don't tease so," said Alice, looking about in vain to see where the voice came from. "If you're so anxious to have a joke made, why don't you make one yourself?"

The little voice sighed deeply.[14] It was *very* unhappy, evidently, and Alice would have said something pitying to comfort it, "If it would only sigh like other people!" she thought. But this was such a wonderfully small sigh, that she wouldn't have heard it at all, if it hadn't come *quite* close to her ear. The consequence of this was that it tickled her ear very much, and quite took off her thoughts from the unhappiness of the poor little creature.

"I know you are a friend," the little voice went on: "a dear friend, and an old friend. And you wo'n't hurt me, though I am an insect."

"What kind of insect?" Alice inquired, a little anxiously. What she really wanted to know was, whether it could sting or not, but she thought this wouldn't be quite a civil question to ask.

"What, then you don't —" the little voice began, when it was drowned[15] by a shrill scream from the engine, and everybody jumped up in alarm, Alice among the rest.

The Horse, who had put his head out of the window, quietly drew it in and said "It's only a brook we have to jump over." Everybody seemed satisfied with this, though Alice felt a little nervous at the idea of trains jumping at all. "However, it'll take us into the Fourth Square,[16] that's some comfort!" she said to herself.

14) The little voice sighed deeply : 앨리스가 지금 타고 있는 기차는 시간을 상징하며 따라서 이 시간은 앨리스를 결국 어른으로 성장하게 만들 것이다. 가신(George Garcin)은 순진한 어린이로서의 앨리스의 모습을 상실하게 할 이 시간에 대해 캐럴이 아쉬워하고 있음을 이 한숨소리가 나타내고 있다고 보고 있다.

15) drowned : (소리가) 묻혔다.

In another moment she felt the carriage rise straight up into the air, and in her fright she caught at the thing nearest to her hand, which happened to be the Goat's beard.[17)]

* * * * * * *
* * * * * *
* * * * * * *

But the beard seemed to melt away as she touched it, and she found herself sitting quietly under a tree — while the Gnat[18)] (for that was the insect she had been talking to) was balancing itself on a twig just over her head, and fanning her with its wings.

It certainly was a *very* large Gnat : "about the size of a chicken," Alice thought. Still, she couldn't feel nervous with it, after they had been talking together so long.

"— then you don't like *all* insects?" the Gnat went on, as quietly as if nothing had happened.

"I like them when they can talk," Alice said. "None of them ever talk, where *I* come from.."

"What sort of insects do you rejoice in,[19)] where *you* come from?" the Gnat inquired.

"I don't *rejoice* in insects at all," Alice explained, "because I'm rather afraid of them — at least the large kinds. But I can tell you the names of some of them."

"Of course they answer to their names?"[20)] the Gnat remarked carelessly.

"I never knew them do it."

16) it'll take us into the Fourth Square : 기차가 체스의 졸인 앨리스를 한 칸 더 이동시켜 줄 것이다.

17) Goat's beard : 원래는 'old lady's hair'였지만, 테니엘의 제안에 따라 'Goat's beard'로 바뀌게 되었다.

18) Gnat : '각다귀' 혹은 '모기'; 매든(Fred Madden)은 캐럴이 기차 안에 염소와 각다귀를 나란히 등장시킨 이유를 설명하는 과정에서 gnat라는 단어의 철자 하나를 바꾸면 goat가 될 수 있다는 사실을 지적하고 있다.

19) rejoice in : 좋아하다.

20) they answer to their names : 이름에 부합하다.

"What's the use of their having names," the Gnat said, "if they wo'n't answer to them?"

"No use to *them*," said Alice; "but it's useful to the people that name them, I suppose.[21] If not, why do things have names at all?"

"I ca'n't say," the Gnat replied. "Further on, in the wood down there, they've got no names — however, go on with your list of insects : you're wasting time."

"Well, there's the Horse-fly,[22]" Alice began, counting off the names on her fingers.[23]

"All right," said the Gnat. "Half way up that bush, you'll see a Rocking-horse-fly, if you look. It's made entirely of wood, and gets about[24] by swinging itself from branch to branch."

"What does it live on?" Alice asked, with great curiosity.

"Sap[25] and sawdust," said the Gnat. "Go on with the list."

---

21) "No use to *them*," said Alice; "but it's useful to the people that name them, I suppose : 곤충의 이름이 곤충의 성격에 잘 부합되느냐는 질문에 앨리스가 아니라고 답하며, 이름은 인간을 위한 것이라고 말한 것은, 이름은 인간이 자신의 관점에서 그 대상에게 부여한 인위적인 것이지 그 이름이 붙여진 대상의 본질을 나타내는 것이 아니라는 점을 시사하고 있다.

22) Horse-fly : 말파리.

23) counting off the names on her fingers : 손가락으로 꼽아가면서 이름을 열거하다.

24) gets about : '돌아다니다', '여행하다'.

25) Sap : 수액.

Alice looked up at the Rocking-horse-fly with great interest, and made up her mind that it must have been just repainted, it looked so bright and sticky; and then she went on.

"And there's the Dragon-fly."

"Look on the branch above your head," said the Gnat, "and there you'll find a Snap-dragon-fly. Its body is made of plum-pudding, its wings of holly-leaves, and its head is a raisin burning in brandy."[26)]

"And what does it live on?" Alice asked, as before.

"Frumenty[27)] and mince pie,"[28)] the Gnat replied; "and it makes its nest in a Christmas box."

"And then there's the Butterfly," Alice went on, after she had taken a good look at the insect with its head on fire, and had thought to herself, "I wonder if that's the reason insects are so fond of flying into candles—because they want to turn into Snap-dragon-flies!"

26) there you'll find a Snap-dragon-fly … raisin burning in brandy : holly-leave는 '(크리스마스 장식용) 호랑가시나무'; snapdragon은 크리스마스 시즌에 빅토리아 시대의 어린아이들이 즐겨하던 게임으로, 사발에 브랜디와 건포도를 넣고 여기에 불을 붙인 다음, 타고 있는 건포도를 사발에서 꺼내 자기 입에 넣는 게임이다; 그런데 이 용어는 이 게임의 이름일 뿐만 아니라, 이 게임에 사용되는 불을 붙인 건포도를 칭하기도 한다.

27) Frumenty : 설탕과 계피로 양념해서 건포도와 함께 우유와 밀을 넣고 끓여서 만든 푸딩.

28) mínce píe : 민스미트를 넣은 파이.

"Crawling at your feet," said the Gnat (Alice drew her feet back in some alarm), "you may observe a Bread-and-Butterfly. Its wings are thin slices of bread-and-butter, its body is a crust, and its head is a lump of sugar."

"And what does it live on?'

"Weak tea with cream in it."[29)]

A new difficulty came into Alice's head. "Supposing it couldn't find any?" she suggested.

"Then it would die, of course."

"But that must happen very often," Alice remarked thoughtfully.

"It always happens,' said the Gnat.

After this, Alice was silent for a minute or two, pondering. The Gnat amused itself meanwhile by humming round and round her head : at last it settled again and remarked "I suppose you don't want to lose your name?"

"No, indeed,' Alice said, a little anxiously.

"And yet I don't know," the Gnat went on in a careless tone : "only think how convenient it would be if you could manage to go home without it! For instance, if the governess wanted to call you

29) Weak tea with cream in it : 버터 바른 빵은 보통 약하게 탄 차와 함께 마시기 때문이다.

to your lessons, she would call out 'come here—,' and there she would have to leave off, because there wouldn't be any name for her to call, and of course you wouldn't have to go, you know."

"That would never do, I'm sure," said Alice: "the governess would never think of excusing me lessons for that. If she couldn't remember my name, she'd call me 'Miss,' as the servants do."

"Well, if she said 'Miss,' and didn't say anything more," the Gnat remarked, "of course you'd miss your lessons. That's a joke. I wish *you* had made it."

"Why do you wish *I* had made it?" Alice asked. "It's a very bad one."

But the Gnat only sighed deeply, while two large tears came rolling down its cheeks.

"You shouldn't make jokes," Alice said, "if it makes you so unhappy."

Then came another of those melancholy little sighs, and this time the poor Gnat really seemed to have sighed itself away, for, when Alice looked up, there was nothing whatever to be seen on the twig, and, as she was getting quite chilly with sitting still so long, she got up and walked on.

She very soon came to an open field, with a wood on the other side of it: it looked much darker than the last wood, and Alice felt a *little* timid about going into it. However, on second thoughts, she made up her mind to go on: "for I certainly won't go *back*,"[30] she thought to herself, and this was the only way to the Eighth Square.

"This must be the wood," she said thoughtfully to herself, "where things have no names. I wonder what'll become of *my* name when I go in? I shouldn't like to lose it at all—because they'd have to give me another, and it would be almost certain to be an ugly one. But then the fun would be, trying to find the creature that had got my old name! That's just like the advertisements, you know, when people lose dogs—'*answers to the name of "Dash"*:[31] *had on a brass*

30) I certainly won't go *back*: 체스게임의 졸은 뒤로 가지 못하기 때문이다.

collar'—just fancy calling everything you met 'Alice,' till one of them answered! Only they wouldn't answer at all, if they were wise."

She was rambling on in this way when she reached the wood: it looked very cool and shady. "Well, at any rate it's a great comfort," she said as she stepped under the trees, "after being so hot, to get into the—into the—into *what*?" she went on, rather surprised at not being able to think of the word. "I mean to get under the—under the—under *this*, you know!" putting her hand on the trunk of the tree. "What *does* it call itself, I wonder? I do believe it's got no name—why, to be sure it hasn't!"

She stood silent for a minute, thinking: then she suddenly began again. "Then it really *has* happened, after all! And now, who am I? I *will* remember, if I can! I'm determined to do it!" But being determined didn't help her much, and all she could say, after a great deal of puzzling, was "L, I *know* it begins with L[32)]

Just then a Fawn[33)] came wandering by: it looked at Alice with its large gentle eyes, but didn't seem at all frightened. "Here then! Here then!" Alice said, as she held out her hand and tried to stroke it; but it only started back[34)] a little, and then stood looking at her again.

"What do you call yourself?" the Fawn said at last. Such a soft sweet voice it had!

"I wish I knew!" thought poor Alice. She answered, rather sadly, "Nothing, just now."

---

31) *Dash*: 빅토리아 여왕이 키우는 애완견의 이름이 Dash였는데, 여왕이 자신의 애완견과 사진도 종종 찍었기 때문에 이 개의 이름은 당대 영국인에게 널리 알려졌다고 한다.

32) it begins with L: 앨리스가 지금 체스게임에서 맡고 있는 졸의 이름인 Lily와 앨리스의 모델인 앨리스의 성 Liddell의 첫 글자 모두 L로 시작한다; 서덜랜드(Robert Sutherland)는 자신의 저서 *Language and Lewis Carroll*에서 이름을 잊어버리는 것은 캐럴의 작품에서 흔히 일어나는 현상이라고 설명하고 있다.

33) Fawn: '새끼 사슴'; 현재 체스게임의 Pawn(졸)인 앨리스가 Fawn(새끼 사슴)을 만나는 이 장면은 아이러니컬하다. 두 개의 단어(pawn, fawn)가 거의 발음이 유사하여 편을 이루고 있기 때문이다.

34) started back: 깜짝 놀라 뒤로 물러섰다.

"Think again," it said: "that won't do."

Alice thought, but nothing came of it. "Please, would you tell me what *you* call yourself?" she said timidly. "I think that might help a little."

"I'll tell you, if you'll move a little further on," the Fawn said. "I can't remember *here*."

So they walked on together though the wood, Alice with her arms clasped lovingly round the soft neck of the Fawn, till they came out into another open field, and here the Fawn gave a sudden bound into the air, and shook itself free from Alice's arms. "I'm a Fawn!" It cried out in a voice of delight. "And, dear me! you're a human child!" A sudden look of alarm came into its beautiful brown eyes, and in another moment it had darted away at full speed.[35)]

35) it had darted away at full speed: dart away는 '쏜살같이 달아나다'; 숲을 벗어나 자신의 이름을 기억하게 된 새끼 사슴은 인간이 자신에게 정해준 이름에 따라 자신과 인간과의 관계가 어떤 것인지 깨닫게 되고는, 자신의 천적인 인간 앨리스로부터 달아나는 것이다.

Alice stood looking after it, almost ready to cry with vexation[36] at having lost her dear little fellow-traveller so suddenly. "However, I know my name now," she said : "that's *some* comfort. Alice — Alice — I wo'n't forget it again. And now, which of these finger-posts[37] ought I to follow, I wonder?"

It was not a very difficult question to answer, as there was only one road through the wood, and the two finger-posts both pointed along it. "I'll settle it," Alice said to herself, "when the road divides and they point different ways."

But this did not seem likely to happen. She went on and on, a long way, but, wherever the road divided, there were sure to be two finger-posts pointing the same way, one marked "TO TWEEDLEDUM'S HOUSE," and the other "TO THE HOUSE OF TWEEDLEDEE."[38]

"I do believe," said Alice at last, "that they live in the *same* house! I wonder I never thought of that before — But I ca'n't stay there long. I'll just call and say 'How d'you do?' and ask them the way out of the wood. If I could only get to the Eighth Square before it gets dark!" So she wandered on, talking to herself as she went, till, on turning a sharp corner, she came upon two fat little men, so suddenly that she could not help starting back, but in another moment she recovered herself, feeling sure that they must be.[39]

36) with vexation : 속이 상해서.

37) finger-posts : 방향표시 말뚝(guidepost).

38) "TO TWEEDLEDUM'S HOUSE," and the other "TO THE HOUSE OF TWEEDLEDEE" : Tweedle 형제는 서로서로에게 거울에 비친 이미지를 상징한다. 이 두 형제의 이름이 방향표시 말뚝의 왼쪽 오른쪽으로 반대로 나타나 있는 것은 이 때문이다.

39) feeling sure that they must be : 이 장의 마지막 글은 다음 장의 제목인 Tweedledum and Tweedledee과 연결되어 한 문장을 이룬다. 가드너는 이 문장이 다음 장의 제목과 '운을 단 이행연구'(rhymed couplet)를 이루고 있음을 지적하고 있다.

Feeling sure that they must be
Tweedledum and Tweedlee

CHAPTER IV

TWEEDLEDUM AND TWEEDLEDEE

They were standing under a tree, each with an arm round the other's neck, and Alice knew which was which in a moment, because one of them had "DUM" embroidered[1] on his collar, and the other "DEE." "I suppose they've each got 'TWEEDLE' round at the back of the collar," she said to herself.

They stood so still that she quite forgot they were alive, and she was just going round to see if the word "TWEEDLE" was written at the back of each collar, when she was startled by a voice coming from the one marked "DUM."[2]

1) embroidered : 수를 놓다.

2) she was startled by a voice coming from the one marked "DUM" : Tweedle형제 중에서도 Tweedledum이 하는 말에 앨리스가 놀랐다는 사실은 Tweedledum의 마지막 음절인 Dum이 'dumb'(벙어리의)라는 단어와 발음이 같다는 점에서 추측될 수 있다.

"If you think we're wax-works,"[3] he said, "you ought to pay, you know. Wax-works weren't made to be looked at for nothing.[4] Nohow!"[5]

"Contrariwise,"[6] added the one marked "DEE," "if you think we're alive, you ought to speak."

"I'm sure I'm very sorry," was all Alice could say; for the words of the old song[7] kept ringing through her head[8] like the ticking of a clock, and she could hardly help saying them out loud : —

"Tweedledum and Tweedledee
Agreed to have a battle;
For Tweedledum said Tweedledee
Had spoiled his nice new rattle.[9]

Just then flew down a monstrous crow,
As black as a tar-barrel;

3) wax-works : 밀랍(Wax)으로 만든 인형.
4) for nothing : 공짜로.
5) Nohow : (구어) 절대 … 하지 않다.
6) Contrariwise : 이에 반하여.
7) old song : 1720년경에 독일의 하노버 왕가(Hanover)를 따라 영국으로 귀화한 바로크 음악의 거장 핸델(Geroge Frederick Handel)과 이태리 작곡가 조반니 보논치니(Giovanni Bononcini)사이에는 묘한 경쟁심이 있었다고 한다. 이 두 사람의 경쟁을 바이럼(John Byrom)이라는 찬송가 작사가는 다음과 같은 우스꽝스러운 시로 그려냈다.

"Some say, compared to Bononcini / That Mynheer Handel's but a ninny;
Others aver that he to Handel / Is scarcely fit to hold a candle;
Strange all this difference should be /Twixt tweedle-dum and tweedle-dee."
(누군가는 말했지. 보논치니에 비하면/ 핸델씨는 얼간이에 지나지 않는다고.
또 다른 이는 말했지, 보논치니는 핸델에 비하면/ 신발 끈도 못 맬 인물이라고.
이렇게 다르다고 비교하는 건 이상도 하네/ 구별할 수 없을 정도로 같은 사람을.)

이 마지막 단어인 Tweedledum and Tweedledee를 바이럼이 오래된 동요에서 따온 것인지, 아니면 바이럼이 처음 사용한 이 두 단어를 캐럴이 따온 것인지 불분명하다고 가드너는 말하고 있다.

8) kept ringing through her head : 그녀의 머릿속에서 계속 떠올랐다.
9) *rattle* : 딸랑이.

Which frightened both the heroes so,
They quite forgot their quarrel."

"I know what you're thinking about," said Tweedledum : "but it isn't so, nohow."

"Contrariwise," continued Tweedledee, "if it was so, it might be; and if it were so, it would be; but as it isn't, it ain't. That's logic."

"I was thinking," Alice said very politely, "which is the best way out of this wood : it's getting so dark. Would you tell me, please?"

But the fat little men only looked at each other and grinned.

They looked so exactly like a couple of great schoolboys, that Alice couldn't help pointing her finger at Tweedledum, and saying "First Boy!"[10)]

"Nohow!" Tweedledum cried out briskly, and shut his mouth up again with a snap.[11)]

"Next Boy!" said Alice, passing on to Tweedledee, though she felt quite certain he would only shout out "Contrariwise!" and so he did.[12)]

"You've been wrong!" cried Tweedledum. "The first thing in a visit is to say 'How d'ye do?' and shake hands!" And here the two brothers gave each other a hug, and then they held out the two hands that were free, to shake hands with her.

Alice did not like shaking hands with either of them first, for fear of hurting the other one's feelings; so, as the best way out of the difficulty, she took hold of both hands at once : the next moment they were dancing round in a ring. This seemed quite natural (she remembered afterwards), and she was not even surprised to hear

10) First Boy : 빅토리아 시대 당시 학급에서 가장 똑똑한 학생이나 가장 나이 많은 학생을 지칭하는 용어.

11) with a snap : 딱(찰깍)하고.

12) she felt quite certain he would only shout out "Contrariwise!" and so he did : Tweedledee가 반복적으로 하는 말이 contrariwise라는 사실은 이 둘이 거울에 비친 좌우상(座右像)을 나타낸다는 사실을 암시한다. 이 둘은 악수를 청할 때도 각기 오른손과 왼손을 내미는데, 테니엘은 이들의 모습을 자신이 *Punch*라는 잡지에 실은 존 불(John Bull)의 모습과 유사하게 그렸다.

music playing : it seemed to come from the tree under which they were dancing, and it was done (as well as she could make it out) by the branches rubbing one across the other, like fiddles and fiddle-sticks.

"But it certainly *was* funny," (Alice said afterwards, when she was telling her sister the history of all this,) "to find myself singing '*Here we go round the mulberry bush.*'[13] I don't know when I began it, but somehow I felt as if I'd been singing it a long long time!"

The other two dancers were fat, and very soon out of breath. "Four times round is enough for one dance," Tweedledum panted out, and they left off dancing as suddenly as they had begun : the music stopped at the same moment.

Then they let go of Alice's hands, and stood looking at her for a minute : there was a rather awkward pause, as Alice didn't know how to begin a conversation with people she had just been dancing with. "It would never do to say 'How d'ye do?' *now*," she said to herself : "we seem to have got beyond that, somehow!"

"I hope you're not much tired?" she said at last.

"Nohow. And thank you *very* much for asking," said Tweedledum.

"So *much* obliged!" added Tweedledee. "You like poetry?"

"Ye-es, pretty well — *some* poetry," Alice said doubtfully. "Would you tell me which road leads out of the wood?"

"What shall I repeat to her?" said Tweedledee, looking round at Tweedledum with great solemn eyes, and not noticing Alice's question.

"'*The Walrus and the Carpenter*'[14] is the longest," Tweedledum

---

13) *Here we go round the mulberry bush* : 원을 이루며 추는 춤을 출 때 불렀던 동요에 나오는 가사.

14) '*The Walrus and the Carpenter*' : walrus는 '해마'; 캐럴이 쓴 이 시에 등장하는 해마는 캐럴이 어린 시절부터 알고 있었던 선덜랜드 박물관(Sunderland Museum)에 있는 박제된 해마에서, 그리고 이 시에 등장하는 목수는 캐럴이 맨섬에 있던 시인 테니슨을 방문하였을 때 만났던 아스델(Asdell)이라는 인물에게서 영감을 각각 얻었다고 주장하는 비평가들이 있다. 하지만 캐럴이 이 시에 대한 삽화를 테니엘에게 그려달라고 요청하였을 때 해마와 파트너를 이룰 인물로 목수, 나비, 준 남작 중에서 고르라고 한 점으로 보아 목수가 되어야 할 특별한 의미는 없는 것 같다; 또한 이 시는 후드(Thomas Hood)가 쓴 "The Dream of Eugene Aram"의 패러디적인 면도 있다.

replied, giving his brother an affectionate hug.

Tweedledee began instantly:

"The sun was shining—"

Here Alice ventured to interrupt him. "If it's *very* long," she said, as politely as she could, "would you please tell me first which road—"

Tweedledee smiled gently, and began again:

"The sun was shining on the sea,
Shining with all his might:
He did his very best to make
The billows[15] *smooth and bright—*
And this was odd, because it was
The middle of the night.

The moon was shining sulkily,
Because she thought the sun
Had got no business to be there
After the day was done[16]*—*
'It's very rude of him,' she said,
'To come and spoil the fun!'

The sea was wet as wet could be,
The sands were dry as dry.
You could not see a cloud, because
No cloud was in the sky:
No birds were flying overhead—

후드가 쓴 그 시의 첫 연을 소개하면 다음과 같다.

" 'Twas in the prime of summer time,/ An evening calm and cool,
And four and twenty happy boys/ Came bounding out of school:
There were some that ran and some that leapt/ Like troutlets in a pool."

15) billows: 큰 파도.

16) After the day was done: 날이 저물었는데도.

There were no birds to fly.

The Walrus and the Carpenter
Were walking close at hand.[17]
They wept like anything[18] *to see*
Such quantities of sand:
'If this were only cleared away,'
They said, 'it would be grand!'

'If seven maids with seven mops
Swept it for half a year,
Do you suppose,' the Walrus said.
'That they could get it clear?'
'I doubt it,' said the Carpenter,
And shed a bitter tear.

'O Oysters, come and walk with us!'
The Walrus did beseech.
'A pleasant walk, a pleasant talk,
Along the briny[19] *beach:*
We cannot do with more than four,
To give a hand to each.'

The eldest Oyster looked at him,
But never a word he said:
The eldest Oyster winked his eye,
And shook his heavy head—
Meaning to say he did not choose
To leave the oyster-bed.

17) *Were walking close at hand*: 원래는 'walking hand in hand'였는데, 테니엘의 제안에 따라 현재의 문구로 바뀌었다고 한다.
18) *like anything*: '몹시', '심하게'.
19) *briny*: 바다(의).

But four young oysters hurried up,
All eager for the treat:
Their coats were brushed, their faces washed,
Their shoes were clean and neat—
And this was odd, because, you know,
They hadn't any feet.

Four other Oysters followed them,
And yet another four;
And thick and fast[20] *they came at last,*
And more, and more, and more—
All hopping through the frothy waves,
And scrambling to the shore.

The Walrus and the Carpenter
Walked on a mile or so,
And then they rested on a rock
Conveniently low:
And all the little Oysters stood
And waited in a row.

'The time has come,' the Walrus said,

20) *thick and fast*: '끊임없이', '줄기차게'.

'To talk of many things:
Of shoes — and ships — and sealing-wax[21] —
Of cabbages — and kings[22] —
And why the sea is boiling hot —
And whether pigs have wings'

'But wait a bit,' the Oysters cried,
'Before we have our chat;
For some of us are out of breath,
And all of us are fat!'
'No hurry!' said the Carpenter.
They thanked him much for that.

'A loaf of bread,' the Walrus said,
'Is what we chiefly need:
Pepper and vinegar besides
Are very good indeed —
Now, if you're ready Oysters dear,
We can begin to feed.'

'But not on us!' the Oysters cried,
Turning a little blue.[23]
'After such kindness, that would be
A dismal thing to do!'
'The night is fine,' the Walrus said.
'Do you admire the view?

'It was so kind of you to come!
And you are very nice!'
The Carpenter said nothing but

---

21) *sealing-wax*: 봉랍.
22) *Of cabbages — and kings*: 오 헨리(O. Henry)가 쓴 최초의 저서의 제목과 동일하다.
23) *Turning a little blue*: 약간 새파랗게 질리면서.

'Cut us another slice.
I wish you were not quite so deaf—
I've had to ask you twice!'

'It seems a shame,' the Walrus said,
'To play them such a trick.
After we've brought them out so far,
And made them trot so quick!'
The Carpenter said nothing but
'The butter's spread too thick!'

'I weep for you,' the Walrus said:
'I deeply sympathize.'
With sobs and tears he sorted out[24]
Those of the largest size,
Holding his pocket handkerchief
Before his streaming eyes.

'O Oysters,' said the Carpenter,
'You've had a pleasant run!
Shall we be trotting home again?'

24) *sorted out* : 분류하다.

But answer came there none—
And that was scarcely odd, because
They'd eaten every one."

"I like the Walrus best," said Alice : "because you see he was a *little* sorry for the poor oysters."

"He ate more than the Carpenter, though," said Tweedledee. "You see he held his handkerchief in front, so that the Carpenter couldn't count how many he took : contrariwise."

"That was mean!" Alice said indignantly. "Then I like the Carpenter best—if he didn't eat so many as the Walrus."

"But he ate as many as he could get," said Tweedledum.

This was a puzzler.[25] After a pause, Alice began, "Well! They were *both* very unpleasant characters—" Here she checked herself in some alarm, at hearing something that sounded to her like the puffing of a large steam-engine in the wood near them, though she feared it was more likely to be a wild beast. "Are there any lions or tigers about here?" she asked timidly.

"It's only the Red King snoring," said Tweedledee.

"Come and look at him!" the brothers cried, and they each took one of Alice's hands, and led her up to where the King was sleeping.

25) puzzler : '어려운 문제'; 앨리스는 행위 자체나 어떤 행위를 계획한 동기 중 어느 것을 근거로 사람을 판단해야 할지 딜레마에 빠지게 된다.

"Isn't he a *lovely* sight?" said Tweedledum.

Alice couldn't say honestly that he was. He had a tall red night-cap on, with a tassel[26], and he was lying crumpled up into a sort of untidy heap, and snoring loud — "fit to snore his head off!" as Tweedledum remarked.

"I'm afraid he'll catch cold with lying on the damp grass," said Alice, who was a very thoughtful little girl.

"He's dreaming now," said Tweedledee : "and what do you think he's dreaming about?"

Alice said "Nobody can guess that."

"Why, about *you*!" Tweedledee exclaimed : clapping his hands triumphantly. "And if he left off dreaming about you, where do you suppose you'd be?"

"Where I am now, of course," said Alice.

"Not you!" Tweedledee retorted[27] contemptuously. "You'd be nowhere. Why, you're only a sort of thing in his dream!"[28]

26) tassel : 장식술.

27) retorted : 반박하다.

28) you're only a sort of thing in his dream : 18세기 영국의 철학자 비숍 버클리(Bishop Berkeley)는 모든 것은 신의 마음속에서만 존재한다고 하였다. 이런 근거에서 보면 이 작품의 모든 등장인물들은 앨리스의 꿈에서만 존재하는 것이고, 앨리스 자신도 조물주가 꾸는 꿈의 일부가 되는 셈이다. 여기서 재미있는

"If that there King was to wake," added Tweedledum, "you'd go out — bang![29] — just like a candle!"

"I shouldn't!" Alice exclaimed indignantly. "Besides, if *I'm* only a sort of thing in his dream, what are *you*, I should like to know?"

"Ditto" said Tweedledum.

"Ditto, ditto!" cried Tweedledee.

He shouted this so loud that Alice couldn't help saying "Hush! You'll be waking him, I'm afraid, if you make so much noise."

"Well, it's no use *your* talking about waking him," said Tweedledum, "when you're only one of the things in his dream. You know very well you're not real."

"I *am* real!" said Alice, and began to cry.

"You wo'n't make yourself a bit realler by crying," Tweedledee remarked: "there's nothing to cry about."

"If I wasn't real," Alice said — half-laughing through her tears, it all seemed so ridiculous — "I shouldn't be able to cry."

"I hope you don't suppose those are *real* tears?" Tweedledum interrupted in a tone of great contempt.

"I know they're talking nonsense," Alice thought to herself: "and it's foolish to cry about it." So she brushed away her tears, and went on, as cheerfully as she could. "At any rate I'd better be getting out of the wood, for really it's coming on very dark. Do you think it's going to rain?"

Tweedledum spread a large umbrella over himself and his brother, and looked up into it. "No, I don't think it is," he said: "at least — not under *here*. Nohow."

"But it may rain *outside*?"

"It may — if it chooses," said Tweedledee: "we've no objection. Contrariwise."

사실은 Red King은 앨리스 꿈에서만 존재하지만, 앨리스 또한 이 Red King의 꿈속에서만 존재할 수 있다는 사실은 순환적 역설이 된다. 즉, 앨리스가 꾼 꿈속에 등장하는 Red King이 앨리스에 대한 꿈을 꾸기 때문에 앨리스가 존재한다고 볼 수 있기 때문이다.

29) you'd go out — bang : '펑'하고 사라진다.

"Selfish things!" thought Alice, and she was just going to say "Good-night" and leave them, when Tweedledum sprang out[30] from under the umbrella and seized her by the wrist.

"Do you see *that*?" he said, in a voice choking with passion, and his eyes grew large and yellow all in a moment, as he pointed with a trembling finger at a small white thing lying under the tree.

"It's only a rattle," Alice said, after a careful examination of the little white thing. "Not a rattle-*snake*, you know," she added hastily, thinking that he was frightened: "only an old rattle — quite old and broken."

"I knew it was!" cried Tweedledum, beginning to stamp about wildly and tear his hair.[31] "It's spoilt, of course!" Here he looked at Tweedledee, who immediately sat down on the ground, and tried to hide himself under the umbrella.

Alice laid her hand upon his arm, and said, in a soothing tone, "You needn't be so angry about an old rattle.[32]"

30) sprang out : 바깥으로 튀어나오다.

31) tear his hair : 그의 머리를 잡아 뜯다.

32) rattle : 캐럴은 어린아이용 '딸랑이'를 의도하였지만, 테니엘은 야경꾼의 경보용 기구를 삽화에 그려 넣었다.

"But it *isn't* old!" Tweedledum cried, in a greater fury than ever. "It's *new*, I tell you — I bought it yesterday — my nice new **RATTLE**!" and his voice rose to a perfect scream.

All this time Tweedledee was trying his best to fold up the umbrella, with himself in it : which was such an extraordinary thing to do, that it quite took off Alice's attention from the angry brother. But he couldn't quite succeed, and it ended in his rolling over, bundled up in the umbrella, with only his head out : and there he lay, opening and shutting his mouth and his large eyes — "looking more like a fish than anything else," Alice thought.

"Of course you agree to have a battle?" Tweedledum said in a calmer tone.

"I suppose so," the other sulkily replied, as he crawled out of the umbrella : "only *she* must help us to dress up, you know."

So the two brothers went off hand-in-hand into the wood, and returned in a minute with their arms full of things — such as bolsters,[33] blankets, hearth-rugs, table-cloths, dish-covers and coal-scuttles.[34] "I hope you're a good hand at[35] pinning and tying strings?" Tweedledum remarked. "Every one of these things has got to go on, somehow or other."

Alice said afterwards she had never seen such a fuss[36] made about anything in all her life — the way those two bustled about[37] — and the quantity of things they put on — and the trouble they gave her in tying strings and fastening buttons — "Really they'll be more like bundles of old clothes than anything else, by the time they're ready!" she said to herself, as she arranged a bolster round the neck of Tweedledee, "to keep his head from being cut off," as he said.

"You know," he added very gravely, "it's one of the most serious

33) bolsters : 덧대는 것.
34) coal-scuttles : 석탄 통.
35) a good hand at : … 하는데 능숙한.
36) fuss : 소동.
37) bustled about : 부산떨다.

things that can possibly happen to one in a battle — to get one's head cut off."

Alice laughed aloud: but she managed to turn it into a cough, for fear of hurting his feelings.

"Do I look very pale?" said Tweedledum, coming up to have his helmet tied on. (He *called* it a helmet, though it certainly looked much more like a saucepan.)

"Well — yes — a *little*," Alice replied gently.

"I'm very brave, generally," he went on in a low voice: "only to-day I happen to have a headache."

"And *I've* got a toothache!" said Tweedledee, who had overheard the remark. "I'm far worse off than you!"

"Then you'd better not fight to-day," said Alice, thinking it a good opportunity to make peace.

"We *must* have a bit of a fight, but I don't care about going on long," said Tweedledum. "What's the time now?"

Tweedledee looked at his watch, and said "Half-past four."

"Let's fight till six, and then have dinner," said Tweedledum.

"Very well," the other said, rather sadly: "and *she* can watch us

— only you'd better not come *very* close," he added : "I generally hit everything I can see — when I get really excited."

"And *I* hit everything within reach," cried Tweedledum, "whether I can see it or not!"

Alice laughed. "You must hit the *trees* pretty often, I should think," she said.

Tweedledum looked round him with a satisfied smile. "I don't suppose," he said, "there'll be a tree left standing, for ever so far round, by the time we've finished!"

"And all about a rattle!" said Alice, still hoping to make them a *little* ashamed of fighting for such a trifle.

"I shouldn't have minded it so much," said Tweedledum, "if it hadn't been a new one."

"I wish the monstrous crow would come!" thought Alice.

"There's only one sword, you know," Tweedledum said to his brother : "but *you* can have the umbrella — it's quite as sharp. Only we must begin quick. It's getting as dark as it can."

"And darker," said Tweedledee.

It was getting dark so suddenly that Alice thought there must be a thunderstorm coming on. "What a thick black cloud that is!" she said. "And how fast it comes! Why, I do believe it's got wings!"38)

"It's the crow!" Tweedledum cried out in a shrill voice of alarm : and the two brothers took to their heels39) and were out of sight in a moment.

Alice ran a little way into the wood, and stopped under a large tree. "It can never get at me *here*," she thought : "it's far too large to squeeze itself in among the trees. But I wish it wouldn't flap its wings so — it makes quite a hurricane in the wood — here's somebody's shawl being blown away!"

---

38) it's got wings : 헬데인(J. B. S. Haldane)은 *Possible Worlds*에서 동요에 나오는 거대한 검은 까마귀는 일식을 나타낸다고 주장한다.

39) took to their heels : 도망치다.

CHAPTER V

WOOL AND WATER

She caught the shawl as she spoke, and looked about for the owner : in another moment the White Queen came running wildly through the wood, with both arms stretched out wide, as if she were flying,[1] and Alice very civilly went to meet her with the shawl.

"I'm very glad I happened to be in the way," Alice said, as she helped her to put on her shawl again.

The White Queen only looked at her in a helpless frightened sort of way, and kept repeating something in a whisper to herself that sounded like "Bread-and-butter, bread-and-butter,"[2] and Alice felt that if there was to be any conversation at all, she must manage it herself. So she began rather timidly : "Am I addressing the White Queen?"

"Well, yes, if you call that a-dressing,"[3] The Queen said. "It isn't *my* notion of the thing, at all."

Alice thought it would never do to have an argument at the very

1) White Queen came running wildly … as if she were flying : 체스게임에서 여왕은 모든 방향으로 상당한 거리를 갈 수 있다. 여왕이 여기서 미친듯이 달려간다는 것은 그런 사실을 의미하는 것이다. 가드너는 K3로 갔으면 여왕이 Red King에게 외통장군을 부를 수 있었을 것인데, 별 생각없이 QB4로 갔기 때문에 그 기회를 놓쳤다고 말한다. 이러한 White Queen에 대해 캐럴은 "Alice on the Stage"라는 글에서, 온유하지만, 어리석고, 뚱뚱하며, 어린아이같이 대책을 세우지 못하는, 19세기 영국의 소설가 콜린즈(Wilkie Collins)의 *No Name*이라는 소설에 등장하는 Mrs. Wragg와 비슷한 점이 많은 인물이라고 말하고 있다.

2) bread-and-butter : 빅토리아 시대의 어린아이들은 벌이나 곤충에게 쫓길 때 이 단어를 외치면 벌에 쏘이지 않을 수 있다고 믿었다. White Queen이 거대한 까마귀에서 쫓길 때 이 단어를 외치는 것은 바로 이 때문이다.

3) a-dressing : 앨리스는 여왕에게 '말을 건네다'는 의미의 'addressing'이라는 단어를 사용하였지만, 여왕은 이를 'dressing', 즉 '옷을 차려입다'는 의미로 받아들이며, 자신의 의상상태가 엉망임을 한탄하는 것이다,

beginning of their conversation, so she smiled and said "If your Majesty will only tell me the right way to begin, I'll do it as well as I can."

"But I don't want it done at all!" groaned the poor Queen. "I've been a-dressing myself for the last two hours."

It would have been all the better, as it seemed to Alice, if she had got some one else to dress her, she was so dreadfully untidy. "Every single thing's crooked," Alice thought to herself, "and she's all over pins! — May I put your shawl straight for you?" she added aloud.

"I don't know what's the matter with it!" the Queen said, in a melancholy voice. "It's out of temper,[4] I think. I've pinned it here, and I've pinned it there, but there's no pleasing it!"

"It *ca'n't* go straight, you know, if you pin it all on one side," Alice said, as she gently put it right for her; "and, dear me, what

4) out of temper : '화가 난', '못마땅한'.

a state your hair is in!"

"The brush has got entangled in it!" the Queen said with a sigh. "And I lost the comb yesterday."

Alice carefully released the brush, and did her best to get the hair into order. "Come, you look rather better now!" she said, after altering most of the pins. "But really you should have a lady's maid!"[5)]

"I'm sure I'll take *you* with pleasure!" the Queen said. "Twopence a week, and jam every other day."

Alice couldn't help laughing, as she said "I don't want you to hire *me* — and I don't care for jam."

"It's very good jam," said the Queen.

"Well, I don't want any *to-day*, at any rate."

"You couldn't have it if you *did* want it," the Queen said. "The rule is, jam to-morrow and jam yesterday — but never jam *to-day*."[6)]

"It *must* come sometimes to 'jam to-day,'" Alice objected.

"No, it ca'n't," said the Queen. "It's jam every *other* day : to-day isn't any *other* day, you know."

"I don't understand you," said Alice. "It's dreadfully confusing!"

"That's the effect of living backwards,"[7)] the Queen said kindly : "it always makes one a little giddy at first —"

"Living backwards!" Alice repeated in great astonishment. "I never heard of such a thing!"

---

5) lady's maid : 시녀.

6) jam to-morrow and jam yesterday — but never jam *to-day* : 'jam' 혹은 'iam'은 라틴어로 '지금'이라는 의미; 그러나 jam(iam)은 과거나 미래 시제에서만 사용되며 이 단어의 현재시제형은 'nune'이다. 여왕이 'never jam to-day'라고 말한 이유는 바로 여기에 있다.

7) That's the effect of living backwards : 캐럴이 쓴 *Sylvie and Bruno Concluded*에서는 시간을 거슬러 살게 하는 시계가 등장한다. 어느 독일 교수가 만든 이 시계에 달린 후진 장치를 돌리면 사건이 거꾸로 진행되는데, 캐럴이 이런 환상적인 상황을 그의 글에 도입한 후, 시간이 거꾸로 흘러가서 생기는 일을 그리는 많은 환상문학이 등장하게 되었다. 20세기 미국의 소설가 핏제럴드(F. Scott Fitzgerald)의 "The Strange Case of Benjamin Button"도 이러한 상황을 그린 대표적인 작품이다.

"— but there's one great advantage in it, that one's memory works both ways."

"I'm sure *mine* only works one way," Alice remarked. "I ca'n't remember things before they happen."

"It's a poor sort of memory that only works backwards," the Queen remarked.

"What sort of things do *you* remember best?" Alice ventured to ask.

"Oh, things that happened the week after next," the Queen replied in a careless tone. "For instance, now," she went on, sticking a large piece of plaster[8] on her finger as she spoke, "there's the King's Messenger.[9] He's in prison now, being punished : and the trial doesn't even begin till next Wednesday : and of course the crime comes last of all."

"Suppose he never commits the crime?" said Alice.

"That would be all the better, wouldn't it?" the Queen said, as she bound the plaster round her finger with a bit of ribbon.

Alice felt there was no denying *that*. "Of course it would be all the better," she said : "but it wouldn't be all the better his being punished."

"You're wrong *there*,[10] at any

8) plaster : 반창고.

9) King's Messenger : 테니엘의 삽화에 따르면, 처형당하기 전 감옥에 수감된 왕의 사자는 『이상한 나라에서의 앨리스의 모험』의 7장에 등장하였던 Mad Hatter다. 그는 하트 여왕이 마련한 콘서트에서 박자를 맞추지 못하는 죄(영어 표현으로는 "murdering the time")를 저질렀기 때문에, 여왕은 그를 교수형에 처하라는 지시를 내린 바 있었다.

10) *there* :그 점에 관해서는.

rate," said the Queen: "Were *you* ever punished?"

"Only for faults," said Alice.

"And you were all the better for it, I know!" the Queen said triumphantly.

"Yes, but then I *had* done the things I was punished for," said Alice: "that makes all the difference."

"But if you *hadn't* done them," the Queen said, "that would have been better still; better, and better, and better!" Her voice went higher with each "better," till it got quite to a squeak at last.[11)]

Alice was just beginning to say "There's a mistake somewhere—," when the Queen began screaming, so loud that she had to leave the sentence unfinished. "Oh, oh, oh!" shouted the Queen, shaking her hand about as if she wanted to shake it off. "My finger's bleeding! Oh, oh, oh, oh!"

Her screams were so exactly like the whistle of a steam-engine, that Alice had to hold both her hands over her ears.

"What *is* the matter?" she said, as soon as there was a chance of making herself heard. "Have you pricked your finger?"

"I haven't pricked it yet," the Queen said, "but I soon shall—oh, oh, oh!"

"When do you expect to do it?" Alice asked, feeling very much inclined to laugh.

"When I fasten my shawl again," the poor Queen groaned out:[12)] "the brooch will come undone directly. Oh, oh!" As she said the words the brooch flew open, and the Queen clutched wildly at it, and tried to clasp it again.

"Take care!" cried Alice. "You're holding it all crooked!" And she caught at the brooch; but it was too late: the pin had slipped, and the Queen had pricked her finger.

"That accounts for the bleeding, you see," she said to Alice with a smile. "Now you understand the way things happen here."

11) got quite to a squeak at last: 결국 비명소리처럼 들렸다는 의미.
12) groaned out: 신음하듯 말하였다.

"But why don't you scream *now*?" Alice asked, holding her hands ready to put over her ears again.

"Why, I've done all the screaming already," said the Queen. "What would be the good of having it all over again?"

By this time it was getting light. "The crow must have flown away, I think," said Alice : "I'm so glad it's gone. I thought it was the night coming on."

"I wish *I* could manage to be glad!" the Queen said. "Only I never can remember the rule. You must be very happy, living in this wood, and being glad whenever you like!"

"Only it is so *very* lonely here!" Alice said in a melancholy voice; and, at the thought of her loneliness, two large tears came rolling down her cheeks.

"Oh, don't go on like that!" cried the poor Queen, wringing[13] her hands in despair. "Consider what a great girl you are. Consider what a long way you've come to-day. Consider what o'clock it is. Consider anything, only don't cry!"

Alice could not help laughing at this, even in the midst of her tears. "Can *you* keep from crying by considering things?" she asked.

"That's the way it's done," the Queen said with great decision[14] : "nobody can do two things at once, you know. Let's consider your age to begin with — how old are you?'

"I'm seven and a half exactly."

"You needn't say 'exactually,'" the Queen remarked. "I can believe it without that. Now I'll give *you* something to believe. I'm just one hundred and one, five months and a day."

"I ca'n't believe *that*!" said Alice.

"Ca'n't you?" the Queen said in a pitying tone. "'Try again : draw a long breath, and shut your eyes."

Alice laughed. "There's no use trying," she said : "one ca'n't believe impossible things."

13) wringing : (양손을) 쥐어틀다.
14) with great decision : 아주 결연히.

"I daresay you haven't had much practice," said the Queen. "When I was your age, I always did it for half-an-hour a day. Why, sometimes I've believed as many as six impossible things before breakfast.[15] There goes the shawl again!"

The brooch had come undone as she spoke, and a sudden gust of wind blew the Queen's shawl across a little brook. The Queen spread out her arms again, and went flying after it,[16] and this time she succeeded in catching it for herself. "I've got it!" she cried in a triumphant tone. "Now you shall see me pin it on again, all by myself!"

"Then I hope your finger is better now?" Alice said very politely, as she crossed the little brook after the Queen.[17]

* * * * * * *
* * * * * *
* * * * * * *

"Oh, much better!" cried the Queen, her voice rising to a squeak as she went on. "Much be-etter! Be-etter! Be-e-e-etter! Be-e-ehh!" The last word ended in a long bleat,[18] so like a sheep that Alice quite started.

She looked at the Queen, who seemed to have suddenly wrapped herself up in wool. Alice rubbed her eyes, and looked again. She couldn't make out what had happened at all. Was she in a shop? And was that really — was it really a *sheep* that was sitting on the other side of the counter? Rub as she would,[19] she could make

15) sometimes I've believed as many as six impossible things before breakfast : 캐럴은 매리(Mary MacDonald)에게 1864년에 보낸 편지에서 다음과 같이 말하고 있다. "모든 것을 다 믿기 시작하면 넌 네 정신을 지치게 하고, 네 정신은 너무나 약해져서, 결국 아주 단순한 사실조차 믿을 수 없게 될 것이다". 즉, 캐럴은 너무 쉽게 믿는 것의 폐단을 말하고 있는 것이다.

16) Queen spread out her arms again, and went flying after it : 여왕은 한 칸 더 움직여 QB5로 이동한 것이다.

17) she crossed the little brook after the Queen : 엘리스는 White Queen의 옆인 Q5로 이동한 것이다.

18) bleat : '(염소·송아지의) 울음소리', '우는 소리'.

nothing more of it :[20] she was in a little dark shop,[21] leaning with her elbows on the counter, and opposite to her was an old Sheep, sitting in an arm-chair, knitting, and every now and then leaving off to look at her through a great pair of spectacles.

"What is it you want to buy?" the Sheep said at last, looking up for a moment from her knitting.

"I don't *quite* know yet," Alice said very gently. "I should like to look all round me first, if I might."

"You may look in front of you, and on both sides, if you like," said the Sheep : "but you ca'n't look *all* round you — unless you've got eyes at the back of your head."

But these, as it happened, Alice had *not* got : so she contented herself with turning round, looking at the shelves as she came to them.

The shop seemed to be full of all manner of curious things — but the oddest part of it all was that, whenever she looked hard at any shelf, to make out exactly what it had on it, that particular shelf was always quite empty, though the others round it were crowded as full as they could hold.[22]

"Things flow about so here!"[23] she said at last in a plaintive[24] tone, after she had spent a minute or so in vainly pursuing a large

19) Rub as she would : 아무리 눈을 부벼 보아도.

20) could make nothing more of it : … 을 전혀 알 수 없었다.

21) a little dark shop : 테니엘은 옥스포드의 Saint Aldgate에 있는 작은 가게를 모델로 이 가게를 그렸다고 한다. 이 삽화에 그려진 문과 창문이 실제 가게의 그것과는 정반대 위치에 있는 것으로 그려져, 거울의 세상으로 앨리스가 들어왔다는 사실을 강조하고 있다. 실제의 이 가게는 현재 "Alice in Wonderland Shop"이라고 불리고 있다.

22) particular shelf was always quite empty, though the others round it were crowded as full as they could hold : 원자의 핵 주변을 도는 전자의 정확한 위치를 파악하는 것이 어렵다는 사실과 자신이 주목하는 특정 선반은 항상 비어있고 다른 선반은 무엇인가로 가득 찬 것처럼 보이는 이 현상사이의 연관성에 주목하는 양자론 주창자들이 있다.

23) Things flow about so here : 가드너는 프랑스의 사상가 파스칼(Pascal)을 흠모하였던 캐럴이 파스칼의 불확실성의 세계관을 이렇게 표현하고 있다고 주장한다.

24) plaintive : 애처로운.

bright thing, that looked sometimes like a doll and sometimes like a work-box, and was always in the shelf next above the one she was looking at. "And this one is the most provoking of all — but I'll tell you what —" she added, as a sudden thought struck her, "I'll follow it up to the very top shelf of all. It'll puzzle[25)] it to go through the ceiling, I expect!"

But even this plan failed: the "thing" went through the ceiling as quietly as possible, as if it were quite used to it.

"Are you a child or a teetotum[26)]?" the Sheep said, as she took

25) puzzle : '당황하게 하다', '난처하게 만들다'.

26) teetotum : '(손가락으로 돌리는) 네모팽이'; 평평한 네 개의 면에 글자가 쓰여진 정육면체 모양의 팽이로 빅토리아 시대의 어린아이들이 즐겨가지고 놀던 장난감의 일종이다.

up another pair of needles. "You'll make me giddy soon, if you go on turning round like that." She was now working with fourteen pairs at once, and Alice couldn't help looking at her in great astonishment.

"How *can* she knit with so many?" the puzzled child thought to herself. "She gets more and more like a porcupine[27] every minute!"

"Can you row?" the Sheep asked, handing her a pair of knitting-needles as she spoke.

"Yes, a little — but not on land — and not with needles —" Alice was beginning to say, when suddenly the needles turned into oars in her hands, and she found they were in a little boat, gliding along between banks : so there was nothing for it but to do her best.

"Feather!"[28] cried the Sheep, as she took up another pair of needles.

This didn't sound like a remark that needed any answer : so Alice said nothing, but pulled away. There was something very queer about the water, she thought, as every now and then the oars got fast[29] in it, and would hardly come out again.

"Feather! Feather!" the Sheep cried again, taking more needles. "You'll be catching a crab[30] directly."

"A dear little crab!" thought Alice. "I should like that."

"Didn't you hear me say 'Feather'?" the Sheep cried angrily, taking up quite a bunch of needles.

"Indeed I did," said Alice : "you've said it very often — and very loud. Please, where *are* the crabs?"

"In the water, of course!" said the Sheep, sticking some of the needles into her hair, as her hands were full. "Feather, I say!"

"*Why* do you say 'feather' so often?" Alice asked at last, rather vexed. "I'm not a bird!"

---

27) porcupine : 호저(豪猪).
28) Feather : 노를 물속에서 빼내어 그대로 물갈퀴를 수평으로 잦히고 다음 스트로크에 대비하다는 동작을 지칭한다.
29) got fast : 끼어서 움직이지 않다.
30) catching a crab : (슬랭) 노를 헛저어 배가 균형을 잃다.

"You are," said the Sheep: "you're a little goose."[31)]

This offended Alice a little, so there was no more conversation for a minute or two, while the boat glided gently on, sometimes among beds of weeds (which made the oars stick fast in the water, worse then ever), and sometimes under trees, but always with the same tall river-banks frowning over their heads.

"Oh, please! There are some scented rushes!"[32)] Alice cried in a sudden transport of delight.[33)] "There really are — and *such* beauties!"

"You needn't say 'please' to *me* about 'em," the Sheep said, without looking up from her knitting: "I didn't put 'em there, and I'm not going to take 'em away."

"No, but I meant — please, may we wait and pick some?" Alice pleaded. "If you don't mind stopping the boat for a minute."

"How am *I* to stop it?" said the Sheep. "If you leave off rowing, it'll stop of itself."

So the boat was left to drift down the stream as it would, till it glided gently in among the waving rushes. And then the little sleeves were carefully rolled up, and the little arms were plunged in elbow-deep to get the rushes a good long way down before breaking them off — and for a while Alice forgot all about the Sheep and the knitting, as she bent over the side of the boat, with just the ends of her tangled hair dipping into the water — while with bright eager eyes she caught at one bunch after another of the darling[34)] scented rushes.

"I only hope the boat won't tipple over!"[35)] she said to herself. "Oh, *what* a lovely one! Only I couldn't quite reach it." And it certainly *did* seem a little provoking ("almost as if it happened on purpose," she thought) that, though she managed to pick plenty of

---

31) goose: '바보', '얼간이'.
32) rushes: '등심초속(屬)의 식물', '골풀'.
33) in a sudden transport of delight: 갑작스럽게 몹시 기분이 좋아져서.
34) darling: 마음에 드는.
35) tipple over: 뒤집어지다.

beautiful rushes as the boat glided by, there was always a more lovely one that she couldn't reach.

"The prettiest are always further!" she said at last, with a sigh at the obstinacy of the rushes in growing so far off, as, with flushed cheeks and dripping hair and hands, she scrambled back into her place, and began to arrange her new-found treasures.

What mattered it to her just then that the rushes had begun to fade, and to lose all their scent and beauty, from the very moment that she picked them?[36] Even real scented rushes, you know, last only a very little while — and these, being dream-rushes, melted away almost like snow, as they lay in heaps at her feet — but Alice hardly noticed this, there were so many other curious things to think about.

They hadn't gone much farther before the blade[37] of one of the oars got fast in the water and *wouldn't* come out again (so Alice explained it afterwards), and the consequence was that the handle of it caught her under the chin, and, in spite of a series of little shrieks of "Oh, oh, oh!" from poor Alice, it swept her straight off the seat, and down among the heap of rushes.

However, she wasn't hurt, and was soon up again : the Sheep went on with her knitting all the while, just as if nothing had happened. "That was a nice crab you caught!"[38] she remarked, as Alice got back into her place, very much relieved to find herself still in the boat.

"Was it? I didn't see it," Said Alice, peeping cautiously over the

36) What mattered it to her just then that the rushes had begun to fade, and to lose all their scent and beauty, from the very moment that she picked them? : matter는 동사로 '중요하다'는 의미; 가장 멀리 떨어져 있는 골풀이 가장 아름답게 느껴지고, 꺾어낸 골풀은 금방 그 향기를 잃고 사라진다는 사실은, 골풀이 현세의 아름다운 것들의 속성을 나타내기 때문이라고 가드너는 보고 있다.

37) blade : 노 깃.

38) That was a nice crab you caught : 노를 젓다 균형을 잃고 넘어지는 것을 속어로 '게를 잡다'(catch a crab)라고 표현한다는 사실을 모르는 앨리스는 양이 한 이 말을 문자 그대로 받아들여 자신이 게를 붙잡았다고 생각하는 것이다.

side of the boat into the dark water. "I wish it hadn't let go—I should so like to see a little crab to take home with me!" But the Sheep only laughed scornfully, and went on with her knitting.

"Are there many crabs here?" said Alice.

"Crabs, and all sorts of things," said the Sheep: "plenty of choice, only make up your mind. Now, what *do* you want to buy?"

"To buy!" Alice echoed in a tone that was half astonished and half frightened—for the oars, and the boat, and the river, had vanished all in a moment, and she was back again in the little dark shop.

"I should like to buy an egg, please," she said timidly. "How do you sell them?"

"Fivepence farthing[39] for one—Twopence for two," the Sheep

39) farthing: 4분의 1페니로 현재는 더 이상 사용되지 않는 영국의 화폐단위.

replied.

"Then two are cheaper than one?" Alice said in a surprised tone, taking out her purse.

"Only you *must* eat them both, if you buy two," said the Sheep.

"Then I'll have *one*, please," said Alice, as she put the money down on the counter. For she thought to herself, "They mightn't be at all nice, you know."[40)]

The Sheep took the money, and put it away in a box : then she said "I never put things into people's hands — that would never do — you must get it for yourself." And so saying, she went off to the other end of the shop,[41)] and set the egg upright on a shelf.

"I wonder *why* it wouldn't do?" thought Alice, as she groped her way among the tables and chairs, for the shop was very dark towards the end. "The egg seems to get further away the more I walk towards it. Let me see, is this a chair? Why, it's got branches, I declare! How very odd to find trees growing here! And actually here's a little brook! Well, this is the very queerest shop I ever saw !"[42)]

* * * * * * *
* * * * * *
* * * * * * *

So she went on, wondering more and more at every step, as everything turned into a tree the moment she came up to it, and she quite expected the egg to do the same.

---

40) Then I'll have *one* … They mightn't be at all nice, you know : 캐럴이 살던 당시 Christ Church에 다니던 학부생들은 아침식사로 삶은 달걀을 하나 주문하면, 두 개의 달걀을 받았는데, 그 중 하나는 거의 틀림없이 좋지 않은 달걀이었다고 한다.

41) she went off to the other end of the shop : White Queen이 KB8로 이동한 사실을 나타낸다.

42) this is the very queerest shop I ever saw : 앨리스는 이제 Q6로 이동하여 White King의 오른쪽에 있는 눈에 위치하게 된다.

CHAPTER VI

Humpty Dumpty

However, the egg only got larger and larger, and more and more human : when she had come within a few yards of it, she saw that it had eyes and a nose and mouth; and, when she had come close to it, she saw clearly that it was **HUMPTY DUMPTY**[1] himself. "It ca'n't be anybody else!" she said to herself. "I'm as certain of it, as if his name were written all over his face!"

It might have been written a hundred times, easily, on that enormous face. Humpty Dumpty was sitting, with his legs crossed like a Turk, on the top of a high wall — such a narrow one that Alice quite wondered how he could keep his balance — and, as his eyes were steadily fixed in the opposite direction, and he didn't take the least notice of her, she thought he must be a stuffed[2] figure after all.

"And how exactly like an egg he is!" she said aloud, standing with her hands ready to catch him, for she was every moment expecting him to fall.

"It's *very* provoking," Humpty Dumpty said after a long silence, looking away from Alice as he spoke, "to be called an egg — *very*!"

"I said you *looked* like an egg, Sir," Alice gently explained. "And some eggs are very pretty, you know," she added, hoping to turn her remark into a sort of a compliment.[3]

"Some people," said Humpty Dumpty, looking away from her as usual, "have no more sense than a baby!"

---

1) HUMPTY DUMPTY : 험프티 덤프티(영국의 민간동요집에 나오는 커다란 계란 모양의 인물로 담장에서 떨어져 깨진다).

2) stuffed : 박제된.

3) compliment : 칭찬.

Alice didn't know what to say to this: it wasn't at all like conversation, she thought, as he never said anything to *her*; in fact, his last remark was evidently addressed to a tree — so she stood and softly repeated to herself: —

> "*Humpty Dumpty sat on a wall:*[4)]
> *Humpty Dumpty had a great fall.*
> *All the King's horses and all the King's men*
> *Couldn't put Humpty Dumpty in his place again.*"

"That last line is much too long for the poetry," she added, almost out loud, forgetting that Humpty Dumpty would hear her.

"Don't stand there chattering to yourself like that," Humpty Dumpty said, looking at her for the first time, "but tell me your name and your business."

"My *name* is Alice, but —"

"It's a stupid name enough!" Humpty Dumpty interrupted impatiently. "What does it mean?"

"*Must* a name mean something?" Alice asked doubtfully.

"Of course it must," Humpty Dumpty said with a short laugh: "*my* name means the shape I am — and a good handsome shape it is, too. With a name like yours, you might be any shape, almost."[5)]

"Why do you sit out here all alone?" said Alice, not wishing to begin an argument.

"Why, because there's nobody with me!" cried Humpty Dumpty. "Did you think I didn't know the answer to *that*? Ask another."

"Don't you think you'd be safer down on the ground?" Alice went

---

4) *Humpty Dumpty sat on a wall*: 1803년 당시 유행하던 동요.

5) With a name like yours, you might be any shape, almost: 알렉산더(Peter Alexander)의 주장에 따르면 현실세계에서는 고유명사가 특별한 의미를 내포하지 않고, 일반 명사만이 무엇인가를 의미하지만, 모든 것이 거꾸로인 거울 속 세상에서는 고유명사가 무엇인가를 지시하거나 의미한다고 설명한다. 따라서 앨리스란 이름의 고유명사는 이 거울 속세계에서는 무언가를 지칭하거나 그 뜻이 있어야 하는 것이다.

on, not with any idea of making another riddle, but simply in her good-natured anxiety for the queer creature. "That wall is so *very* narrow!"

"What tremendously easy riddles you ask!"[6] Humpty Dumpty growled out.[7] "Of course I don't think so! Why, if ever I *did* fall off — which there's no chance of — but *if* I did —" Here he pursed up[8] his lips and looked so solemn and grand that Alice could hardly help laughing. "*If* I *did* fall," he went on, "*the King has promised me* — ah, you may turn pale, if you like! You didn't think I was going to say that, did you? *The King has promised me — with his very own mouth* — to — to —"

"To send all his horses and all his men," Alice interrupted, rather unwisely.

"Now I declare that's too bad!" Humpty Dumpty cried, breaking into a sudden passion.[9] "You've been listening at doors — and behind trees — and down chimneys — or you couldn't have known it!"

"I haven't, indeed!" Alice said very gently. "It's in a book."

"Ah, well! They may write such things in a *book*," Humpty Dumpty said in a calmer tone. "That's what you call a History of England, that is. Now, take a good look at me! I'm one that has spoken to a King, *I* am : mayhap you'll never see such another : and, to show you I'm not proud, you may shake hands with me!"[10] And he grinned almost from ear to ear, as he leant forwards (and as nearly as possible fell off the wall in doing so) and offered Alice his hand. She watched him a little anxiously as she took it."If he smiled much more the ends of his mouth might meet behind," she thought : "and then I don't know *what* would happen to his head! I'm afraid

6) What tremendously easy riddles you ask! : Humpty Dumpty는 자신에게 하는 말을 모두 자신이 풀어야 할 수수께끼로 간주하는 성향이 있다.

7) growled out : 성나서 말하다.

8) pursed up : 오무리다.

9) breaking into a sudden passion : 갑작스럽게 화를 내다.

10) to show you I'm not proud, you may shake hands with me : 실제로 Humpty Dumpty는 자만심이 많다.

it would come off!"

"Yes, all his horses and all his men," Humpty Dumpty went on. "They'd pick me up again in a minute, *they* would! However, this conversation is going on a little too fast : let's go back to the last remark but one."

"I'm afraid I ca'n't quite remember it," Alice said, very politely.

"In that case we start fresh," said Humpty Dumpty, "and it's my turn to choose a subject —" ("He talks about it just as if it was a game!" thought Alice.) "So here's a question for you. How old did you say you were?"

Alice made a short calculation, and said "Seven years and six months."

"Wrong!" Humpty Dumpty exclaimed triumphantly. "You never said a word like it!"

"I thought you meant 'How old *are* you?'" Alice explained.

"If I'd meant that, I'd have said it," said Humpty Dumpty.

Alice didn't want to begin another argument, so she said nothing.

"Seven years and six months!" Humpty Dumpty repeated thoughtfully. "An uncomfortable sort of age. Now if you'd asked *my* advice, I'd have said 'Leave off at seven'—but it's too late now."

"I never ask advice about growing," Alice said indignantly.

"Too proud?" the other enquired.

Alice felt even more indignant at this suggestion. "I mean," she said, "that one ca'n't help growing older."

"One ca'n't, perhaps," said Humpty Dumpty; "but *two* can. With proper assistance, you might have left off at seven."

"What a beautiful belt you've got on!" Alice suddenly remarked. (They had had quite enough of the subject of age, she thought: and if they really were to take turns in choosing subjects, it was *her* turn now.) "At least," she corrected herself[11) on second thoughts, "a beautiful cravat,[12) I should have said—no, a belt, I mean—I beg your pardon!" she added in dismay,[13) for Humpty Dumpty looked thoroughly offended, and she began to wish she hadn't chosen that subject. "If I only knew," she thought to herself, "which was neck and which was waist!"

Evidently Humpty Dumpty was very angry, though he said nothing for a minute or two. When he *did* speak again, it was in a deep growl.

"It is a—*most*—*provoking*—thing," he said at last, "when a person doesn't know a cravat from a belt!"

"I know it's very ignorant of me," Alice said, in so humble a tone that Humpty Dumpty relented.[14)

"It's a cravat, child, and a beautiful one, as you say. It's a

11) corrected herself : 자신의 말을 정정하였다.
12) cravat : 넥타이.
13) in dismay : 당황하여.
14) relented : (마음이) 누그러지다.

present from the White King and Queen. There now!"

"Is it really?" said Alice, quite pleased to find that she *had* chosen a good subject, after all.

"They gave it me," Humpty Dumpty continued thoughtfully, as he crossed one knee over the other and clasped his hands round it, "they gave it me — for an un-birthday present."

"I beg your pardon?" Alice said with a puzzled air.

"I'm not offended,' said Humpty Dumpty.

"I mean, what *is* an un-birthday present?"

"A present given when it isn't your birthday, of course."

Alice considered a little. "I like birthday presents best," she said at last.

"You don't know what you're talking about!" cried Humpty Dumpty. "How many days are there in a year?"

"Three hundred and sixty-five," said Alice.

"And how many birthdays have you?"

"One."

"And if you take one from three hundred and sixty-five, what remains?"

"Three hundred and sixty-four, of course."

Humpty Dumpty looked doubtful. "I'd rather see that done on paper,"[15] he said.

Alice couldn't help smiling as she took out her memorandum-book, and worked the sum[16] for him:

$$\begin{array}{r} 365 \\ \underline{1} \\ \underline{364} \end{array}$$

15) I'd rather see that done on paper: 종이위에 써서 계산해 달라는 의미; 가드너는 언어학자 혹은 언어학에 관심이 많은 Humpty Dumpty가 수학문제에는 무능한 당시의 언어학자의 모습을 대변하는 것으로 보인다고 말한다; egghead는 영어로 '지식인'을 의미하기도 하기 때문에, 달걀머리를 한 Humpty Dumpty는 지식인의 상징이기도 하다.

16) worked the sum: 계산하다.

Humpty Dumpty took the book, and looked at it carefully. "That seems to be done right—" he began.

"You're holding it upside down!" Alice interrupted.

"To be sure I was!" Humpty Dumpty said gaily, as she turned it round for him.. "I thought it looked a little queer. As I was saying, that *seems* to be done right—though I haven't time to look it over thoroughly just now—and that shows that there are three hundred and sixty-four days when you might get un-birthday presents—"

"Certainly," said Alice.

"And only *one* for birthday presents, you know. There's glory for you!"

"I don't know what you mean by 'glory,'" Alice said.

Humpty Dumpty smiled contemptuously. "Of course you don't—till I tell you. I meant 'there's a nice knock-down argument for you!'"[17)]

"But 'glory' doesn't mean 'a nice knock-down argument,'" Alice objected.

"When *I* use a word," Humpty Dumpty said in rather a scornful tone, "it means just what I choose it to mean[18)]—neither more nor less."

"The question is," said Alice, "whether you *can* make words mean so many different things."

"The question is," said Humpty Dumpty, "which is to be master—that's all."[19)]

---

17) there's a nice knock-down argument for you: knockdown은 '저항할 수 없는', '압도적인'; 개프니(Wilbur Gaffney)는 여기서 Humpty Dumpty가 말하는 glory의 의미가 17세기 영국의 철학자 홉즈(Thomas Hobbes)가 말하는 의미의 glory, 즉, 우월감에 기인하는 감정을 지칭하는 것으로 보고 있다.

18) it means just what I choose it to mean: 언어의 인위성을 설명하는 이 말은 캐럴이 "The Stage and the Spirit of Reverence"에서 언어의 속성에 대해 다음과 같이 한 말과 상통한다. "어떤 단어도 그 단어와 분리될 수 없는 의미를 가지고 있지는 않다. 단어는 화자가 그 단어를 통해서 말하고자 하는 것을, 청자가 그 단어를 통해 이해하는 것을 의미하는 것이다"

19) which is to be master—that's all: Humpty Dumpty의 언어에 대한 이러한 생각은 중세 시대의 유명론(唯名論, nominalism)과 상통하는 것이다. 유명론에 따르면

Alice was too much puzzled to say anything; so after a minute Humpty Dumpty began again. "They've a temper,[20] some of them — particularly verbs : they're the proudest — adjectives you can do anything with, but not verbs — however, *I* can manage the whole lot of them! Impenetrability![21] That's what *I* say!"

"Would you tell me, please," said Alice, "what that means?"

"Now you talk like a reasonable child," said Humpty Dumpty, looking very much pleased. "I meant by 'impenetrability' that we've had enough of that subject, and it would be just as well if you'd mention what you mean to do next, as I suppose you don't mean to stop here all the rest of your life."

"That's a great deal to make one word mean," Alice said in a thoughtful tone.

"When I make a word do a lot of work like that," said Humpty Dumpty, "I always pay it extra."

"Oh!" said Alice. She was too much puzzled to make any other remark.

"Ah, you should see 'em come round me of a Saturday night," Humpty Dumpty went on, wagging[22] his head gravely from side to side, "for to get their wages, you know."

(Alice didn't venture to ask what he paid them with; and so you see I ca'n't tell *you*.)

"You seem very clever at explaining words, Sir," said Alice. "Would you kindly tell me the meaning of the poem called 'Jabberwocky'?"

"Let's hear it," said Humpty Dumpty. "I can explain all the poems that were ever invented — and a good many that haven't been invented just yet."

This sounded very hopeful, so Alice repeated the first verse : —

보편적 용어는 객관적으로 존재하는 대상을 지칭하는 것이 아니라, 언어적 발화에 지나지 않는다는 것이다.

20) They've a temper : 언어들은 나름대로의 고집이 있다는 의미.

21) Impenetrability : '(속을) 꿰뚫어 볼 수 없는 성질'이란 의미.

22) wagging : (머리를) 흔들다.

"'Twas brillig, and the slithy toves
Did gyre and gimble in the wabe:
All mimsy were the borogoves,
And the mome raths outgrabe."

"That's enough to begin with," Humpty Dumpty interrupted: "there are plenty of hard words there. '*Brillig*' means four o'clock in the afternoon — the time when you begin *broiling* things for dinner."

"That'll do very well,"[23] said Alice: "and '*slithy*'?"

"Well, '*slithy*' means 'lithe[24] and slimy.' 'Lithe' is the same as 'active.' You see it's like a portmanteau — there are two meanings packed up into one word."[25]

"I see it now," Alice remarked thoughtfully: "and what are '*toves*'?"

"Well, '*toves*' are something like badgers[26] — they're something like lizards — and they're something like corkscrews."

"They must be very curious-looking creatures."

"They are that," said Humpty Dumpty: "also they make their nests under sun-dials — also they live on cheese."

"And what's the '*gyre*' and to '*gimble*'?"

"To '*gyre*' is to go round and round like a gyroscope.[27] To '*gimble*' is to make holes like a gimlet."

---

23) That'll do very well: '충분히 도움이 될 것이다', '충분할 것이다'.

24) lithe: 유연한.

25) it's like a portmanteau — there are two meanings packed up into one word: 여러 개의 물품이 들어갈 수 있는 대형 여행용 가방(portmanteau)이라는 단어에서 온 'portmanteau word'는 여러 단어가 혼합되어 만들어진 혼성어를 의미한다. Humpty Dumpty는 여기서 혼성어에 대해 말하고 있는데, 20세기 영국의 대표적인 모더니즘 소설가 중 하나인 제임스 조이스(James Joyce)가 이런 종류의 혼성어를 잘 사용하였다. 특히 혼성어가 많이 나오는 그의 걸작 『피네간의 경야』(Finnegan's Wake)에서 조이스가 Humpty Dumpty에 대해 여러차례에 걸쳐 언급한 이유는 여기에 있다.

26) badgers: 오소리.

27) gyroscope: 회전의(回轉儀).

"And '*the wabe*' is the grass-plot round a sun-dial, I suppose?" said Alice, surprised at her own ingenuity.

"Of course it is. It's called '*wabe*,' you know, because it goes a long way before it, and a long way behind it—"

"And a long way beyond it on each side,"[28] Alice added.

"Exactly so. Well then, '*mimsy*' is 'flimsy[29] and miserable' (there's another portmanteau for you). And a '*borogove*' is a thin shabby-looking bird with its feathers sticking out all round—something like a live mop."

"And then '*mome raths*'?" said Alice. "I'm afraid I'm giving you a great deal of trouble."

28) And a long way beyond it on each side : 'wabe'를 'way before' 또는 'way behind'의 혼성어로 Humpty Dumpty가 설명하자, 앨리스도 이에 대한 또 하나의 가능성으로 'way beyond'를 제시한 것이다.

29) flimsy : '하잘것 없는', '취약한'.

"Well, a '*rath*' is a sort of green pig : but '*mome*' I'm not certain about. I think it's short for 'from home'[30) — meaning that they'd lost their way, you know."

"And what does '*outgrabe*' mean?"

"Well, '*outgrabing*' is something between bellowing[31) and whistling, with a kind of sneeze in the middle : however, you'll hear it done, maybe — down in the wood yonder — and, when you've once heard it, you'll be *quite* content. Who's been repeating all that hard stuff to you?"

"I read it in a book," said Alice. "But I *had* some poetry repeated to me much easier than that, by — Tweedledee, I think it was."

"As to poetry, you know," said Humpty Dumpty, stretching out one of his great hands, "*I* can repeat poetry as well as other folk, if it comes to that —"

"Oh, it needn't come to that!" Alice hastily said, hoping to keep him from beginning.

"The piece I'm going to repeat," he went on without noticing her remark, "was written entirely for your amusement."

Alice felt that in that case she really *ought* to listen to it; so she sat down, and said "Thank you" rather sadly.

> "*In winter, when the fields are white,*
> *I sing this song for your delight* — [32)

30) I think it's short for 'from home' : 'from home'에서 h를 빼내어 만든 혼합어인 듯하다.

31) bellowing : '큰소리로 울다', '큰소리치다'.

32) *In winter, when the fields are white* : 가드너에 따르면 콜(Wathen Mark Wilks Call)이라는 빅토리아 시대의 영국 시인이 쓴 "Summer Days"란 시에서 영감을 받아 캐럴이 쓴 시라고 추정하고 있다. 이 시의 첫 연을 소개하면 다음과 같다.

> In summer, when the days were long,
> We walked, two friends, in field and wood,
> Our heart was light, our step was strong,
> And life lay round us, fair as good,
> In summer, when the days were long.

only I don't sing it," he added, as an explanation.

"I see you don't," said Alice.

"If you can *see* whether I'm singing or not, you've sharper eyes than most."[33] Humpty Dumpty remarked severely. Alice was silent.

"In spring, when woods are getting green,
I'll try and tell you what I mean:"

"Thank you very much," said Alice.

"In summer, when the days are long,
Perhaps you'll understand the song:

In autumn, when the leaves are brown,
Take pen and ink, and write it down."

"I will, if I can remember it so long," said Alice.

"You needn't go on making remarks like that," Humpty Dumpty said: "they're not sensible, and they put me out."[34]

"I sent a message to the fish:
I told them 'This is what I wish.'

The little fishes of the sea,
They sent an answer back to me.

The little fishes' answer was
'We cannot do it, Sir, because—'"

33) If you can *see* whether I'm singing or not, you've sharper eyes than most: 종속절의 동사 'see'는 본다의 의미가 아니라, '안다'는 의미지만, Humpty Dumpty는 이 동사를 마치 본다의 의미로 사용하고 있다. 앨리스가 날카로운 '눈'(eye)을 가지고 있다고 그가 말한 것은 이런 맥락에서 한 말이다.

34) put me out: '짜증나게 하다', '당황하게 하다'.

"I'm afraid I don't quite understand," said Alice.
"It gets easier further on," Humpty Dumpty replied.

"I sent to them again to say
'It will be better to obey.'

The fishes answered, with a grin,
'Why, what a temper you are in!'

I told them once, I told them twice:
They would not listen to advice.

I took a kettle large and new,
Fit for the deed I had to do.

My heart went hop, my heart went thump:[35]
I filled the kettle at the pump.

Then some one came to me and said
'The little fishes are in bed.'

I said to him, I said it plain,
'Then you must wake them up again.'

I said it very loud and clear;
I went and shouted in his ear."

Humpty Dumpty raised his voice almost to a scream as he repeated this verse, and Alice thought, with a shudder, "I wouldn't have been the messenger for anything!"

"But he was very stiff[36] *and proud:*

35) *My heart went hop, my heart went thump*: 나의 가슴이 두근거렸다.

He said 'You needn't shout so loud!'

And he was very proud and stiff:
He said 'I'd go and wake them, if—'

I took a corkscrew from the shelf:
I went to wake them up myself.

And when I found the door was locked,
I pulled and pushed and kicked and knocked.

36) *stiff*: '완고한', '단호한'.

And when I found the door was shut,
I tried to turn the handle, but—"[37)]

There was a long pause.

"Is that all?" Alice timidly asked.

"That's all," said Humpty Dumpty. "Good-bye."

This was rather sudden, Alice thought: but, after such a *very* strong hint that she ought to be going, she felt that it would hardly be civil to stay. So she got up, and held out her hand. "Good-bye, till we meet again!" she said as cheerfully as she could.

"I shouldn't know you again if we *did* meet," Humpty Dumpty replied in a discontented tone, giving her one of his fingers to shake:[38)] "you're so exactly like other people."

"The face is what one goes by, generally," Alice remarked in a thoughtful tone.

"That's just what I complain of," said Humpty Dumpty. "Your face is the same as everybody has—the two eyes, so—" (marking their places in the air with this thumb) "nose in the middle, mouth under. It's always the same. Now if you had the two eyes on the same side of the nose, for instance—or the mouth at the top—that would be *some* help."

"It wouldn't look nice," Alice objected. But Humpty Dumpty only shut his eyes, and said "Wait till you've tried."

Alice waited a minute to see if he would speak again, but, as he never opened his eyes or took any further notice of her, she said "Good-bye!" once more, and, getting no answer to this, she quietly walked away: but she couldn't help saying to herself, as she went,

---

37) *I tried to turn the handle, but—* : 마치지 않은 상태에서 시 낭송을 그만두는 Humpty Dumpty의 모습은 이 장의 마지막 단락에 나타나는 앨리스의 중단된 말과 그 맥을 같이하고 있다.

38) giving her one of his fingers to shake : 빅토리아 시대의 귀족 중에는 자신보다 신분이 낮은 사람과 악수를 할 때 이를 하찮게 여겨 손가락만 건네는 귀족이 있었다고 한다. Humpty Dumpty의 이런 행위는 그가 앨리스를 얼마나 하찮게 보고 있으며, 자신에 대한 우월의식이 얼마나 큰 지를 보여주고 있다.

"Of all the unsatisfactory—" (she repeated this aloud, as it was a great comfort to have such a long word to say) "of all the unsatisfactory people I *ever* met—" She never finished the sentence, for at this moment a heavy crash shook the forest from end to end.[39)]

39) a heavy crash shook the forest from end to end : Humpty Dumpty가 담장에서 떨어지는 모습을 가드너는 '루시퍼의 타락'(fall of Lucifer) 혹은 '인간의 타락'(fall of man)의 상징으로 보고 있다. 또한 가드너는 담장에서 떨어지는 Humpty Dumpty는 캐럴이 그 전에 썼던 "The Headstrong Man"에 예고되었다고 주장한다. 캐럴이 쓴 그 시의 첫 연을 소개하면 다음과 같다.

There was a man who stood on high, / Upon a lofty wall;
And every one who passed him by, / Called out "I fear you'll fall."

CHAPTER VII

The Lion and the Unicorn

The next moment soldiers came running through the wood, at first in twos and threes, then ten or twenty together, and at last in such crowds that they seemed to fill the whole forest. Alice got behind a tree, for fear of being run over, and watched them go by.

She thought that in all her life she had never seen soldiers so uncertain on their feet : they were always tripping over[1] something or other, and whenever one went down, several more always fell over him, so that the ground was soon covered with little heaps of men.

Then came the horses. Having four feet, these managed rather better than the foot-soldiers; but even *they* stumbled now and then; and it seemed to be a regular rule that, whenever a horse stumbled, the rider fell off instantly. The confusion got worse every moment, and Alice was very glad to get out of the wood into an open place, where she found the White King seated on the ground, busily writing in his memorandum-book.

"I've sent them all!" the King cried in a tone of delight, on seeing Alice. "Did you happen to meet any soldiers, my dear, as you came through the wood?"

"Yes, I did," said Alice : "several thousand, I should think."

"Four thousand two hundred and seven, that's the exact number," the King said, referring to his book. "I couldn't send all the horses, you know, because two of them are wanted in the game.[2] And I haven't sent the two Messengers, either. They're both gone

1) tripping over : 걸려서 넘어지다.

2) because two of them are wanted in the game : 두 명의 white knight가 탈 두 필이 말이 체스게임에는 필요하기 때문이다.

to the town. Just look along the road, and tell me if you can see either of them."

"I see nobody on the road," said Alice.

"I only wish *I* had such eyes," the King remarked in a fretful tone. "To be able to see Nobody![3] And at that distance, too! Why, it's as much as *I* can do to see real people, by this light!"

3) Nobody : 앨리스는 아무도 못 보았다는 의미로 nobody란 단어를 사용하였지만, 왕은 nobody란 이름을 가진 인물을 앨리스가 본 것으로 오해하고 있다. 캐럴의 이런 조크는 그가 쓴 *Euclid and His Modern Rivals*에서 nobody란 의미의 Herr Niemand라는 독일 교수를 등장시킨 데서도 엿 볼 수 있다. 하지만 nobody란 단어를 사용하여 조크를 던지는 이런 전통은 호메로스(Homer)가 쓴 『오딧세우스』(Odyssey)에서 오딧세우스가 외눈박이 괴물에게 자신의 이름을 'Noman'이라고 소개한 데에서도 나타난다.

All this was lost on Alice,[4] who was still looking intently along the road, shading her eyes with one hand. "I see somebody now!" she exclaimed at last. "But he's coming very slowly — and what curious attitudes he goes into!" (For the messenger kept skipping up and down, and wriggling[5] like an eel, as he came along, with his great hands spread out like fans on each side.)

"Not at all," said the King. "He's an Anglo-Saxon Messenger — and those are Anglo-Saxon attitudes.[6] He only does them when he's happy. His name is Haigha."[7] (He pronounced it so as to rhyme with "mayor.")

"I love my love with an H,"[8] Alice couldn't help beginning, "because he is Happy. I hate him with an H, because he is Hideous. I fed him with — with — with Ham-sandwiches and Hay. His name is Haigha, and he lives —"

"He lives on the Hill," the King remarked simply, without the least idea that he was joining in the game, while Alice was still hesitating for the name of a town beginning with H. "The other

4) All this was lost on Alice : 이 말의 의미를 앨리스는 전혀 알아차리지 못하였다는 뜻이다.

5) wriggling : 몸을 꼬면서.

6) Anglo-Saxon attitudes : 1066년 프랑스인에 의한 노르만디 정복(Norman Conquest) 이전의 영국인의 모습; 1863년 12월 5일자 일기에서 캐럴은 Christ Church 극장에서 상연된 알프레드 대왕(Alfred the Great)에 관한 연극[알프레드 대왕은 앵글로 색슨족이 세운 웨섹스(Wessex)란 나라를 9세기에 통치하던 왕이다]을 보며, 여기에 사용된 의상과 세팅 등에 대한 자세한 묘사를 하였다.

7) His name is Haigha : 'Mayor'라는 단어와 운(rhyme)을 이룬다는 사실에서. 이는 March Hare를 지칭한다는 사실을 추측할 수 있다; Harry Ayres는 19세기의 색슨족에 관한 전문가인 Daniel Hiagh를 지칭한다고 주장하였다.

8) I love my love with an H : 빅토리아 시대에 유행하던 게임 중 하나로 특정 철자로 시작하는 단어를 채워 넣는 게임이다. A라는 철자로 시작하는 단어를 채워 넣는 예를 들어보면 다음과 같다.

I love my love with an A, because he's Agreeable,
I hate him because he's Avaricious.
He took me to the sign of the Acorn,
And treated me with Apples.
His name's Andrew,
And he lives at Arlington.

Messenger's called Hatta.[9] I must have *two*, you know — to come and go. One to come, and one to go."

"I beg your pardon?" said Alice.

"It isn't respectable to beg," said the King.

"I only meant that I didn't understand," said Alice. "Why one to come and one to go?"

"Didn't I tell you?" the King repeated impatiently. "I must have *two* — to fetch and carry. One to fetch, and one to carry."

At this moment the Messenger arrived : he was far too much out of breath to say a word, and could only wave his hands about, and make the most fearful faces at the poor King.

"This young lady loves you with an H," the King said, introducing Alice in the hope of turning off the Messenger's attention from himself — but it was no use — the Anglo-Saxon attitudes only got more extraordinary every moment, while the great eyes rolled wildly from side to side.

"You alarm me!" said the King. "I feel faint — Give me a ham sandwich!"

On which the Messenger, to Alice's great amusement, opened a bag that hung round his neck, and handed a sandwich to the King, who devoured it greedily.

"Another sandwich!" said the King.

"There's nothing but hay left now," the Messenger said, peeping into the bag.

"Hay, then," the King murmured in a faint whisper.

Alice was glad to see that it revived him a good deal. "There's nothing like eating hay when you're faint," he remarked to her, as he munched away.[10]

"I should think throwing cold water over you would be better,"

9) The other Messenger's called Hatta : 여기서 다른 메신저는 Mad Hatter다. 그가 감옥에 갇혔다 석방되었다는 사실과 March Hare와 끈끈한 우정을 갖고 있다는 사실이 그 증거다.

10) munched away : 우적우적 먹다.

Alice suggested : "—or some sal-volatile."[11)]

"I didn't say there was nothing *better*," the King replied. "I said there was nothing *like* it." Which Alice did not venture to deny.

"Who did you pass on the road?" the King went on, holding out his hand to the Messenger for some more hay.

"Nobody," said the Messenger.

"Quite right," said the King : "this young lady saw him too. So of course Nobody walks slower than you."

"I do my best," the Messenger said in a sulky tone. "I'm sure nobody walks much faster than I do!"

"He ca'n't do that," said the King, "or else he'd have been here first. However, now you've got your breath, you may tell us what's happened in the town."

"I'll whisper it," said the Messenger, putting his hands to his mouth in the shape of a trumpet, and stooping so as to get close to the King's ear. Alice was sorry for this, as she wanted to hear the news too. However, instead of whispering, he simply shouted at the top of his voice "They're at it[12)] again!"

11) sal-volatile : 19세기에 당시 사용된 실신한 사람이나 실신할 상태에 빠진 사람을 정신 차리게 하는 데 사용된 일종의 각성제.

"Do you call *that* a whisper?" cried the poor King, jumping up and shaking himself. "If you do such a thing again, I'll have you buttered! It went through and through my head like an earthquake!"

"It would have to be a very tiny earthquake!" thought Alice. "Who are at it again?" she ventured to ask.

"Why the Lion and the Unicorn,[13] of course," said the King.

"Fighting for the crown?"

"Yes, to be sure," said the King: "and the best of the joke is, that it's *my* crown all the while! Let's run and see them." And they trotted off, Alice repeating to herself, as she ran, the words of the old song: —

"The Lion and the Unicorn were fighting for the crown:
The Lion beat the Unicorn all round the town.
Some gave them white bread, some gave them brown:
Some gave them plum-cake and drummed them out of town."[14]

"Does — the one — that wins — get the crown?" she asked, as well as she could, for the run was putting her quite out of breath.[15]

"Dear me, no!" said the King. "What an idea!"

"Would you — be good enough —" Alice panted out, after running a little further, "to stop a minute — just to get — one's breath again?"

"I'm *good* enough," the King said, "only I'm not *strong* enough.

---

12) They're at it: 그들이 싸움을 하고 있다.

13) the Lion and the Unicorn: 영국 황실의 문장에는 유니콘과 사자가 영국의 왕관을 떠받들고 있는 문양이 그려져 있는데, 이는 스코틀랜드의 제임스 6세(James 6)가 영국의 왕위를 물려받아 영국의 제임스 1세로서도 두 나라를 동시에 통치하기 시작하면서 유래된 것이다. 즉, 스코틀랜드를 상징하는 유니콘와 영국을 상징하는 사자의 결합이 왕실의 문장에 재현된 것인데, 이러한 사실을 바탕으로 유니콘과 사자간의 경쟁을 묘사하는 동요가 이 당시에 유행하였다.

14) *drummed them out of town*: '그들을 도시로부터 추방하다'; 실제로 이 에피소드에서 유니콘과 사자는 북소리를 듣고 사라지게 된다.

15) the run was putting her quite out of breath: 체스게임에서 왕은 한 칸씩 움직여야 하지만, 여기서는 그 룰을 어기고 있다고 가드너는 지적하고 있다.

You see, a minute goes by so fearfully quick. You might as well try to stop a Bandersnatch!"[16)]

Alice had no more breath for talking, so they trotted on in silence, till they came in sight of a great crowd, in the middle of which the Lion and Unicorn were fighting. They were in such a cloud of dust, that at first Alice could not make out which was which; but she soon managed to distinguish the Unicorn by his horn.

They placed themselves close to where Hatta, the other messenger, was standing watching the fight, with a cup of tea in one hand and a piece of bread-and-butter in the other.

"He's only just out of prison, and he hadn't finished his tea when he was sent in," Haigha whispered to Alice : "and they only give them oyster-shells in there — so you see he's very hungry and thirsty. How are you, dear child?" he went on, putting his arm affectionately round Hatta's neck.

Hatta looked round and nodded, and went on with his bread and butter.

"Were you happy in prison, dear child?" said Haigha.

Hatta looked round once more, and this time a tear or two trickled down his cheek; but not a word would he say.

"Speak, ca'n't you!" Haigha cried impatiently. But Hatta only munched away, and drank some more tea.

"Speak, wo'n't you!" cried the King. "How are they getting on with the fight?"

Hatta made a desperate effort, and swallowed a large piece of bread-and-butter. "They're getting on very well," he said in a choking voice : "each of them has been down about eighty-seven times."

"Then I suppose they'll soon bring the white bread and the brown?"[17)] Alice ventured to remark.

---

16) Bandersnatch : 이 작품에 처음 등장하는 광폭한 성질을 가진 가공의 동물.
17) Then I suppose they'll soon bring the white bread and the brown : 앨리스는 동요의 내용에 따라 일이 진행되는 것을 알게 되었기 때문에, 이들이 다음에 무슨 행동을 할지 예측할 수 있는 것이다.

"It's waiting for 'em now," said Hatta; "this is a bit of it as I'm eating."

There was a pause in the fight just then, and the Lion and the Unicorn sat down, panting, while the King called out "Ten minutes allowed for refreshments!" Haigha and Hatta set to work at once, carrying rough trays of white and brown bread. Alice took a piece to taste, but it was *very* dry.

"I don't think they'll fight any more today," the King said to Hatta : "go and order the drums to begin." And Hatta went bounding away[18] like a grasshopper.

For a minute or two Alice stood silent, watching him. Suddenly she brightened up. "Look, look!" she cried, pointing eagerly. "There's the White Queen running across the country![19] She came flying out of the wood over yonder — How fast those Queens *can* run!"

18) bounding away : 뛰어가 버리다.

19) There's the White Queen running across the country : White Queen은 Red Knight의 정 서쪽에 있는 칸에서 QB8으로 이동하고 있다. 가드너는 Red Knight가 White Queen을 잡을 수 없는데도, White Queen이 이처럼 급하게 움직이는 것이 바로 White Queen이 어리석다는 증거라고 말하고 있다.

"There's some enemy after her, no doubt," the King said, without even looking round. "That wood's full of them."

"But aren't you going to run and help her?" Alice asked, very much surprised at his taking it so quietly.[20]

"No use, no use!" said the King. "She runs so fearfully quick. You might as well try to catch a Bandersnatch! But I'll make a memorandum about her, if you like — She's a dear good creature," he repeated softly to himself, as he opened his memorandum-book. "Do you spell 'creature' with a double 'e'?"

At this moment the Unicorn sauntered[21] by them, with his hands in his pockets. "I had the best of it this time?" he said to the King, just glancing at him as he passed.

"A little — a little," the King replied, rather nervously. "You shouldn't have run him through with your horn, you know."

"It didn't hurt him," the Unicorn said carelessly, and he was going on, when his eye happened to fall upon Alice : he turned round rather instantly, and stood for some time looking at her with an air of the deepest disgust.

"What — is — this?" he said at last.

"This is a child!" Haigha replied eagerly, coming in front of Alice to introduce her, and spreading out both his hands towards her in an Anglo-Saxon attitude. "We only found it to-day. It's as large as life, and twice as natural!"[22]

"I always thought they were fabulous monsters!"[23] said the Unicorn. "Is it alive?"

"It can talk," said Haigha, solemnly.

---

20) at his taking it so quietly : 그가 그처럼 대수롭지 않게 받아들이는 것에 대해.

21) sauntered : 어슬렁거리며 걷다.

22) It's as large as life, and twice as natural : 'as large as life'는 '실물 크기의', '등신대(等身大)의'; twice as natural은 'quite as natural'(아주 자연스러운)이라는 표현의 변형으로 캐럴이 이 작품에서 처음 사용한 표현이다.

23) fabulous monsters : '전설에 나오는 괴물'; 사실 유니콘이야 말로 가상의 동물임에도 불구하고 유니콘이 앨리스를 전설에 나오는 괴물이라고 부르는 것은 실로 아이러니컬하다.

The Unicorn looked dreamily at Alice, and said "Talk, child."

Alice could not help her lips curling up into a smile as she began: "Do you know, I always thought Unicorns were fabulous monsters, too! I never saw one alive before!"

"Well, now that we *have* seen each other," said the Unicorn, "if you'll believe in me, I'll believe in you. Is that a bargain?"[24)]

"Yes, if you like," said Alice.

"Come, fetch out the plum-cake, old man!" the Unicorn went on, turning from her to the King. "None of your brown bread for me!"

"Certainly — certainly!" the King muttered, and beckoned to Haigha. "Open the bag!" he whispered. "Quick! Not that one — that's full of hay!"

Haigha took a large cake out of the bag, and gave it to Alice to hold, while he got out a dish and carving-knife. How they all came out of it Alice couldn't guess. It was just like a conjuring-trick,[25)] she thought.

The Lion had joined them while this was going on: he looked very tired and sleepy, and his eyes were half shut. "What's this!" he said, blinking lazily at Alice, and speaking in a deep hollow tone that sounded like the tolling of a great bell.

"Ah, what *is* it, now?" the Unicorn cried eagerly. "You'll never guess! *I* couldn't."

The Lion looked at Alice wearily. "Are you animal — vegetable — or mineral?"[26)] he said, yawning at every other word.

"It's a fabulous monster!" the Unicorn cried out, before Alice could reply.

"Then hand round[27)] the plum-cake, Monster," the Lion said, lying down and putting his chin on this paws. "And sit down, both

24) Is that a bargain? : 이것으로 거래가 성립되지 않았느냐는 의미.

25) conjuring-trick : 물건이나 사물을 불러내는 마법.

26) Are you animal — vegetable — or mineral? : 상대방이 어떤 대상을 생각하고 있는지 질문을 던져 알아 맞추는 빅토리아 시대에 유행했던 게임. 이 게임에서 상대방의 처음 질문은 의례히 동물, 식물, 광물 중 어디에 속하느냐고 묻는 것이다.

27) hand round : 주위 사람에게 나누어 주다.

of you," (to the King and the Unicorn) : "fair play with the cake, you know!"

The King was evidently very uncomfortable at having to sit down between the two great creatures; but there was no other place for him.

"What a fight we might have for the crown, *now*!" the Unicorn said, looking slyly up at the crown, which the poor King was nearly shaking off his head, he trembled so much.

"I should win easy," said the Lion.

"I'm not so sure of that," said the Unicorn.

"Why, I beat you all round the town, you *chicken*!" the Lion replied angrily, half getting up as he spoke.

Here the King interrupted, to prevent the quarrel going on : he was very nervous, and his voice quite quivered. "All round the town?"he said. "That's a good long way. Did you go by the old bridge, or the market-place? You get the best view by the old bridge."

"I'm sure I don't know," the Lion growled out as he lay down again. "There was too much dust to see anything. What a time the Monster is, cutting up that cake!"[28)]

28) What a time the Monster is, cutting up that cake : 앨리스가 케이크를 자르는데 엄청난 시간이 걸린다며 불평하는 말이다. 곧 이어 나오지만, 거울 속 나라에서

Alice had seated herself on the bank of a little brook, with the great dish on her knees, and was sawing away diligently with the knife. "It's very provoking!" she said, in reply to the Lion (she was getting quite used to being called "the Monster"). "I've cut several slices already, but they always join on again!"

"You don't know how to manage Looking-glass cakes," the Unicorn remarked. "Hand it round first, and cut it afterwards."

This sounded nonsense, but Alice very obediently got up, and carried the dish round, and the cake divided itself into three pieces as she did so. "*Now* cut it up," said the Lion, as she returned to her place with the empty dish.

"I say, this isn't fair!" cried the Unicorn, as Alice sat with the knife in her hand, very much puzzled how to begin. "The Monster has given the Lion twice as much as me!"29)

"She's kept none for herself, anyhow," said the Lion. "Do you like plum-cake, Monster?"

But before Alice could answer him, the drums began.

Where the noise came from, she couldn't make out : the air seemed full of it, and it rang through and through her head till she felt quite deafened. She started to her feet and sprang across the little brook in her terror,30)

*　*　*　*　*　*　*
*　*　*　*　*　*
*　*　*　*　*　*　*

and had just time to see the Lion and the Unicorn rise to their

---

는 모든 것이 반대이기 때문에, 케이크를 주위사람들에게 돌린 다음에 케이크를 잘라야만 한다.

29) The Monster has given the Lion twice as much as me : 사냥물을 동물들이 나누어 가지는 과정에서 사자가 가장 큰 몫을 가졌다는 이솝 우화에 소개된 이야기를 떠올리게 하는 장면이다. '사자의 몫'(lion's share)이라는 용어는 이 이솝우화에서 파생되었다.

30) She started to her feet and sprang across the little brook in her terror : 앨리스는 Q7으로 이동한 것이다.

feet, with angry looks at being interrupted in their feast, before she dropped to her knees, and put her hands over her ears, vainly trying to shut out the dreadful uproar.

"If *that* doesn't 'drum them out of town,'" she thought to herself, "nothing ever will!"

CHAPTER VIII

"IT'S MY OWN INVENTION"

After a while the noise seemed gradually to die away, till all was dead silence, and Alice lifted up her head in some alarm. There was no one to be seen, and her first thought was that she must have been dreaming about the Lion and the Unicorn and those queer Anglo-Saxon Messengers. However, there was the great dish still lying at her feet, on which she had tried to cut the plum-cake, "So I wasn't dreaming, after all," she said to herself, "unless — unless we're all part of the same dream. Only I do hope it's *my* dream, and not the Red King's! I don't like belonging to another person's dream,"[1] she went on in a rather complaining tone : "I've a great mind to go and wake him, and see what happens!"

At this moment her thoughts were interrupted by a loud shouting of "Ahoy! Ahoy! Check!"[2] and a Knight dressed in crimson armour came galloping[3] down upon her, brandishing a great club. Just as he reached her,[4] the horse stopped suddenly : "You're my prisoner!" the Knight cried, as he tumbled off his horse.

Startled as she was, Alice was more frightened for him than for herself at the moment, and watched him with some anxiety as he

---

1) Only I do hope it's *my* dream, and not the Red King's! I don't like belonging to another person's dream : 앞서 Tweedledum Tweedledee 형제가 자신들을 포함해 앨리스 자신도 Red King의 꿈에 등장하는 허구라고 말하였기 때문에 앨리스는 이와 같이 말하고 있는 것이다. 하지만 모든 것이 앨리스의 꿈이기 때문에 Red King은 사실상 앨리스의 꿈속에서만 존재하는 가상의 인물로 설명될 수도 있다.

2) Ahoy! Ahoy! Check : ahoy는 '어어이'하고 부르는 소리; check는 (체스게임에서) '장군'이라고 외치는 소리.

3) galloping : 말을 타고 질주하다.

4) Just as he reached her : Red Knight는 K2로 이동하여 White King에게 '장군'을 부르고 White Queen을 공격하고 있다.

mounted again. As soon as he was comfortably in the saddle, he began once more "You're my—" but here another voice broke in "Ahoy! Ahoy! Check!" and Alice looked round in some surprise for the new enemy.

This time it was a White Knight.[5] He drew up[6] at Alice's side, and tumbled off his horse just as the Red Knight had done : then he got on again, and the two Knights sat and looked at each other for some time without speaking. Alice looked from one to the other in some bewilderment.[7]

"She's *my* prisoner, you know!" the Red Knight said at last.

"Yes, but then *I* came and rescued her!" the White Knight replied.

"Well, we must fight for her, then," said the Red Knight, as he took up his helmet (which hung from the saddle, and was something the shape of a horse's head) and put it on.

"You will observe the Rules of Battle, of course?" the White Knight remarked, putting on his helmet too.

"I always do," said the Red Knight, and they began banging away at[8] each other with such fury that Alice got behind a tree to be out of the way of the blows.

"I wonder, now, what the Rules of Battle are," she said to herself, as she watched the fight, timidly peeping out from her hiding-place : "One Rule seems to be, that if one Knight hits the other, he knocks him off his horse; and, if he misses, he tumbles off himself—and another Rule seems to be that they hold their clubs with their arms, as if they were Punch and Judy[9]—What a noise they make when

5) White Knight : 지금 White Knight는 Red Knight가 있던 자리로 이동하였다.
6) drew up : '세우다', '멈추다'.
7) in some bewilderment : 다소 당황하여.
8) banging away at : 내리 공격하다.
9) as if they were Punch and Judy : Punch와 Judy는 영국의 희극적인 인형극인 Punch-and-Judy-Show에 등장하는 두 주인공의 이름; 테니엘은 두 기사간의 싸움을 삽화로 그릴 때, 마치 인형극의 한 장면처럼 그리고 있다고 가드너는 지적하고 있다.

they tumble! Just like a whole set of fire-irons[10] falling into the fender! And how quiet the horses are! They let them get on and off them just as if they were tables!"

Another Rule of Battle, that Alice had not noticed, seemed to be that they always fell on their heads; and the battle ended with their both falling off in this way, side by side : When they got up again, they shook hands, and then the Red Knight mounted and galloped off.

"It was a glorious victory,[11] wasn't it?" said the White Knight, as he came up panting.

"I don't know," Alice said doubtfully. "I don't want to be anybody's prisoner. I want to be a Queen."

"So you will, when you've crossed the next brook," said the White Knight. "I'll see you safe to the end of the wood — and then I must

10) fire-irons : 난로용 제구(부젓가락·부지깽이·부삽).

11) It was a glorious victory : 19세기 영국의 낭만주의 시인 싸우디(Southey)가 쓴 "The Battle of Blenheim"에 나오는 구절과 동일하다.

go back, you know. That's the end of my *move*."[12)]

"Thank you very much," said Alice. "May I help you off with your helmet?" It was evidently more than he could manage by himself: however she managed to shake him out of it at last.

"Now one can breathe more easily," said the Knight, putting back his shaggy[13)] hair with both hands, and turning his gentle face and large mild eyes to Alice. She thought she had never seen such a strange-looking soldier in all her life.[14)]

He was dressed in tin armour, which seemed to fit him very badly, and he had a queer-shaped little deal box[15)] fastened across his shoulder, upside-down, and with the lid hanging open. Alice looked at it with great curiosity.

"I see you're admiring my little box." the Knight said in a friendly tone. "It's my own invention — to keep clothes and sandwiches in. You see I carry it upside-down, so that the rain ca'n't get in."

"But the things can get *out*," Alice gently remarked. "Do you know the lid's open?"

"I didn't know it," the Knight said, a shade of vexation[16)] passing over his face. "Then all the things must have fallen out! And the box is no use without them." He unfastened it as he spoke, and was just going to throw it into the bushes, when a sudden thought seemed to strike him, and he hung it carefully on a tree. "Can you guess why I did that?" he said to Alice.

Alice shook her head.

---

12) *move*: (체스게임에서) 말의 움직임,

13) shaggy: 덥수룩한.

14) She thought she had never seen such a strange-looking soldier in all her life: White Knight의 모델에 대해서는 돈키호테, 캐럴의 친구였던 화학자 등이 거론되지만, 가장 유력한 후보는 바로 캐럴 자신이다. 많은 비평가들은 White Knight가 캐럴처럼 덥수룩한 머리에, 온화한 푸른 눈, 친절하고 온유한 얼굴을 가졌다는 사실, 또한 캐럴처럼 기발한 물건을 발명하기 좋아했다는 사실을 그 증거로서 제시하고 있다.

15) deal box: 소나무나 전나무로 만든 상자.

16) a shade of vexation: 약간의 짜증.

"In hopes some bees may make a nest in it — then I should get the honey."

"But you've got a bee-hive — or something like one — fastened to the saddle," said Alice.

"Yes, it's a very good bee-hive," the Knight said in a discontented tone, "one of the best kind. But not a single bee has come near it yet. And the other thing is a mouse-trap. I suppose the mice keep the bees out — or the bees keep the mice out, I don't know which."

"I was wondering what the mouse-trap was for," said Alice. "It isn't very likely there would be any mice on the horse's back."

"Not very likely, perhaps," said the Knight : "but, if they *do* come, I don't choose to have them running all about."

"You see," he went on after a pause, "it's as well to be provided for *everything*. That's the reason the horse has all those anklets[17] round his feet."

"But what are they for?" Alice asked in a tone of great curiosity.

"To guard against the bites of sharks,"[18] the Knight replied. "It's an invention of my own. And now help me on. I'll go with you to the end of the wood — What's the dish for?"

"It's meant for plum-cake," said Alice.

"We'd better take it with us," the Knight said. "It'll come in handy[19] if we find any plum-cake. Help me to get it into this bag."

This took a very long time to manage, though Alice held the bag open very carefully, because the Knight was so *very* awkward in putting in the dish : the first two or three times that he tried he fell in himself instead. "It's rather a tight fit[20], you see," he said,

---

17) anklets : 발목에 차는 고리.

18) To guard against the bites of sharks : 육지에서 사는 말이 상어의 공격에 대비하여 발목에 고리를 찬다는 것은 논리적으로 맞지 않아, 식자공은 첫 번째 교정쇄를 볼 때 'shark'를 'snark'로 바꾸었다고 한다. 이를 계기로 캐럴은 'snark'라는 가상의 동물을 등장시켜, *The Hunting of the Snark*라는 제목의 작품을 출판하였다고 한다.

19) come in handy : '편리하다,' '곧 쓸 수 있다.'

20) tight fit : 꼭 맞는 것.

as they got it in at last; "there are so many candlesticks in the bag." And he hung it to the saddle, which was already loaded with bunches of carrots, and fire-irons, and many other things.

"I hope you've got your hair well fastened on?" he continued, as they set off.

"Only in the usual way," Alice said, smiling.

"That's hardly enough," he said, anxiously. "You see the wind is so *very* strong here. It's as strong as soup."

"Have you invented a plan for keeping the hair from being blown off?" Alice enquired.

"Not yet," said the Knight. "But I've got a plan for keeping it from *falling* off."

"I should like to hear it, very much."

"First you take an upright stick," said the Knight. "Then you make your hair creep up it, like a fruit-tree. Now the reason hair falls off is because it hangs *down* — things never fall *upwards*, you know. It's a plan of my own invention. You may try it if you like."

It didn't sound a comfortable plan, Alice thought, and for a few minutes she walked on in silence, puzzling over the idea, and every now and then stopping to help the poor Knight, who certainly was *not* a good rider.

Whenever the horse stopped (which it did very often), he fell off in front; and, whenever it went on again (which it generally did rather suddenly), he fell off behind. Otherwise he kept on pretty well, except that he had a habit of now and then falling off sideways; and, as he generally did this on the side on which Alice was walking, she soon found that it was the best plan not to walk *quite* close to the horse.

"I'm afraid you've not had much practice in riding," she ventured to say, as she was helping him up from his fifth tumble.

The Knight looked very much surprised, and a little offended at the remark. "What makes you say that?" he asked, as he scrambled back into the saddle, keeping hold of Alice's hair with one hand,

to save himself from falling over on the other side.

"Because people don't fall off quite so often, when they've had much practice."

"I've had plenty of practice," the Knight said very gravely: "plenty of practice!"

Alice could think of nothing better to say than "Indeed?" but she said it as heartily as she could. They went on a little way in silence after this, the Knight with his eyes shut, muttering to himself, and Alice watching anxiously for the next tumble.

"The great art of riding," the Knight suddenly began in a loud voice, waving his right arm as he spoke, "is to keep—" Here the sentence ended as suddenly as it had begun, as the Knight fell heavily on the top of his head exactly in the path where Alice was walking. She was quite frightened this time, and said in an anxious tone, as she picked him up, "I hope no bones are broken?"

"None to speak of," the Knight said, as if he didn't mind breaking two or three of them. "The great art of riding, as I was saying, is — to keep your balance properly. Like this, you know —"

He let go the bridle, and stretched out both his arms to show Alice what he meant, and this time he fell flat on his back, right under the horse's feet.

"Plenty of practice!" he went on repeating, all the time that Alice was getting him on his feet again. "Plenty of practice!"

"It's too ridiculous!" cried Alice, losing all her patience this time. "You ought to have a wooden horse on wheels, that you ought!"

"Does that kind go smoothly?" the Knight asked in a tone of great interest, clasping his arms round the horse's neck as he spoke, just in time to save himself from tumbling off again.

"Much more smoothly than a live horse," Alice said, with a little scream of laughter, in spite of all she could do to prevent it.

"I'll get one," the Knight said thoughtfully to himself. "One or two — several."

There was a short silence after this, and then the Knight went on again. "I'm a great hand at[21] inventing things. Now, I daresay you noticed, that last time you picked me up, that I was looking rather thoughtful?"

"You *were* a little grave," said Alice.

"Well, just then I was inventing a new way of getting over a gate — would you like to hear it?"

"Very much indeed," Alice said politely.

"I'll tell you how I came to think of it," said the Knight. "You see, I said to myself, 'The only difficulty is with the feet : the *head* is high enough already.' Now, first I put my head on the top of the gate — then I stand on my head — then the feet are high enough, you see — then I'm over, you see."

"Yes, I suppose you'd be over when that was done," Alice said thoughtfully : "but don't you think it would be rather hard?"

---

21) a great hand at : … 하는데 능숙하다.

"I haven't tried it yet," the Knight said, gravely; "so I ca'n't tell for certain — but I'm afraid it *would* be a little hard."

He looked so vexed at the idea, that Alice changed the subject hastily. "What a curious[22] helmet you've got!" she said cheerfully. "Is that your invention too?"

The Knight looked down proudly at his helmet, which hung from the saddle. "Yes," he said; "but I've invented a better one than that — like a sugar-loaf.[23] When I used to wear it, if I fell off the horse, it always touched the ground directly. So I had a *very* little way to fall, you see — But there *was* the danger of falling *into* it, to be sure. That happened to me once — and the worst of it was, before I could get out again, the other White Knight came and put it on. He thought it was his own helmet."

The knight looked so solemn about it that Alice did not dare to laugh. "I'm afraid you must have hurt him," she said in a trembling voice, "being on the top of his head."

"I had to kick him, of course," the Knight said, very seriously. "And then he took the helmet off again — but it took hours and hours to get me out. I was as fast as — as lightning, you know."

"But that's a different kind of fastness,"[24] Alice objected.

The Knight shook his head. "It was all kinds of fastness with me, I can assure you!" he said. He raised his hands in some excitement as he said this, and instantly rolled out of the saddle, and fell headlong[25] into a deep ditch.

Alice ran to the side of the ditch to look for him. She was rather startled by the fall, as for some time he had kept on very well, and she was afraid that he really *was* hurt this time. However, though

22) curious : 기이한.
23) sugar-loaf : '막대 사탕', '원뿔형의 사탕'.
24) that's a different kind of fastness : White Knight가 fast란 단어를 문맥에 맞지 않게 사용한 것에 대한 앨리스의 지적이다; 즉, White Knight는 자신이 헬멧에 꼭 끼었다고 말하려 할 때, 꽉 낀이란 의미의 'fast'란 단어를 사용하여야 하는데, 문장상 빠르단 의미로 해석될 수밖에 없도록 'fast'란 단어를 사용하였기 때문이다.
25) headlong : 거꾸로.

she could see nothing but the soles of his feet, she was much relieved to hear that he was talking on in his usual tone. "All kinds of fastness," he repeated: "but it was careless of him to put another man's helmet on — with the man in it, too."

"How *can* you go on talking so quietly, head downwards?" Alice asked, as she dragged him out by the feet, and laid him in a heap on the bank.

The Knight looked surprised at the question. "What does it matter where my body happens to be?" he said. "My mind goes on working all the same. In fact, the more head-downwards I am, the more I keep inventing new things."

"Now the cleverest thing of the sort that I ever did," he went on after a pause, "was inventing a new pudding during the meat-course."[26]

"In time to have it cooked for the next course?" said Alice. "Well, that *was* quick work, certainly!"

"Well, not the *next* course," the Knight said in a slow thoughtful tone: "no, certainly not the next *course*."

"Then it would have to be the next day. I suppose you wouldn't have two pudding-courses in one dinner?"

26) meat-course : meat는 '음식' '식사'의 의미; 즉, 음식 코스.

"Well, not the *next* day," the Knight repeated as before : "not the next *day*. In fact," he went on, holding his head down,[27] and his voice getting lower and lower, "I don't believe that pudding ever *was* cooked! In fact, I don't believe that pudding ever *will* be cooked![28] And yet it was a very clever pudding to invent."

"What did you mean it to be made of?" Alice asked, hoping to cheer him up, for the poor Knight seemed quite low-spirited about it.

"It began with blotting paper[29]," the Knight answered with a groan.

"That wouldn't be very nice, I'm afraid—"

"Not very nice *alone*," he interrupted, quite eagerly : "but you've no idea what a difference it makes mixing it with other things—such as gunpowder and sealing-wax. And here I must leave you." They had just come to the end of the wood.

Alice could only look puzzled : she was thinking of the pudding.

"You are sad," the Knight said in an anxious tone : "let me sing you a song to comfort you."

"Is it very long?" Alice asked, for she had heard a good deal of poetry that day.

"It's long," said the Knight, "but it's very, *very* beautiful. Everybody that hears me sing it—either it brings the *tears* into their eyes, or else—"

"Or else what?" said Alice, for the Knight had made a sudden pause.

"Or else it doesn't, you know.[30] The name of the song is called '*Haddocks'*[31] *Eyes*'"

---

27) holding his head down : 머리를 수그리면서.

28) I don't believe that pudding ever *will* be cooked : White Knight는 '푸딩의 맛은 먹어 보아야 한다' (The Proof of the pudding is in the eating)는 속담을 염두에 두고 있기 때문에, 그에게 있어서 푸딩은 요리의 대상이 아니라 먹는 대상으로서만 존재한다. 푸딩이 요리될 수 없다고 그가 말한 이유는 여기에 있다.

29) blotting paper : 압지.

30) Or else it doesn't, you know : 진(眞)·위(僞) 2가(價)의 논리법에서 이런 예는 배중률(排中律)의 한 예가 될 수 있다고 가드너는 말하고 있다. 진실 아니면 거짓이지, 제 삼의 선택이 없는 이런 식의 논리는 많은 nonsense의 출발점이 된다.

31) *Haddocks :* 대구의 일종.

"Oh, that's the name of the song, is it?" Alice said, trying to feel interested.

"No, you don't understand," the Knight said, looking a little vexed. "That's what the name is *called*. The name really *is 'The Aged Aged Man.'"*

"Then I ought to have said 'That's what the *song* is called'?" Alice corrected herself.

"No, you oughtn't : that's quite another thing! The *song* is called '*Ways and Means*'[32] but that's only what it's *called*, you know!"

"Well, what *is* the song, then?" said Alice, who was by this time completely bewildered.

"I was coming to that," the Knight said. "The song really is '*A-sitting on a Gate*' : and the tune's my own invention."

So saying, he stopped his horse and let the reins fall on its neck : then, slowly beating time with one hand, and with a faint smile lighting up his gentle foolish face, as if he enjoyed the music of his song, he began.

Of all the strange things that Alice saw in her journey Through The Looking-Glass, this was the one that she always remembered most clearly.[33] Years afterwards she could bring the whole scene back again, as if it had been only yesterday — the mild blue eyes and kindly smile of the Knight — the setting sun gleaming through his hair, and shining on his armour in a blaze of light that quite dazzled her — the horse quietly moving about, with the reins hanging loose on his neck, cropping[34] the grass at her feet — and the black shadows of the forest behind — all this she took in like

---

32) *Ways and Means* : 가드너는 'ways and means'라는 게임의 규칙을 캐럴이 직접 쓴 적이 있다고 말하고 있다.

33) this was the one that she always remembered most clearly : 앨리스가 이상한 나라에서 혹은 거울 속 나라에서 만난 인물 중 앨리스에게 호의를 갖고 대한 유일한 사람이 White Knight라는 사실과, 이 White Knight가 바로 캐럴을 모델로 삼고 있다는 사실을 고려해 볼 때, 앨리스가 성인이 되어서도 자신을 영원히 기억하기 바랐을 캐럴의 마음이 이 기사의 시를 통해 느껴질 수 있다.

34) cropping : (풀을) 뜯어먹다.

a picture, as, with one hand shading her eyes, she leant against a tree, watching the strange pair, and listening, in a half-dream, to the melancholy music of the song.

"But the tune *isn't* his own invention," she said to herself: "it's '*I give thee all, I can no more.*'"[35] She stood and listened very attentively, but no tears came into her eyes.

"I'll tell thee everything I can;[36]
There's little to relate.
I saw an aged aged man,
A-sitting on a gate.
'Who are you, aged man?' I said.
'And how is it you live?'
And his answer trickled[37] *through my head,*
Like water through a sieve.[38]

He said 'I look for butterflies
That sleep among the wheat:
I make them into mutton-pies,

35) it's '*I give thee all, I can no more*': 이 시는 토마스 무어(Thomas Moore)가 쓴 "My Heart and Lute"란 시의 운율을 따르고 있다. 무어 시의 첫 번째 연을 소개하면 다음과 같다.

I give thee all－I can no more－ / Though poor the off'ring be;
My heart and lute are all the store / That I can bring to thee....

36) *I'll tell thee everything I can*: 캐럴이 *The Train*이라는 잡지에 익명으로 기고한 "Upon the Lonely Moor"라는 시를 개작하여, 이 작품에 다시 실은 것이다. 캐럴은 이 시를 쓸 때 19세기 영국의 낭만주의 시인 윌리엄 워즈워드(William Wordsworth)의 시 "Resolution and Independence"의 주제를 패러디 하고자 하였다고 밝히고 있다. 캐럴이 쓴 "Upon the Lonely Moor"의 첫 연을 소개하면 다음과 같다.

I met an aged, aged man / Upon the lonely moor:
I knew I was a gentleman, / And he was a boor.
So I stopped and roughly questioned him, / "Come, tell me how you live!"
But his words impressed my ear no more / Than if it were a sieve.

37) *trickled*: 조금씩 세다.

38) *sieve*: 체.

And sell them in the street.
I sell them unto men,' he said,
'Who sail on stormy seas;
And that's the way I get my bread —
A trifle, if you please.'

But I was thinking of a plan
To dye one's whiskers green,[39]
And always use so large a fan
That they could not be seen.
So, having no reply to give
To what the old man said,
I cried 'Come, tell me how you live!'
And thumped him on the head.

His accents mild took up the tale:
He said 'I go my ways,
And when I find a mountain-rill,[40]
I set it in a blaze;
And thence they make a stuff they call
Rolands' Macassar Oil[41] *—*
Yet twopence-halfpenny is all
They give me for my toil.'

But I was thinking of a way
To feed oneself on batter,[42]
And so go on from day to day
Getting a little fatter.
I shook him well from side to side,

39) *To dye one's whiskers green*: "Upon the Lonely Moor"란 시에서 푸른색으로 채색되는 것은 '각반'(gaiter)이었다.
40) *mountain-rill*: 산속의 실개천.
41) *Rolands' Macassar Oil*: 19세기 영국에서 유명하였던 머릿기름 상표.
42) *batter*: (우유·달걀·밀가루 등의) 반죽.

Until his face was blue:
'Come, tell me how you live,' I cried,
'And what it is you do!'

He said 'I hunt for haddocks' eyes
Among the heather bright,
And work them into waistcoat-buttons
In the silent night.
And these I do not sell for gold
Or coin of silvery shine,
But for a copper halfpenny,
And that will purchase nine.

'I sometimes dig for[43] *buttered rolls,*
Or set limed twigs[44] *for crabs:*

43) *dig for*: 파내려고 하다.
44) *limed twigs*: (작은 새를 사냥하기 위한) 끈끈이를 바른 가지.

I sometimes search the grassy knolls[45)]
For wheels of Hansom-cabs.[46)]
And that's the way (he gave a wink)
'By which I get my wealth—
And very gladly will I drink
Your Honour's noble health.'

I heard him then, for I had just
Completed my design
To keep the Menai bridge[47)] *from rust*
By boiling it in wine.
I thanked him much for telling me
The way he got his wealth,
But chiefly for his wish that he
Might drink my noble health.

And now, if e'er by chance I put
My fingers into glue
Or madly squeeze a right-hand foot
Into a left-hand shoe,[48)]
Or if I drop upon my toe
A very heavy weight,
I weep, for it reminds me so
Of that old man I used to know—
Whose look was mild, whose speech was slow,
Whose hair was whiter than the snow,

45) *knolls* : '언덕', '작은 산'.

46) *Hansom-cabs* : 한층 높은 마부석이 뒤에 있고 말 한 필이 끄는 2인승 2륜 마차로 빅토리아 시대 영국의 전형적인 마차택시.

47) *Menai bridge* : North Wales와 앵글시 섬 사이에 있는 메나이 해협(Menai Straits) 위로 런던에서부터 홀리헤드(Holyhead)까지 이어진 현수교 이름; 캐럴은 10살 무렵에 가족과 Beaumaris에 갈 때, 마차를 타고 이 다리를 지나갔다고 한다.

48) *madly squeeze a right-hand foot into a left-hand shoe* : 오른 발을 왼쪽 신발에 넣는 것은 당시에 불길한 징조로 여겨졌다고 한다.

Whose face was very like a crow,
With eyes, like cinders, all aglow,[49]
Who seemed distracted[50] *with his woe,*
Who rocked his body to and fro,
And muttered mumblingly and low,
As if his mouth were full of dough,
Who snorted like a buffalo—
That summer evening, long ago,
A-sitting on a gate."

As the Knight sang the last words of the ballad, he gathered up the reins,[51] and turned his horse's head along the road by which they had come. "You've only a few yards to go," he said, "down the hill and over that little brook, and then you'll be a Queen—But you'll stay and see me off first?" he added as Alice turned with an eager look in the direction to which he pointed. "I sha'n't be long. You'll wait and wave your handkerchief when I get to that turn in the road? I think it'll encourage me, you see."

"Of course I'll wait," said Alice : "and thank you very much for coming so far—and for the song—I liked it very much."

"I hope so," the Knight said doubtfully : "but you didn't cry so much as I thought you would."

So they shook hands, and then the Knight rode slowly away into the forest. "It wo'n't take long to see him *off*, I expect," Alice said to herself, as she stood watching him. "There he goes! Right on his head as usual! However, he gets on again pretty easily—that comes of having so many things hung round the horse—" So she went on

49) *With eyes, like cinders, all aglow* : aglow는 '불타오르는'; 워즈워드의 "Resolution and Independence"의 12연의 마지막 두 행에 나오는 구절을 연상시킨다. 그 구절은 다음과 같다.

He answer'd me with pleasure and surprise
And there was, while he spake, a fire about his eyes.

50) *distracted* : 괴로운.
51) gathered up the reins : 고삐를 죄었다.

talking to herself, as she watched the horse walking leisurely along the road, and the Knight tumbling off, first on one side and then on the other. After the fourth or fifth tumble he reached the turn, and then she waved her handkerchief to him, and waited till he was out of sight.[52)]

"I hope it encouraged him," she said, as she turned to run down the hill : "and now for the last brook, and to be a Queen! How grand it sounds!" A very few steps brought her to the edge of the brook.[53)] "The Eighth Square at last!" she cried as she bounded across,

* * * * * * *
* * * * * *
* * * * * * *

and threw herself down to rest on a lawn as soft as moss, with little flower-beds dotted about it here and there. "Oh, how glad I am to get here! And what *is* this on my head?" she exclaimed in a tone of dismay, as she put her hands up to something very heavy, that fitted tight all round her head.

"But how *can* it have got there without my knowing it?" she said to herself, as she lifted it off, and set it on her lap to make out what it could possibly be.

It was a golden crown.[54)]

---

52) After the fourth or fifth tumble he reached the turn …, waited till he was out of sight : 이제 White Knight는 Red Knight가 있던 KB5로 돌아간 것이다; 앨리스와 White Knight와의 이 이별장면은 앨리스가 성인이 되었을 때 자신에 대해 어떻게 느끼기 바라는지에 대한 캐럴의 염원이 배여 있다고 비평가들은 보고 있다.

53) A very few steps brought her to the edge of the brook : 캐럴은 원래 작품의 이 위치에 「가발속의 장수말벌」(Wasp in a Wig)라는 에피소드를 넣으려 했으나, 테니엘의 제안에 따라 그만두었다고 한다.

54) It was a golden crown : 이제 앨리스는 여왕의 세로줄 마지막 칸인 Q8에 도달하여 자신이 원하는 여왕이 된다. (체스게임의 졸이 체스의 마지막 열에 도달하였을 때, 그 졸은 체스게임을 하는 사람이 원하는 말이 되는데, 여왕이 가장 강력한 말이기 때문에, 의례히 여왕으로 변하게 된다).

CHAPTER IX

QUEEN ALICE

"Well, this *is* grand!" said Alice. "I never expected I should be a Queen so soon — and I'll tell you what it is, your Majesty," she went on, in a severe tone (she was always rather fond of scolding herself), "it'll never do for you to be lolling about[1] on the grass like that! Queens have to be dignified, you know!"

1) lolling about : 빈둥거리다.

So she got up and walked about — rather stiffly just at first, as she was afraid that the crown might come off: but she comforted herself with the thought that there was nobody to see her, "and if I really am a Queen," she said as she sat down again, "I shall be able to manage it quite well in time."

Everything was happening so oddly that she didn't feel a bit surprised at finding the Red Queen and the White Queen sitting close to her, one on each side:[2] she would have liked very much to ask them how they came there, but she feared it would not be quite civil. However, there would be no harm, she thought, in asking if the game was over. "Please, would you tell me —" she began, looking timidly at the Red Queen.

"Speak when you're spoken to!" The Queen sharply interrupted her.

"But if everybody obeyed that rule," said Alice, who was always ready for a little argument, "and if you only spoke when you were spoken to, and the other person always waited for *you* to begin, you see nobody would ever say anything, so that —"

"Ridiculous!" cried the Queen. "Why, don't you see, child —" here she broke off[3] with a frown, and, after thinking for a minute, suddenly changed the subject of the conversation. "What do you mean by 'If you really are a Queen'? What right have you to call yourself so? You ca'n't be a Queen, you know, till you've passed the proper examination. And the sooner we begin it, the better."

"I only said 'if'!" poor Alice pleaded in a piteous tone.

The two Queens looked at each other, and the Red Queen remarked, with a little shudder, "She *says* she only said 'if' —"

"But she said a great deal more than that!" the White Queen moaned, wringing her hands. "Oh, ever so much more than that!"

---

2) the Red Queen and the White Queen sitting close to her, one on each side : Red Queen은 King이 있던 칸으로 방금 이동하여, 앨리스는 양쪽에 여왕을 두게 된다. 이로 인해 White King은 장군에 몰리게 되었지만, 아무도 이를 눈치 채지 못하고 있다.

3) broke off : 말을 중단하였다.

"So you did, you know," the Red Queen said to Alice. "Always speak the truth—think before you speak—and write it down afterwards."

"I'm sure I didn't mean—" Alice was beginning, but the Red Queen interrupted her impatiently.

"That's just what I complain of! You *should* have meant![4] What do you suppose is the use of child without any meaning? Even a joke should have some meaning—and a child's more important than a joke, I hope. You couldn't deny that, even if you tried with both hands."

"I don't deny things with my *hands*," Alice objected.

"Nobody said you did," said the Red Queen. "I said you couldn't if you tried."

"She's in that state of mind," said the White Queen, "that she wants to deny *something*—only she doesn't know what to deny!"

"A nasty, vicious temper," the Red Queen remarked; and then there was an uncomfortable silence for a minute or two.

The Red Queen broke the silence by saying, to the White Queen, "I invite you to Alice's dinner-party this afternoon."

The White Queen smiled feebly, and said "And I invite *you*."

"I didn't know I was to have a party at all," said Alice; "but if there *is* to be one, I think *I* ought to invite the guests."

"We gave you the opportunity of doing it," the Red Queen remarked : "but I daresay you've not had many lessons in manners yet?"

"Manners are not taught in lessons," said Alice. "Lessons teach you to do sums,[5] and things of that sort."

"Can you do Addition?"[6] the White Queen asked. "What's one and one and one and one and one and one and one and one and

4) You *should* have meant : 앞서 앨리스는 'mean'이란 단어를 '의도하다'의 의미로 사용하였지만, Queen은 여기서 '의미하다'는 의미로 사용하고 있다.

5) do sums : 계산하다.

6) do Addition : 덧셈하다.

one and one?"

"I don't know," said Alice. "I lost count."[7]

"She ca'n't do Addition," the Red Queen interrupted. "Can you do Subtraction?[8] Take nine from eight."

"Nine from eight I ca'n't, you know," Alice replied very readily : "but —"

"She ca'n't do Substraction," said the White Queen. "Can you do Division?[9] Divide a loaf by a knife — what's the answer to *that*?"

"I suppose —" Alice was beginning, but the Red Queen answered for her. "Bread-and-butter, of course. Try another Subtraction sum. Take a bone from a dog : what remains?"

Alice considered. "The bone wouldn't remain, of course, if I took it — and the dog wouldn't remain : it would come to bite me — and I'm sure *I* shouldn't remain!"

"Then you think nothing would remain?" said the Red Queen.

"I think that's the answer."

7) lost count : 수를 잊어버리다.
8) Subtraction : 뺄셈.
9) Division : 나눗셈.

"Wrong, as usual," said the Red Queen : "the dog's temper would remain."

"But I don't see how—"

"Why, look here!" the Red Queen cried. "The dog would lose its temper, wouldn't it?"

"Perhaps it would," Alice replied cautiously.

"Then if the dog went away, its temper would remain!" the Queen exclaimed triumphantly.

Alice said, as gravely as she could, "They might go different ways." But she couldn't help thinking to herself "What dreadful nonsense we *are* talking!"

"She ca'n't do sums a *bit*!" the Queens said together, with great emphasis.[10)]

"Can *you* do sums?" Alice said, turning suddenly on the White Queen, for she didn't like being found fault with so much.

The Queen gasped and shut her eyes. "I can do Addition," she said, "if you give me time—but I ca'n't do Subtraction, under *any* circumstances!"

"Of course you know your ABC?" said the Red Queen.

"To be sure I do." said Alice.

"So do I," the White Queen whispered : "we'll often say it over together, dear. And I'll tell you a secret—I can read words of one letter! Isn't *that* grand! However, don't be discouraged. You'll come to it in time."

Here the Red Queen began again. "Can you answer useful questions?" she said. "How is bread made?"

"I know *that*!" Alice cried eagerly. "You take some flour—"

"Where do you pick the flower?"[11)] the White Queen asked. "In a garden, or in the hedges?"

"Well, it isn't *picked* at all," Alice explained : "it's ground—"

10) with great emphasis : 몹시 강조하듯이.

11) Where do you pick the flower? : 'flour'라고 앨리스는 말했지만 여왕은 flour와 발음이 동일한 'flower'로 이해하여 둘 간에는 의사소통이 되지 않는다.

"How many acres of ground?"[12] said the White Queen. "You mustn't leave out so many things."

"Fan her head!" the Red Queen anxiously interrupted. "She'll be feverish after so much thinking." So they set to work and fanned her with bunches of leaves, till she had to beg them to leave off, it blew her hair about so.

"She's all right again now," said the Red Queen. "Do you know Languages? What's the French for fiddle-de-dee?"[13]

"Fiddle-de-dee's not English," Alice replied gravely.

"Who ever said it was?" said the Red Queen.

Alice thought she saw a way out of the difficulty, this time. "If you'll tell me what language 'fiddle-de-dee' is, I'll tell you the French for it!" she exclaimed triumphantly.

But the Red Queen drew herself up[14] rather stiffly, and said "Queens never make bargains."

"I wish Queens never asked questions," Alice thought to herself.

"Don't let us quarrel," the White Queen said in an anxious tone. "What is the cause of lightning?"

"The cause of lightning," Alice said very decidedly, for she felt quite certain about this, "is the thunder — no, no!" she hastily corrected herself. "I meant the other way."[15]

"It's too late to correct it," said the Red Queen : "when you've once said a thing, that fixes it, and you must take the consequences."[16]

"Which reminds me —" the White Queen said, looking down and nervously clasping and unclasping her hands, "we had *such* a

12) How many acres of ground : 앨리스는 'grind'의 과거분사로서 'ground'라는 단어를 사용하였지만, 여왕은 이를 '땅'(ground)의 의미로 받아들여 다시 의사소통에 문제가 생긴다.

13) fiddle-de-dee : '허튼소리'; 1719년 출판된 동요의 제목이기도 하다.

14) drew herself up : draw up은 '꼿꼿이 세우다', '곧추세우다'.

15) I meant the other way : 자신이 의도하는 것은 앞서 한 말의 정반대라는 의미.

16) when you've once said a thing, that fixes it, and you must take the consequences : take the consequences는 '결과를 받아들이다'; 체스게임에서 한 번 움직인 말은 되돌릴 수 없다는 규칙이 있는데, 이 말은 이를 간접적으로 시사하고 있다.

thunderstorm last Tuesday—I mean one of the last set of Tuesdays,17) you know."

Alice was puzzled. "In *our* country," she remarked, "there's only one day at a time."

The Red Queen said "That's a poor thin way of doing things. Now *here*, we mostly have days and nights two or three at a time, and sometimes in the winter we take as many as five nights together—for warmth, you know."

"Are five nights warmer than one night, then?" Alice ventured to ask.

"Five times as warm, of course."

"But they should be five times as *cold*, by the same rule—"

"Just so!" cried the Red Queen. "Five times as warm, *and* five times as cold—just as I'm five times as rich as you are, *and* five times as clever!"

Alice sighed and gave it up. "It's exactly like a riddle with no answer!" she thought.

"Humpty Dumpty saw it too," the White Queen went on in a low voice, more as if she were talking to herself. "He came to the door with a corkscrew in his hand—"

"What did he want?" said the Red Queen.

"He said he *would* come in," the White Queen went on, "because he was looking for a hippopotamus. Now, as it happened, there wasn't such a thing in the house, that morning."

"Is there generally?" Alice asked in an astonished tone.

"Well, only on Thursdays," said the Queen.

"I know what he came for," said Alice : "he wanted to punish the fish, because—"18)

Here the White Queen began again. "It was *such* a thunderstorm,

---

17) I mean one of the last set of Tuesdays : 가드너에 따르면 캐럴은 화요일을 무척 좋아했다고 한다.

18) he wanted to punish the fish, because— : 이 책의 6장에서 Humpty Dumpty가 타래송곳을 가지고 자기 말을 듣지 않은 물고기를 벌주기 위해 깨우러 갔다는 사실을 기억해 내고는 앨리스가 이렇게 말한 것이다.

you ca'n't think!" ("She *never* could, you know," said the Red Queen.) "And part of the roof came off, and ever so much thunder got in — and it went rolling round the room in great lumps[19) — and knocking over the tables and things — till I was so frightened, I couldn't remember my own name!"

Alice thought to herself "I never should *try* to remember my name in the middle of an accident! Where would be the use of it?" but she did not say this aloud, for fear of hurting the poor Queen's feeling.

"Your Majesty must excuse her," the Red Queen said to Alice, taking one of the White Queen's hands in her own, and gently stroking it : "she means well, but she can't help saying foolish things, as a general rule."

The White Queen looked timidly at Alice, who felt she *ought* to say something kind, but really couldn't think of anything at the moment.

"She never was really well brought up," the Red Queen went on : "but it's amazing how good-tempered she is! Pat her on the head, and see how pleased she'll be!" But this was more than Alice had courage to do.

"A little kindness — and putting her hair in papers[20) — would do wonders with her —"

The White Queen gave a deep sigh, and laid her head on Alice's shoulder. "I *am* so sleepy?" she moaned.

"She's tired, poor thing!" said the Red Queen. "Smooth her hair — lend her your nightcap[21) — and sing her a soothing lullaby."

"I haven't got a nightcap with me," said Alice, as she tried to obey the

first direction : "and I don't know any soothing lullabies."

"I must do it myself, then," said the Red Queen, and she began : —

19) in great lumps : 한데 뭉쳐서.
20) papers : 머리 마는 데(머리를 지지는 데) 사용하는 종이.
21) nightcap : 잠잘 때 쓰는 모자.

"Hush-a-by lady, in Alice's lap![22]
Till the feast's ready, we've time for a nap.
When the feast's over, we'll go to the ball—
Red Queen, and White Queen, and Alice, and all!

"And now you know the words," she added, as she put her head down on Alice's other shoulder, "just sing it through to *me*. I'm getting sleepy, too." In another moment both Queens were fast asleep, and snoring loud.

"What *am* I to do?" exclaimed Alice, looking about in great perplexity, as first one round head, and then the other, rolled down from her shoulder, and lay like a heavy lump in her lap. "I don't think it *ever* happened before, that any one had to take care of two Queens asleep at once! No, not in all the History of England—it couldn't, you know, because there never was more than one Queen at a time. Do wake up, you heavy things!" she went on in an impatient tone; but there was no answer but a gentle snoring.

The snoring got more distinct every minute, and sounded more

22) *Hush-a-by lady, in Alice's lap* : 당시에 유행했던 "Hush-a-by baby, on the tree top"이라는 동요의 패러디.

like a tune: at last she could even make out the words, and she listened so eagerly that, when the two great heads vanished from her lap, she hardly missed them.

She was standing before an arched doorway, over which were the words **QUEEN ALICE** in large letters, and on each side of the arch there was a bell-handle; one was marked "Visitors' Bell," and the other "Servants' Bell."

"I'll wait till the song's over," thought Alice, "and then I'll ring the — the — *which* bell must I ring?" she went on, very much puzzled by the names. "I'm not a visitor, and I'm not a servant. There *ought* to be one marked 'Queen,' you know —"

Just then the door opened a little way, and a creature with a long beak put its head out for a moment and said "No admittance till the week after next!" and shut the door again with a bang.[23)]

Alice knocked and rang in vain for a long time; but at last a very old Frog, who was sitting under a tree, got up and hobbled[24)] slowly towards her : he was dressed in bright yellow, and had enormous boots on.

"What is it, now?" the Frog said in a deep hoarse whisper.

Alice turned round, ready to find fault with anybody. "Where's the servant whose business it is to answer the door?" she began angrily.

"Which door?" said the Frog.

Alice almost stamped with irritation at the slow drawl[25)] in which he spoke. "*This* door, of course!"

The Frog looked at the door with his large dull eyes for a minute : then he went nearer and rubbed it with his thumb, as if he were trying whether the paint would come off : then he looked at Alice.

"To answer the door?" he said. "What's it been asking of?" He was so hoarse that Alice could scarcely hear him[26)].

"I don't know what you mean," she said.

"I speaks English, doesn't I?" the Frog went on. "Or are you deaf? What did it ask you?"

"Nothing!" Alice said impatiently. "I've been knocking at it!"

"Shouldn't do that — shouldn't do that —" the Frog muttered. "Wexes[27)] it, you know." Then he went up and gave the door a kick with one of his great feet. "You let *it* alone," he panted out, as he

---

23) with a bang : 꽝하고.

24) hobbled : 절뚝거리며 걸었다.

25) drawl : 점잔빼며 천천히 말하기.

26) He was so hoarse that Alice could scarcely hear him : have a frog in the [one's] throat가 (구어로) '목이 쉬었다'는 의미라는 사실을 생각해 볼 때, 목이 쉰 개구리의 말을 앨리스가 잘 알아듣지 못한 것은 당연하다고 하겠다.

27) Wexes : 빅토리아 시대의 영국 런던의 사투리에서는 'vs'를 'ws'로, 'ws'를 'vs'로 발음하는 경우가 종종 있었다. 따라서 여기 이 단어는 'vexes'로 발음하여야 표준어가 될 것이다.

hobbled back to his tree, "and it'll let *you* alone, you know."

At this moment the door was flung open, and a shrill voice was heard singing: —

"To the Looking-Glass world it was Alice that said[28)]
"'I've a sceptre[29)] *in hand I've a crown on my head.*
Let the Looking-Glass creatures, whatever they be
Come and dine with the Red Queen, the White Queen, and me."'

And hundreds of voices joined in the chorus: —

"Then fill up the glasses as quick as you can,
And sprinkle the table with buttons and bran:[30)]
Put cats in the coffee, and mice in the tea—
And welcome Queen Alice with thirty-times-three!"

Then followed a confused noise of cheering, and Alice thought to herself, "Thirty times three makes ninety. I wonder if any one's counting?" In a minute there was silence again, and the same shrill voice sang another verse: —

"'O Looking-Glass creatures,' quoth Alice, 'draw near!

28) *To the Looking-Glass world it was Alice that said*: 19세기 영국의 시인이자 소설가인 월터 스콧(Walter Scott)의 극, *The Doom of Devorgoil*(1830) 중에 나오는 "Bonny Dundee"라는 노래의 패러디다. 이 노래의 첫 연을 소개하면 다음과 같다.

To the Lords of Convention 'twas Claver'se who spoke,
'Ere the King's crown shall fall there are crowns to be broke;
So let each Cavalier who loves honour and me,
"Come fellow the bonnet of Bonny Dundee.
Come fill up my cup, come fill up my can,
Come saddle your horses and call up your men;
Come open the West Port, and let me gang free,
And it's room for the bonnets of Bonny Dundee!"

29) *sceptre*: (제왕의) 홀(笏).

30) *bran*: '밀기울', '겨'.

'Tis an honour to see me, a favour to hear:
'Tis a privilege high to have dinner and tea
Along with the Red Queen, the White Queen, and me!'"

Then came the chorus again:—

"Then fill up the glasses with treacle[31] *and ink,*
Or anything else that is pleasant to drink:
Mix sand with the cider, and wool with the wine—
And welcome Queen Alice with ninety-times-nine!"

"Ninety times nine!" Alice repeated in despair. "Oh, that'll never be done! I'd better go in at once—" and in she went, and there was a dead silence the moment she appeared.

Alice glanced nervously along the table, as she walked up the large hall, and noticed that there were about fifty guests, of all kinds: some were animals, some birds, and there were even a few flowers among them. "I'm glad they've come without waiting to be asked," she thought: "I should never have known who were the right people to invite!"

There were three chairs at the head of the table: the Red and White Queens had already taken two of them, but the middle one was empty. Alice sat down in it, rather uncomfortable at the silence, and longing for some one to speak.

At last the Red Queen began. "You've missed the soup and fish," she said. "Put on the joint[32]!" And the waiters set a leg of mutton before Alice, who looked at it rather anxiously, as she had never had to carve a joint before.

"You look a little shy; let me introduce you to that leg of mutton," said the Red Queen. "Alice—Mutton: Mutton—Alice." The leg of mutton got up in the dish and made a little bow to Alice; and Alice

31) *treacle*: 당밀(糖蜜).
32) joint: 큰 고깃덩어리.

returned the bow, not knowing whether to be frightened or amused.

"May I give you a slice?" she said, taking up the knife and fork, and looking from one Queen to the other.

"Certainly not," the Red Queen said, very decidedly: "it isn't etiquette to cut any one you've been introduced to[33]. Remove the joint!" And the waiters carried it off, and brought a large plum-pudding[34] in its place.

"I won't be introduced to the pudding, please," Alice said rather hastily, "or we shall get no dinner at all. May I give you some?"

But the Red Queen looked sulky, and growled "Pudding—Alice: Alice—Pudding. Remove the pudding!", and the waiters took it away so quickly that Alice couldn't return its bow.

However, she didn't see why the Red Queen should be the only one to give orders; so, as an experiment, she called out "Waiter! Bring back the pudding!" and there it was again in a moment, like a conjuring-trick. It was so large that she couldn't help feeling a little shy with it, as she had been with the mutton: however, she conquered her shyness by a great effort, and cut a slice and handed

33) it isn't etiquette to cut any one you've been introduced to: cut이란 단어가 갖고 있는 두 가지 의미를 이용한 편이다. 앨리스는 cut을 '자른다'는 의미로 사용하였지만, Queen은 '모르는 척하다'는 의미로 사용하였기 때문이다. Queen이 소개받은 사람을 cut하는 것은 예의가 아니라고 한 것은 바로 이 때문이다.

34) plum-pudding: 건포도·설탕조림의 과일을 넣은 연한 과자.

it to the Red Queen.

"What impertinence!"[35] said the Pudding. "I wonder how you'd like it, if I were to cut a slice out of *you*, you creature!"[36]

It spoke in a thick, suety[37] sort of voice, and Alice hadn't a word to say in reply: she could only sit and look at it and gasp.

"Make a remark," said the Red Queen: "it's ridiculous to leave all the conversation to the pudding!"

"Do you know, I've had such a quantity of poetry repeated to me to-day," Alice began, a little frightened at finding that, the moment she opened her lips, there was dead silence, and all eyes were fixed upon her; "and it's a very curious thing, I think — every poem was about fishes in some way. Do you know why they're so fond of fishes, all about here?"

She spoke to the Red Queen, whose answer was a little wide of the mark[38]. "As to fishes," she said, very slowly and solemnly, putting her mouth close to Alice's ear, "her White Majesty knows a lovely riddle — all in poetry — all about fishes. Shall she repeat it?"

"Her Red Majesty's very kind to mention it," the White Queen murmured into Alice's other ear, in a voice like the cooing of a pigeon. "It would be *such* a treat![39] May I?"

"Please do," Alice said very politely.

The White Queen laughed with delight, and stroked Alice's cheek. Then she began:

"'*First, the fish must be caught.*'

35) impertinence: '뻔뻔함', '무례'.

36) I wonder how you'd like it, if I were to cut a slice out of *you*, you creature!: creature는 자신보다 아랫사람을 경멸적으로 부르는 호칭; 그린은 1861년 1월 19일에 출판된 *Punch*에 plum pudding이 접시에서 일어나 자신을 먹으려는 사람에게 이의를 제기하는 삽화가 실렸다는 사실에 주목하면서, 캐럴이 이 삽화에서 영감을 받아 이런 상황을 설정하였을 거라고 추정하고 있다.

37) suety: 쇠기름이나 양기름이 넘치는.

38) wide of the mark: 상관없는.

39) treat: '특별히 즐거운 경험', '예기치 않은 즐거움'.

That is easy: a baby, I think, could have caught it.
'Next, the fish must be bought.'
That is easy: a penny, I think, would have bought it.

'Now cook me the fish!'
That is easy, and will not take more than a minute.
'Let it lie in a dish!'
That is easy, because it already is in it.

'Bring it here! Let me sup!'
It is easy to set such a dish on the table.
'Take the dish-cover up!'
Ah, that *is so hard that I fear I'm unable*!

For it holds it like glue—
Holds the lid to the dish, while it lies in the middle:
Which is easiest to do,
Un-dish-cover the fish, or dishcover the riddle?"[40)]

"Take a minute to think about it, and then guess," said the Red Queen. "Meanwhile, we'll drink your health—Queen Alice's health!" she screamed at the top of her voice, and all the guests began drinking it directly, and very queerly they managed it: some of them put their glasses upon their heads like extinguishers,[41)] and drank all that trickled down their faces—others upset the decanters,[42)] and drank the wine as it ran off the edges of the table—and three of them (who looked like kangaroos) scrambled into the

40) *Un-dish-cover the fish, or dishcover the riddle?* : 이 수수께끼에 대한 답은 '굴'(oyster)이다; 이 수수께끼에 대한 답이 1878년 10월 30일에 발간된 *Fun*이란 잡지에 한편의 시로 출판되었는데, 그 시의 마지막 연을 소개하면 다음과 같다.

Get an oyster-knife strong,/ Insert it 'twixt cover and dish in the middle;
Then you shall before long/Un-dish-cover the oyster-dishcover the riddle!

41) extinguishers : (원추모양의) 촛불 끄개.
42) decanters : 술을 보관하는 마개 있는 유리병.

dish of roast mutton, and began eagerly lapping up[43] the gravy, "just like pigs in a trough!"[44] thought Alice.

"You ought to return thanks in a neat[45] speech," the Red Queen said, frowning at Alice as she spoke.

"We must support you, you know," the White Queen whispered, as Alice got up to do it, very obediently, but a little frightened.

"Thank you very much," she whispered in reply, "but I can do quite well without."

"That wouldn't be at all the thing," the Red Queen said very decidedly : so Alice tried to submit to it with a good grace.[46]

("And they *did* push so!" she said afterwards, when she was telling her sister the history of the feast. "You would have thought they wanted to squeeze me flat!")

In fact it was rather difficult for her to keep in her place while she made her speech : the two Queens pushed her so, one on each side, that they nearly lifted her up into the air. "I rise to return thanks —" Alice began : and she really *did* rise as she spoke, several inches; but she got hold of the edge of the table, and managed to pull herself down again.

"Take care of yourself!" screamed the White Queen, seizing Alice's hair with both her hands. "Something's going to happen!"

And then (as Alice afterwards described it) all sorts of things happened in a moment. The candles all grew up to the ceiling, looking something like a bed of rushes with fireworks at the top. As to the bottles, they each took a pair of plates, which they hastily fitted on[47] as wings, and so, with forks for legs, went fluttering about[48] in all directions : "and very like birds they look," Alice thought to herself, as well as she could in the dreadful confusion

43) lapping up : 핥아먹다
44) trough : '물통', '여물통'.
45) neat : (표현 따위가) 적절한.
46) with a good grace : '쾌히', '선뜻'.
47) fitted on : 부착하다.
48) went fluttering about : (날개를) 퍼덕거리며 이리저리 날라 다니다.

that was beginning.

At this moment she heard a hoarse laugh at her side, and turned to see what was the matter with the White Queen; but, instead of the Queen, there was the leg of mutton sitting in the chair. "Here I am!" cried a voice from the soup-tureen,[49] and Alice turned again, just in time to see the Queen's broad good-natured face grinning at her for a moment over the

49) soup-tureen : (수프를 담는) 뚜껑 달린 움푹한 그릇.

edge of the tureen, before she disappeared into the soup.[50] There was not a moment to be lost. Already several of the guests were lying down in the dishes, and the soup-ladle was walking up the table towards Alice's chair, and beckoning to her impatiently to get out of its way.

"I can't stand this any longer!" she cried, as she jumped up and seized the tablecloth with both hands : one good pull,[51] and plates, dishes, guests, and candles came crashing down together in a heap on the floor.

"And as for *you*," she went on, turning fiercely upon the Red Queen, whom she considered as the cause of all the mischief — but the Queen was no longer at her side — she had suddenly dwindled down to the size of a little doll, and was now on the table, merrily running round and round after her own shawl, which was trailing[52] behind her.

At any other time, Alice would have felt surprised at this, but she was far too much excited to be surprised at anything *now*. "As for *you*," she repeated, catching hold of the little creature in the very act of jumping over a bottle which had just lighted upon the table, "I'll shake you into a kitten, that I will!"[53]

---

50) she disappeared into the soup : White Queen은 앨리스에게서 QR6로 이동하였다.

51) one good pull : '한번 세게 당기면'이란 의미.

52) trailing : (질질) 끌리면서.

53) I'll shake you into a kitten, that I will : Red Queen을 붙잡고 흔들어 Red Queen이 자신의 본 모습, 즉 고양이로서의 자신의 본 모습을 드러내게 하겠다고 앨리스는 말하고 있는 것이다. 즉, 앨리스가 여태까지 꾼 꿈속에 등장하였던 Red Queen은 바로 자신이 키우던 고양이라는 사실을 앨리스는 이미 알고 있었던 것이다; 가드너는 앨리스가 Red Queen을 붙잡고 흔드는 행위를, 앨리스가 Red Queen을 붙잡으며, Red King에게는 장군을 부르는 것이라고 설명한다.

CHAPTER X

SHAKING

She took her off the table as she spoke, and shook her backwards and forwards with all her might.

The Red Queen made no resistance whatever: only her face grew very small, and her eyes got large and green: and still, as Alice went on shaking her, she kept on growing shorter—and fatter—and softer—and rounder—and—

CHAPTER XI

WAKING

— it really *was* a kitten,[1] after all.

1) it really *was* a kitten : 이 책의 1장에서 앨리스는 자기 고양이에게 Red Queen인 것처럼 시늉하라고 말한 바 있다.

CHAPTER XII

WHICH DREAMED IT?

"Your majesty shouldn't purr so loud," Alice said, rubbing her eyes, and addressing the kitten, respectfully, yet with some severity. "You woke me out of oh! such a nice dream! And you've been along with me, Kitty—all through the Looking-Glass world. Did you know it, dear?"

It is a very inconvenient habit of kittens (Alice had once made the remark) that, whatever you say to them, they *always* purr. "If they would only purr for 'yes' and mew[1] for 'no,' or any rule of that sort," she had said, "so that one could keep up a conversation! But how *can* you talk with a person if they *always* say the same thing?"

On this occasion the kitten only purred : and it was impossible to guess whether it meant 'yes' or 'no.'

So Alice hunted among the chessmen on the table till she had found the Red Queen : then she went down on her knees on the hearth-rug, and put the kitten and the Queen to look at each other. "Now, Kitty!" she cried, clapping her hands triumphantly. "Confess that was what you turned into!"

("But it wouldn't look at it," she said, when she was explaining the thing afterwards to her sister : "it turned away its head, and pretended not to see it : but it looked a *little* ashamed of itself, so I think it *must* have been the Red Queen.")

"Sit up a little more stiffly, dear!" Alice cried with a merry laugh. "And curtsey while you're thinking what to—what to purr. It saves time, remember!" And she caught it up and gave it one little kiss, "just in honour of[2] having been a Red Queen."

1) mew : (고양이가) 야옹하고 울다.
2) in honour of : …에 대해 경의를 표하여.

"Snowdrop, my pet!" she went on, looking over her shoulder at the White Kitten, which was still patiently undergoing its toilet, 'when *will* Dinah have finished with your White Majesty, I wonder? That must be the reason you were so untidy in my dream[3)] — Dinah! do you know that you're scrubbing[4)] a White Queen? Really, it's most disrespectful of you!

"And what did *Dinah* turn to, I wonder?" she prattled on,[5)] as she settled comfortably down, with one elbow in the rug, and her chin in her hand, to watch the kittens. "Tell me, Dinah, did you

3) That must be the reason you were so untidy in my dream : White Queen이 옷을 제대로 입지 못하고 덤벙대던 것은 그 모델인 흰 고양이 Snowdrop의 몸단장이 아직 끝나지 않아서였을 것이라고 앨리스는 생각하고 있다.

4) scrubbing : 문질러 씻다.

5) prattled on : 계속 조잘거렸다.

turn to Humpty Dumpty? I *think* you did — however, you'd better not mention it to your friends just yet, for I'm not sure.

"By the way, Kitty, if only you'd been really with me in my dream, there was one thing you *would* have enjoyed — I had such a quantity of poetry said to me, all about fishes![6] To-morrow morning you shall have a real treat. All the time you're eating your breakfast, I'll repeat 'The Walrus and the Carpenter' to you; and then you can make believe[7] it's oysters, dear!

"Now, Kitty, let's consider who it was that dreamed it all. This is a serious question, my dear, and you should *not* go on licking your paw like that — as if Dinah hadn't washed you this morning! You see, Kitty, it *must* have been either me or the Red King. He was part of my dream, of course — but then I was part of his dream, too! *Was* it the Red King, Kitty? You were his wife, my dear, so you ought to know — Oh, Kitty, *do* help to settle[8] it! I'm sure your paw can wait!" But the provoking kitten only began on the other paw, and pretended it hadn't heard the question.

Which do *you* think it was?

6) all about fishes : 'queer fish'는 '특이한 사람'을 일컫는 단어이기 때문에, fish라는 단어는 '물고기'뿐만 아니라 '사람'이라는 의미도 가지고 있다. 따라서 앨리스가 꿈속에서 물고기에 관한 시를 들은 것은 사람에 관한 이야기를 들은 것과 마찬가지인 것이다.

7) make believe : … 인 체하다.

8) settle : 해결하다.

A boat, beneath a sunny sky[9)]
Lingering[10)] onward dreamily
In an evening of July—

Children three that nestle[11)] near,
Eager eye and willing ear,
Pleased a simple tale to hear—

Long has paled[12)] that sunny sky:
Echoes fade and memories die:
Autumn frosts have slain July.

Still she haunts me, phantomwise,[13)]
Alice moving under skies
Never seen by waking eyes.

Children yet, the tale to hear,
Eager eye and willing ear,
Lovingly shall nestle near.

In a Wonderland they lie,
Dreaming as the days go by,
Dreaming as the summers die:

Ever drifting down the stream—
Lingering in the golden gleam—
Life, what is it but a dream?[14)]

THE END

9) A boat, beneath a sunny sky : 이 시는 이합체(離合體)시로서 각 행의 첫 철자끼리 연결하면 앨리스의 이름과 성(Alice Pleasance Liddell)이 된다.

10) Lingering : '남아있다', '머물러 있다'.

11) nestle : 바싹 다가서다.

12) paled : (하늘의 색· 빛) 엷어지다.

13) phantomwise : 환영처럼.

14) Life, what is it but a dream? : 이 작품이 앨리스의 꿈이던 Red King의 꿈이던 하나의 꿈이라는 사실은 분명하다. 캐럴은 인생자체도 하나의 꿈일 수 있을 거라는 생각을 이 작품을 통해서 말하고 있는 듯하다.

CRITICAL ESSAYS

MICHAEL HANCHER

Humpty Dumpty and Verbal Meaning*

I

ON THE STANDARD READING of Lewis Carroll's *Through the Looking-Glass*, Humpty Dumpty both relieves and worsens the difficulties that afflict language. He is gald to explain the "hard words" in hard texts like "Jabberwocky"; but he also can be deliberately obscure himself, as a matter of principle. This second trait seems the more striking. Humpty Dumpty's aggressive program of unconventional language use has long been a favorite aspect of the *Alice* books, at least among jurists and academics, who usually see in it a cautionary moral.

In their discussion of the relative merits of birthdays and un-birthdays, after Humpty Dumpty has pointed out to Alice that un-birthdays excel birthdays by a ratio of 364 to one, he caps his argument by remarking, "There's glory for you"

> "I don't know what you mean by 'glory,'" Alice said.
>
> Humpty Dumpty smiled contemptuously. "Of course you don't — till I tell you. I meant 'there's a nice knock-down argument for you!'"
>
> "But 'glory' doesn't mean 'a nice knock-down argument,'" Alice objected.
>
> "When *I* use a word," Humpty Dumpty said in rather a scornful tone, "it means just what I choose it to mean — neither more nor less."
>
> "The question is," said Alice, "whether you *can* make words

* 이 논문은 1981년 출판된 *Journal of Aesthetics and Art Criticism*의 40호에 실린 것이다.

> mean so many different things."
>
> "The question is," said Humpty Dumpty, "which is to be master — that's all."
>
> Alice was too much puzzled to say anything; so after a minute Humpty Dumpty began again. "They've a temper, some of them — particularly verbs: they're the proudest — adjectives you can do anything with, but not verbs — however, *I* can manage the whole lot of them! Impenetrability! That's what *I* say!"
>
> "Would you tell me, please," said Alice, "what that means?"
>
> "Now you talk like a reasonable child," said Humpty Dumpty, looking very much pleased. "I meant by 'impenetrability' that we've had enough of that subject, and it would be just as well if you'd mention what you mean to do next, as I suppose you don't mean to stop here all the rest of your life."
>
> "That's a great deal to make one word mean," Alice said in a thoughtful tone.
>
> "When I make a word do a lot of work like that," said Humpty Dumpty, "I always pay it extra."[1]

This is a famous text in the philosophy of language, one often cited as defining an extreme limit in semantic theory. It is commonly supposed to reduce to absurdity the nominalist and subjectivist proposal that words derive their meanings from the intentions of the persons who utter them. (It is true that in *Tennessee Valley Authority v. Hil*, Chief Justice Burger interprets this passage as a comment on the arbitrary interpretation of discourse; but that interpretation is almost as unusual as it is arbitrary.)[2]

1) Lewis Carroll, *Alice's Adventures in Wonderland and Through the Looking-Glass and What Alice Found There*, ed. Roger L. Green, Oxford English Novels (1971; rpt. Oxford Univ Press, 1975), Pp. 190-91; from Chapter 6 of *Through The Looking-Glass*.

2) 437 U.S. 153, 173 (1978). Burger is commenting on an arbitrary interpretation of a federal statute by a fellow member of the Supreme Court; it reminds him of "Lewis Carroll's classic advice on the construction of language" (and he quotes Humpty Dumpty's boast "When *I* use a word," etc.).

M. H. Abrams too has casually misread Humpty Dumpty's remarks as proposing

The usual reading of the passage shades off in two different directions. At one extreme Humpty Dumpty stands guilty of a secret arbitrariness in his use of words. A monster of private language, he deserves the fall that is in store for him. But in the other direction it has been noticed that Humpty Dumpty resembles his creator, C. L. Dodgson, who as a professional logician approved of the practice that has since been named "stipulative definition."[3) "Any writer may mean exactly what he pleases by a phrase so long as he explains it *beforehand*," Dodgson once wrote in a letter, apropos of his forthcoming book on logic. In the book itself he wrote:

> I maintain that any writer of a book is fully authorised in attaching any meaning he likes to any word or phrase he intends to use. If I find an author saying, at the beginning of his book, "Let it be understood that by the word *black* I shall always mean *white*, and that by the word *white* I shall always mean *black*," I meekly accept his ruling, however injudicious I may think it."[4)]

"that meaning is imported into a text by the interpreter's will to power"; "The Deconstructive Angel," *Critical Inquiry*, 3 (1997), 428

Of course, Humpty Dumpty's "will to power" as an interpreter of other people's discourse does not come into play until later in the chapter, when he begins to interpret "Jabberwocky" to Alice. It is ironic that two such well-known advocates of strict construction should exercise their will to power over the "glory" passage by importing into it a mortal about strict construction.

3) Richard Robinson, *Definition* (Oxford, 1950), p.19. Robinson introduced the term by means of a stipulative definition : "by 'stipulative definition' I mean establishing or announcing or choosing one's own meaning for a word." This is a nicely self-reflexive utterance, which Carroll would have approved. It echoes the stipulative definition of "stipulated definition" in James MacKaye's *The Logic of Language* (Dartmouth College, 1939), p.59. MacKaye coined the term, evidently; but it gained currency as reminted by Robinson.

Incidentally, Robinson cites Humpty Humpty as a prime exponent of stipulative definition (p.59), but without taking into account the "infelicity" (J. L. Austin's term) that mars Humpty Dumpty's use of the procedure, which is discussed below. He does point out the simple inefficiency of Humpty Dumpty's bothering to introduce new word-meaning combinations and then never using them a second time(pp.80-81).

4) *Lewis Carroll's Symbolic Logic*, ed W. W. Bartley, III (New York, 1972), p.232.

There is an important difference between the point that Dodgson makes here and the extremism that is usually associated with Humpty Dumpty. In arguing for stipulative definition Dodgson defends the right arbitrarily to change the meaning of a word *by means of a public speech act.*[5] What Humpty Dumpty seems to claim is the right arbitrarily to change the meaning of a word *by means of a private mental act.* The first procedure is practical; the second quite impractical and doomed to failure.

It will be convenient in the discussion that soon follows to perpetuate the standard account, according to which Humpty Dumpty's linguistic behavior is secretively arbitrary and therefore futile. But the fact is that Humpty Dumpty in the quoted passage is not secretive about his language; rather he is eager to explain it to Alice, if after the event. What Humpty Dumpty is actually doing here is practicing an aberrant kind of stipulative definition, aberrant in that he improperly defines his special terms *after* he uses them, instead of "beforehand" (Dodgson's word, quoted above). That is, Humpty Dumpty's verbal behavior would be unexceptionable if only he had not gotten the sequence of his acts reversed.

This reversal is fatal to the stipulative definition procedure, and so this aspect of his talk seems deranged. But Humpty Dumpty is not really to blame; for everything, including temporal sequence, is

The first passage is from a letter printed by Stuart Dodgson Collingwood, *The Life and Letters of Lewis Carroll* (London, 1898), p.242; emphasis added.

Robert D. Sutherland collates these and related passages in *Language and Lewis Carroll* (The Hague, 1970), pp.97-98. On p.157 he remarks that the passages from *the Logic* "is precisely Humpty Dumpty's theoretical position." Bartley, in his edition of *the Logic*, p.232, evidently concurs; and Martin Gardner shares this belief (*The Annotated Alice* [New York, 1960], p.268). Peter heath, *The Philosopher's Alice* (New York, 1974), pp.192-93, is a bit more cautious in identifying the two positions. They need to be distinguished.

5) A Stipulated definition is a kind of "declaration." See John R. Searle, "A Classification of Illocutionary Acts," Language in Society, 5(1976), 14-15, reprinted (as "A Taxonomy of Illocutionary Acts") in Searle's *Expression and Meaning: Studies in Theory of Speech Acts* (Cambridge Univ. Press, 1979), p.18

reversed on his side of the looking-glass. He is no more accountable for using words in a novel way before he stipulatively defines them than the White Queen is for crying out before she pricks her finger with a pin, or than Alice is for distributing the plum-cake before she cuts it. To clear Humpty Dumpty of the charge that he practices a perverse private language, it is only necessary to take into account, as Alice and most readers do not, the peculiar order of the world in which he speaks[6] The point of this section of Humpty Dumpty's dialogue with Alice is not simply that Humpty Dumpty is a fool or a knave, but that the logic of language is as delicately dependent on ordinary temporal sequence as is the logic of cause and effect.

Nonetheless, Humpty Dumpty has so long been typecast as the ultimate verbal outlaw that he has become a useful symbol of a theoretical extreme; and it is as such that I shall continue to enlist him in the discussion that follows. Having been judged guilty by so many readers for so long. for all practical purposes Humpty Dumpty *is* guilty, even if in fact he is innocent, as he probably is.

II

In this century, the age of Saussure and Wittgenstein, Humpty Dumpty seems more of an outlaw, more isolated, than ever. He has no real allies. But in recent decades H. P. Grice has cleared a modest space for idiosyncratic speech in semantic theory. In a series of influential and controversial papers. Grice has argued that the meaning of a word, or sign, in general, is a derivative function of what speakers mean by that word in individual instances of uttering it. That is. the universal "type" meaning (or set of such meanings) for a given word is an abstraction from the "token" meanings meant by various speakers in specific utterances.[7]

6) This was pointed out to me by Wilma Evans, a student at the University of Minnesota.

7) H. P. Grice, "Meaning," P*hilosophical Review*, 66 (1957), 377-78, "Utterer's Meaning, Sentence-Meaning, and Word-Meaning," *Foundations of Language,* 4 (1968), 225-42.

Though originally framed in response to a "causal" (quasi-behaviorist) theory of meaning, Grice's account is also a challenge to the formalist orthodoxy in semantic theory, which holds that what a word might mean in any given instance of use is predetermined by the meaning or set of meanings that the word already has by the conventions of the language.

The conventional theory of verbal meaning discourages any inquiry into what a particular speaker might mean by a word in a particular utterance. To understand the meaning of the word as uttered it is supposed to be enough to know what the word "means" *tout court*. But Grice holds that what-the-word-means derives from what various speakers have meant by uttering it; speaker-meaning is prior to word-meaning. Furthermore, "what a particular speaker or writer means on a particular occasion . . . may well diverge from the standard meaning of the sign."[8] This is virtually to invite inquiry into what individual speakers mean in individual cases.

Grice's intentionalist theory of meaning is basic to the theory of conversational implicature, which he outlined in lectures in 1967, and which has since attracted much attention. (Speakers can implicate something by what they say; mere words can not.) But implicature as such is not central to the Humpty-Dumpty problem as it is usually formulated.[9]

Grice has gone to great lengths to explicate what is involved in his fundamental concept of someone meaning something by some utterance in a particular case. In an early, relatively simple, formula, he proposed that "'*A* meant$_{NN}$ something by x' is roughly

---

"Utterer's Meaning and Intentions," *Philosophical Review*, 78 (1969), 147-77.

The distinction between *type* and *token*, which roughly parallels that between *universal* and *particular*, was introduced into linguistics by C. S. Peirce. For a recent discussion see John Lyons, Semantics (Cambridge Univ. Press, 1977), I , 13-18.

8) Grice, "Meaning," p.381.

9) However, conversational implicature does matter to other elements of the verbal comedy in the *Alice* books. I discuss selected examples in "Pragmatics in Wonderland: Language Use through the Looking-Glass," forthcoming in *Bucknell Review*.

equivalent to '*A* uttered x with the intention of inducing a belief by means of the recognition [in the hearer] of this intention.'"[10)] In efforts to defeat counter-examples to this analysis, Grice and others have produced more and more elaborated versions. The over-elaboration itself has become a ground for serious objection to the project. And it has been pointed out that Grice's analysis gives too much weight to intentions to secure perlocutionary effects, and too little weight to intentions to secure illocutionary effects.

But the most important criticism of Grice, at least from our immediate perspective, insists that linguistic convention sets fast limits to what can be meant by any given utterance. This line of attack implicitly characterizes Grice as another Humpty Dumpty. One popular critique of this kind, by Paul ziff, deals almost exclusively in what are supposed to be *reductio ad absurdum* illustrations of Grice's thesis; these illustrations are all reminiscent of Humpty Dumpty. For example:

> A man suddenly cried out "Gleeg gleeg gleeg!", intending thereby to produce a certain effect in an audience by means of the recognition of his intention. He wished to make his audience believe that it was snowing in Tibet. Of course he did not produce the effect he was after since no one recognized what his intention was. Nonetheless that he had such an intention became clear. Being deemed mad, he was turned over to a psychiatrist. He complained to the psychiatrist that when he cried "Gleeg gleeg gleeg!" he had such an intention but no one recognized his intention and were they not mad not to do so.
>
> According to Grice's [analysis], the madman meant$_{NN}$ something by "Gleeg gleeg gleeg!" and so . . . the madman's cry must have meatn$_{NN}$ something, presumably that is was snowing in Tibet. But the madman's cry did not mean anything at all; it certainly did not mean it was snowing in Tibet. Had it meant that, there would have been less reason to turn him over to a psychiatrist.

10) "Meaning," p.384. The subscript [$_{NN}$] distinguishes "nonnatural" or linguistic instances of meaning ("'Hut!' means$_{NN}$ 'paddle on the other side'"; "This sign means$_{NN}$ that no smoking is allowed", from "natural" or indexical instances ("smoke means fire").

> On Grice's account, good intentions suffice to convert nonsense to sense; to road to Babble is paved with intentions.[11)]

Aside from the fact that Ziff prejudices his example by making his protagonist a "madman," there are two things wrong with his analysis. First, Ziff equivocates two senses of the phrase, "the madman's cry." In the first use of the phrase (assuming that he reports Grice's position fairly and accurately) Ziff means the madman's specific act of uttering those syllables; but in the second case he evidently means the syllables in general that the madman happened to utter, syllables which are potentially "there" in the language, so to speak, available for utterance by anyone. That is, Ziff confuses token with type, and *parole* with *langue*. In so doing he begs the question in dispute, which is whether the act of uttering a token of a sign can carry a meaning$_{NN}$ assigned to the type sign by convention.[12)]

Second, the concept of intention that Ziff ridicules here is a straw man. In this and other of his examples he seems to assume that a speaker might conceivably "intend" anything at all by a given utterance. But is this a valid and fair assumption? The reasons why it is not have been outlined by Keith Donnellan. Donnellan has had to consider the question because he has been accused of holding a Humpty-Dumpty theory of meaning (strictly speaking, of reference) himself.[13)]

As Donnellan points out, the trouble with many reductive

11) Paul Ziff, "On H. P. Grice's Account of Meaning," *Analysis*, 28 (1967), 5. This critique has been reprinted at least twice; in one instance, paired with a reprint of Grice's original essay.

Wittgenstein hovers in the background of Ziff's remarks; *Philosophical Investigations*, tr. G. E. M. Anscomebe (Oxford, 1968), pp.18, 168 (§ 665).

12) T. E. Patton and D. W. Stampe make this point about another of Ziff'examples, in "The Rudiments of Meaning: On Ziff, on Grice," *Foundations of Language*, 5, (1969), 9. This article, which soundly rebuts other parts of Ziff's critique deserves to be more widely read.

13) Keith Donnellan, "Putting Humpty Dumpty Together Again," *Philosophical Review*, 72 (1968), 203-15. Alfred F. Mackay had compared Donnellan to Humpty Dumpty in "Mr. Donnellan and Humpty Dumpty on Referring." *Philosophical Review*, 72 (1968), 197-202

counterexamples of linguistic "intentions" is that their notion of what it means to intend something is vague and improverished. Strictly speaking intentions, to count as intentions, must have some chance of being fulfilled; or, more precisely, the intending agent must believe that they have such a chance. This requirement holds for all intentions to act, in general; it therefore holds for semantic intentions, or intentions to communicate something by a sign. (Etymologically, the broadly purposive senses of *to intend* and *intention* are older than and basic to the narrowly linguistic sense of these words. The same is true of the words *to mean* and *meaning*.)

Because genuine intentions must be thought to have a chance of being fulfilled, I cannot intend to marry the Cleopatra of ancient history. Nor can I (without special stage setting) intend the utterance "pass the salt" to communicate to my hearer the proposition that I own an aluminum canoe. I might later claim to have had such an intention for what I said; but the question would readily arise whether it was really true that I did have such an unlikely (because impracticable) communicative intention. It is on such grounds that Donnellan questions Humpty Dumpty's supposed "intentions."

> What is strange about Humpty Dumpty's conversation may not be so much the theory of meaning that he seems lo have, but rather his wanting us to believe that, without any assumption that Alice might understand him, he really did have that intention about the word "glory." I cannot credit him with that intention any more man I could credit a seemingly rational adult with the intention to fly when I see him flapping his arms up and down.[14)]

14) Donnellan, "Putting Humpty Dumpty Together Again," p.213. Stuart Hampshire anticipated this general line of argument in *Thought and Action* (1959; rpt London, 1965):

> Can one be said to intend to achieve some result which one is all the time absolutely certain that one will fail to achieve? Scarcely. If I can be said to intend to achieve X, it must be true that I at least believe that there is *some* chance of my not falling in the attempt. [p.112]

Humpty Dumpty explicitly admits to having had no hope of communicating his idiosyncratic sense by saying the word "glory." ("'I don't know what you mean by 'glory,'" Alice said. Humpty Dumpty smiled contemptuously. "Of course you don't—till I tell you.") That makes it strange indeed for him to claim that that is what he meant or intended by the word. There are grounds here to doubt either his sincerity or his sanity. Fool or knave? Of course in Ziff's similar counterexample the speaker is a certified fool.

Because it is doubtful that Humpty Dumpty seriously "intended" an extra-conventional meaning for his utterance of the word "glory," his case does not really test the Gricean analysis. Consider, therefore, the case of Robert Browning, who seems in at least one instance to have seriously intended to communicate something by an utterance that was wholly beyond the pale of the conventional meaning of mat utterance. It appears that, improbably enough, in using the word " twats" in a poem Browning really did intend to designate certain items of nuns' apparel.

> . . . at night, brother howlet, over the woods,
> Toll the world to thy chantry:
> Sing to the bats' sleek sisterhoods
> Full complines with gallantry:
> Then, owls and bats,
> Cowls and twats,
> Monks and nuns, in a cloister's moods

> If the question is: 'How did he intend this word to be understand?' the range of possibilities open must ordinarily be very narrow [by contrast to the wide range of possible explanations that might plausibly answer a similar question about the speaker's perlocutionary intentions]. He could not (logically) have meant [the word] to be understood in a way in which he knew that no one would in fact understand it; this would be the same as to intend that he should be misunderstood. . . . If I use a word, or conventional symbol, seriously meaning something by it, it must be true that I expect it [t]o be understood in a certain way, and that I believe that the recognized rules governing its use allow it to be understood in the way that I intend. [pp. 136-37]

Adjourn to the oak-stump pantry![15]

This is a wholly unconventional use of the word, a fact of which Browning was ignorant. But common sense and Grice's analysis alike suggest that in such cases the conventional meaning of a word is not the last word on the subject. (And if not in such cases, then in what cases?) Because Browning did intend an idiosyncratic meaning by the word, that meaning is what the word means as uttered in that instance. We may regret that he ignored the semantic conventions of English in this case; but to ignore the fact that he did, and to interpret Browning's phrase as if it encoded the standard meaning of "twats," would be to mistake his token utterance as badly as he mistook the type meaning of the word.

By uttering the word "glory" Humpty Dumpty probably did not intend to communicate a meaning paraphrased by the words "a nice knock-down argument." By uttering the word "twats," Browning probably did intend to refer to items of nuns' apparel. The utterances seem equally outlandish, but the speakers are doing quite different things. Browning is making an honest mistake; Humpty Dumpty is bullying or taking advantage of his audience. In some such cases it is hard to tell what is going on. e. e. cummings once included he phrase "the Broad" in an aggressively obscure letter that he wrote to Ezra Pound. When Pound challenged him to explicate the phrase, Cummings claimed that he had intended by it, through an etymological association, to refer to Plato.[16]

Does "the Broad" *really* designate Plato in this case? The supposed designation is so unconventional as to be almost bound to fail to

15) Robert Browning, *Pipa Passe*, IV, ii. 91-98; *The Complete Works of Robert Browning*, ed. Roma A, King et al., III (Ohio Univ. Press, 1971), pp. 81-82. Browning evidently had misconstrued the word as it was used in a seventeenth- century text (editorial note, p.351).

16) *Selected Letters of E. E. Cummings*, ed. F. W. Dupee and George Stade (New York, 1969), pp. 204-05. I borrow this example and the Browning example from my essay "Three Kinds of Intention," *MLN*, 87 (1972), 827-51, which deals with several related matters. Pp.842-46 in particular are the germ for much of the present essay.

communicate. Therefore one wonders whether to credit Cummings with the relevant intention. Is his claim any more plausible than Humpty Dumpty's?

Maybe, maybe not. Much literary discourse is like this, a bold or careless foray beyond the ordinary limits of convention. Perhaps, like Humpty Dumpty's "glory," "the Broad," as first uttered, meant something only in the speaker's private language; perhaps it was not a phrase by which Cummings intended to communicate anything to anybody. But I am tempted to give Cummings the benefit of the doubt, and to suppose that he really did intend "Plato" by uttering "the Broad." Cummings may have meant to make things hard for Pound, without making them impossible.

Cummings's linguistic extravagance here and elsewhere in his letters and poems typifies the nonconformity of much modern or Romantic literature. The Romantic believes that deviation from the norm is *the* source of meaning, linguistic and otherwise. "To be meaningful, I rebel:" as Paul Goodman wrote at the end of *Speaking and Language*, his last book and apology for poetry. Any artist who has accomplished anything has "worked on the boundary of what he knew," and done "something just more than he knew." "We are wise to choose our subjects according to what we can say. In the best cases, we choose on the borderline and learn to say more."

Goodman, like Shelley, believes that the poet substantially makes his own language. "Poetic speech, which drastically alters the code, communicates better than ordinary speech; one has to give in to it to get something out of it." But ordinary speech, too, can be creative: "Most often words do not fail a speaker; rather, he wrenches the words a bit and communicates." "It is how the speaker varies the code . . . that is *his* meaning, *his* meaning *in the situation*, which is all the meaning there is."[17)]

These last remarks recall some well-known observations by

17) Paul Goodman, *Speaking and Language: Defence of Poetry* (New York, 1971), p.41. The other quotations are from pp.242, 216, 185, 220.

another modern Romantic, who superficially seems unlike Goodman:

> . . . it appears likely that poets in our civilization, as it exists at present, must be *difficult*. Our civilization comprehends great variety and complexity, and this variety and complexity, playing upon a refined sensibility, must produce various and complex results. The poet must become more and more comprehensive, more allusive, more indirect, in order to force, to dislocate if necessary, language into his meaning.
>
> There is, it seems to us,
> At best, only a limited value
> In the knowledge derived from experience.
> The knowledge imposes a pattern, and falsifies,
> For the pattern is new in every moment
> And every moment is a new and shocking valuation of all we have been.[18)]

Language itself is part of the knowledge derived from experience. It can never be escaped. But it can be "wrenched . . . a bit," as Goodman says; that is, "dislocated . . . into [the speaker's] meaning."

---

18) T. S. Eliot, "The Metaphysical Poets," *Selected Essays*, rev. ed. (New York, 1950), p.248. Eliot, *East Coker*, II; *Collected Poems*, 1909-1962 (New York, 1963), p.185.

In a recent essay Austin Warren comments on our text in language that echoes the first Eliot passage and that more explicitly distinguishes the deviousness of poetry from the supposed conventionality of prose. Humpty Dumpty's reply

> much "puzzled" Alice . . . but of course Humpty, if we may think of him as speaking for the poet, is partly right, for such a writer, not of plain prose which must be readily intelligible to the plain reader, can in part bend language to his purpose.

("Carroll and His Alice Books," *Sewanee Review*, 88 [1980], 349-50.) See also Robert Graves's essay, "Impenetrability; or, The Proper Habit of English," which celebrates the flexibility of English, and which characterizes Humpty Dumpty's inventive use of language as essentially poetic: *Fortnightly Review*, 126 (1926), 781-92, and 127 (1927), 59-73, esp. pp.69-71. A reduced version of Graves's argument, including the Humpty Dumpty passage, figures in *The Reader Over Yourn Shoulder: A Handbook for Writers of English Prose*, which he wrote with Alan Hodge (1943, rpt. New York, 1964), pp. 9-20, esp. pp. 18-19.

People and poets try this all the time, with varying success. By his own admission Humpty Dumpty was not really trying.

Grice's theory of language, which includes the theory of conversational implicature as well as the theory of meaning just described, has obvious affinities to the speech-act theory of J. L. Austin and John Searle. Both theories conceive of language use as being, above all, a kind of purposeful action. But there are important differences. A major difference has to do with the role of convention in the delimitation of verbal meaning. According to Austin and Searle, linguistic conventions narrowly predetermine what can be done with words. Intentions and other psychological states of the speaker will figure in any full description of an illocutionary act, but each kind of illocutionary act remains, nonetheless, an essentially conventional type. Furthermore, at the level of the locutionary act, Austin and Searle both assume that the uttered words can constitute their locutionary meaning only according to the semantic conventions of the language.[19] That is why Searle objects to Grice's (supposedly) *laissez-faire* theory of meaning: it pays too little attention to the constraints of semantic convention:

> This account or meaning does not show the connection between one's meaning something by what one says, and what that which one says actually means in the language . . . Wittgenstein . . . writes "*Say* 'it's cold here' and *mean* 'it's warm here.'" The reason we are unable to do this without further stage setting is that what we can mean is *at least sometimes* a function of what we are saying. Meaning is more than a matter of intention, it is also *at least sometimes* a matter or convention. *One might say that* on Grice's account *it would seem that* any sentence can be uttered with any meaning whatever, given that the circumstances make possible the appropriate intentions. But that

19) J. L. Ausin, *How to Do Things With Words* (1962; rpt. Oxford Univ. Press, 1965), pp.105, 120-21. John R. Searle, *Speech Acts: An Essay in the Philosophy of Language* (Cambridge Univ. Press, 1969), pp.37, 40.

> has the consequence that the meaning of the sentence then becomes just another circumstance. . . . one's meaning something when one utters a sentence is more than just randomly related to what the sentence means in the language one is speaking.[20]

In his remark about the circumstantial appropriateness of intentions Searle refers, no doubt, to a looser kind of appropriateness than Donnellan's precondition on intending; otherwise he would not be so upset about the supposedly "random" structure of Grice's model. And it is significant how often Searle hedges in this paragraph (see italicized phrases). This is not a convincing case against Grice.

A similarly conservative emphasis marks E. D. Hirsch's book *Validity in Interpretation*, which is the most influential recent argument on behalf of the importance in literary interpretation of the author's verbal intentions. In a chapter that takes us its epigraph part of the exchange between Humpty Dumpty and Alice about the meaning of the word "glory," Hirsch cautions that there are limits to what an author can mean by what he writes.

> Although verbal meaning requires the determining will of an author or interpreter [Hirsch, of course, later gives preference to the author], it is nevertheless true that the norms of language exert a powerful influence and impose an unavoidable limitation on the wills of both the author and interpreter. Alice is right to say that Humpty Dumpty cannot successfully make words mean just anything he wants them to.

Hirsch dubs the limits that convention imposes on verbal meaning "the Humpty-Dumpty effect." "The most important version of the Humpty-Dumpty effect is the one that Alice pointed out: when somebody does in fact use a particular word sequence, his

20) Searle, *Speech Acts*, pp.43, 45 (emphases added, except in the quotation from Wittgenstein).

verbal meaning cannot be anything he might wish it to be." For certain "meanings [are] excluded from language by the linguistic norms that actually obtain." It is this exclusion which necessitates the qualifying clause in Hirsch's definition of verbal meaning: "Verbal meaning is whatever someone has willed to convey by a particular sequence of linguistic signs *and which can be conveyed (shared) by means of those linguistic signs.*"[21)]

Incidentally, "verbal meaning" is not the only aspect of discourse that interests Hirsch. There is also the matter of "significance," in establishing which a critic relates verbal meaning to some broader, or psychologically deeper, context than that defined by conscious intention, and so may come to understand the author better than the author understood himself.[22)] But the present essay concentrates on the problematics of verbal meaning.

At first glance Hirsch's summary rejection of Humpty Dumpty, and his persistent stress on the importance of types and genres in successful communication, suggest a conservative conventionalism much like that of Ziff or Searle. There are a few mitigating factors, however. For one thing, unlike Ziff or Searle, Hirsch often alludes to the variability of linguistic norms and conventions. Linguistic convention is not a straitjacket or Procrustean bed, but an indefinitely extendable ground of meaning.[23)] Furthermore, Hirsch's requirement

---

21) E. D. Hirsch. Jr., *Validity in Interpretation* (Yale Univ. Press, 1967), p.31 (emphasis added). The other quotations are from p.27 and p.30.

In a letter essay Hirsch takes a different view, arguing that the word "glory" in Humpty Dumpty's utterance is intelligibly elliptical for the phrase "glorious" argument" (or some equivalent), and that therefore Humpty Dumpty stands falsely accused of being arbitrary; "Stylistics and synonymity," *Critical Inquiry,* 1 (1975), 560-62, reprinted in *The Aims of Interpretation* (Univ. of Chicago Press, 1976), 51-53. This attempted rehabilitation of Humpty Dumpty would be plausible if it could be extended to his nonce use of the word "impenetrability," but I don't see how it can.

22) Hirsch discusses "significance" in *The Aim of Interpretation* as well as in *Valedity in Interpretation.*

23) "'The norms of language' are not a uniform set of restrictions, requirements, and patterns of expectation, but an immense number of different ground rules that vary

that the meaning willed by the author must also be a "sharable" meaning, can largely be explained in terms of what Donnellan has observed about intended meaning.

That is, Hirsch knows that the crucial concept of authorial "will" would be far too powerful in his theory, indiscriminately all-inclusive, unless it were qualified by some specifying reference to the practicability of the author's (or speaker's) actually communicating his willed meaning to a reader (or hearer). As Donnellan points out, the concept of speaker-*intended* meaning, *strictu sensu*, has such a specification built into it. Therefore Hirsch's definition of verbal meaning can fairly be reformulated along the following lines. This substitute definition duly takes practicability into account without exaggerating the importance of an abstract norm of "sharability": *Verbal meaning is whatever someone has* actually intended *to convey by a particular sequence of linguistic signs.*

Such a reformulation might seem to change Hirsch's definition in a basic way. For the concept of sharability or communicability enters into Donnellan's account of linguistic intention (which is the account invoked here) only in a narrow, speaker-relative way, as *the speakers assumption regarding* what meaning can be shared or communicated by uttering the words in question. Hirch, by contrast. repeatedly speaks of sharability or communicabillity, or the lack thereof, as absolute aspects of an author's willed meaning, without special attention to *the author's* (perhaps eccentric) *sense of* what is sharable or communicable.

However, as we have already noted, in practice Hirsch's awareness of the flexibility of linguistic norms makes for a generous notion of what is simply "communicable." In the end he is generous even to Mrs. Malaprop, who routinely says one thing while meaning another. ("Sure if I reprehend [*scilicet* comprehend] anything in this world," she says, "it is the use of my oracular [*scil.* vernacular] tongue, and a nice derangement [*scil.* arrangement] of epitaphs [scil.

greatly with respect to different utterances"; Hirsch, *Validity*, p.30.

epithets].")[24] Remarking on T. S. Eliot's strictures on Poe's solecism, "*my most immemorial year*" Hirsch says.

> We all agree that Poe did not mean what speakers of English generally mean by the word "immemorial" — and so the word cannot have the usual meaning . . . . The only question, then, is : does the word mean more or less what we convey by "never to be forgotten" or does it mean nothing at all? Has Poe so violated linguistic norms that we must deny tis utterance verbal meaning or content?
>
> The question probably cannot be answered by fiat, but since Poe's meaning is generally understood, and since Poe's meaning is generally understood, and since the single criterion for verbal meaning is communicability, I am inclined to describe Poe's meaning as verbal. I tend to side with the Poes and Malaprops of the world, for the norms of language remain far more tolerant than dictionaries and critics like Eliot suggest.[25]

A linguistic norm that flexible poses no real threat to the Grice-Donnellan model of verbal meaning.

Nonetheless, throughout *Validity in interpretation* there occurs an imperative idiom that Hirsch inherits from other discussions of semantics from the time of plato on down. That received idioms is an important one, because it is potentially misleading. (Italics are added here for emphasis.)

> Even when the meaning which the speaker wishes to convey is unusual (and some aspects of his conveyed meaning will almost always be unique), he knows that in order to convey his meaning he *must* take into account his interpreter's probable understanding. If his interpreter's system of expectations is to correspond to his own, he

24) Sheridan, *The Rivals*, III, iii. I harp on *scilicet* to exploit the literal meaning. "it is permitted to know." The case of Mrs. Malaprop amply demonstrates that, despite conventionalist denials, *it is permitted to know* what someone means by what he says, even when the "meaning" of what he says diverges from what he means by saying it.

25) Hirsch, op. cit., pp.234-35.

> *must* adopt usages which will fulfill not only his own expectations but those of his interpreter . . . . The willed type *must* be a shared type in order for communication to occur. This is another way of saying that the willed type *has to* fall within known conventions in order to shared . . . . There is probably no better single word that "convention" to embrace the entire system of usage traits, rules, customs, formal necessities, and proprieties which constitute a type of verbal meaning. It is certainly true that some of these elements may be unalterable while other my be variable, but it is also true that the elements, whether necessary or not, *must* be shared.[26]

The question is how to take all these *musts*. At first glance they may look categorical, as if they formulated a constitutive rule of meaning. But in fact they are merely regulative rules, indicating what the speaker should do to maximize his chances of having his verbal meaning understood by the hearer.[27]

The trouble with Mrs. Malaprop is that she is not very good at following this set of regulative rules. The trouble with Humpty Dumpty is that he violates the constitutive rule on verbal meaning, according to which the speaker must actually intend to convey his meaning by a particular sequence of linguistic signs.

Mrs. Malaprop is not Humpty Dumpty. If the speaker believes that he has a chance of fulfilling his intention to communicate, as Mrs. Malaprop regularly does and Humpty Dumpty in the instant case does not, then that intention determines the meaning of what he says, regardless of whether or not he frames his discourse according to the standard, pre-existent conventions of the language. Of course, his idiosyncratic meaning may never be actually understood by any hearer, but that is a different question.

26) Ibid., pp.80, 66-67, 92.

27) Serle distinguishes constitutive from regulartive rules in *Speech Acts*, pp.33-42. Constitutive rules define the necessary and sufficient conditions of verbal meaning: regulative rules, by contrast, are optional. For reasons already discussed, Searle would not be likely to invoke the constitutive/regulative distinction for the end in view here.

No speaker will actually intend a meaning for an utterance without taking into account *what he supposes to be* relevant linguistic conventions, supposed conventions that he thinks adequate to enable him to get his point across. To that extent a sense of convention is integral or essential to any verbal intention. But a sense of convention is not the same thing as convention itself; and the particular conventions that a speaker supposes to obtain may not obtain in fact. (The Browning case is an example.)

It is also true that many extra-conventional intended meaning can be recovered by an interpreter, if at all, only thanks to other utterance acts of the author (for example, diary entries, explanatory remarks) which luckily *do* conform to ordinary convention.[28] Nonetheless, in such a case convention merely aids the interpreter in discovering the meaning of the original utterance; it does not constitute that meaning as it is uttered.

The ancient and popular rule in semantic theory that requires speakers to speak conventionally is only a regulartive rule, and not a constitutive one. Linguistic convention facilitates the communication of verbal meaning, and it is worth observing for that reason, but it does not constitute verbal meaning. Rather, the meaning of any utterance is what the speaker actually intends to be understood from it by the listener.[29]

28) This familiar point has recently been reemphasized by T. K. Seung in "Semantic Context and Textual Meaning." *Journal of Literary Semantics*, 8 (1979) 68. That essay discusses many of the theorists of meaning discussed here, including Humpty Dumpty.

29) This definition is adapted from the conclusion of A. H. Gardiner's "The Definition of the Word and the Sentence," *British Journal of Psychology*, 12 (1922), 360, with the word "utterance" replacing "sentence,"and with the addition of the word "actually." Gardiner argues that intended meaning is logically prior to conventional meaning in *The Theory of Speech and Language,* 2nd ed. (Oxford Univ. Press, 1951), pp.99-103.

In an essay just recently published, A. P. Martinich brings Grice's analysis of meaning to bear on Humpty Dumpty's dispute with Alice, and draws conclusions comparable to those drawn here; see "A Theory of Communication and the Depth of Humor," *Journal of Literary Semantics*, 10 (1981), 20-31, esp. 21-25.

Donald Rackin

Love And Death In Carroll's *Alices*[*]

I

Considering the internal and external evidence, most readers new to Lewis Carroll would naturally expect to find love playing a major role in the central narratives of his *Alices*. *Wonderland* ends(as does *Alice's Adventures Under Ground*) with remarks about Alice's "simple and loving heart"; and *Through the Looking-Glass* begins with a poem declaring that Charles Dodgson's "love-gift of a fairy-tale" will elicit a "loving smile" from his dearest little reader, his beloved companion and model Alice Liddell. For Dodgson devoted a great measure of his energy in a life-long service to his love for little girls. Moreover, as a true amateur par excellence, in his everyday affairs and amusements, and throughout his letters, diaries and lesser literary remarks — from the satirical "Love's Railway Guide" of his juvenilia to his final maudlin opus *Sylvie and Bruno Concluded* (which ends with an angel's voice whispering "IT IS LOVE") — love was clearly one of his dominant concerns. As Dodgson wrote to an eleven-year-old correspondent when he was fifty-nine, "*love* is the best thing in all the world."[1)]

Lewis Carroll is of course Dodgson's "own invention"(if you want to see him as he sometimes imagined himself, look at the frontispiece to the *Looking-Glass*), as are Alice and the White Knight. But in real life, too, Dodgson played a genuine Christian knight, giving much of himself gratuitously in authentic, loving generosity to the

* 이 논문은 *ELN* 20호(1982 출판)에 실린 것임.

1) *The Letters of Lewis Carroll*, ed Morton N Cohen (New York, 1979), p 869. Hereafter cited as *Letters*)

countless Alices, Ediths and Ethels of his wide acquaintance.[2] Love itself was also a crucial topic in Dodgson's milieu, a world where, in fact, some despairing Oxford contemporaries had already turned to love as the only possible refuge on the "darkling plain" of their faithless age ("Dover Beach," incidentally, was published just about halfway between *Wonderland* and *Through the Looking-Glass*).

Furthermore, the Alice adventures themselves offer a variety of internal evidence perhaps more convincing than these biographical and historical facts or than the books' rather sentimental frames (whose relations to the actual adventures remain somewhat problematical), evidence that would also lead readers to expect more on the subject of love from these works. After all, THE KING AND QUEEN OF HEARTS stand prominently at the center of the punning world of Wonderland, and a spirit of love is expected to inform the audience's emotional response to a child protagonist like Alice. Love also lies at the base of several of those important nursery rhymes Alice unwittingly subverts. And despite the Cheshire Cat's assertion that madness reigns in Wonderland, the Ugly Duchess declares with equal finality, " 'Tis love, 'tis love, that makes the world go round!"

But Alice herself, in much the same uncontrollable way that she twists the loving and sentimental messages of her nursery rhymes into dark visions of unloving, predatory, post-Darwinian nature, reminds the insincere Duchess of the Duchess's own earlier declaration: the world goes round, Alice suggests, "by everybody minding their own business!" Indeed, Alice's curt, unloving deflation of love here mirrors an important facet of Carroll's characteristically unsentimental wit, particularly as it works within the *Alices*. Despite the great loving care Dodgson expended in preparing the beautiful *Under Ground* manuscript as a love-gift for his dear Alice Liddell, near

2) In her recent, provocative biography, Anne Clark stresses love as a formative element 'in Dodgson's character and makes a rather convincing case that Dodgson wanted to marry Alice Liddell. See Clark's *Lewis Carroll A Biography* (New York, 1979).

the manuscript's end he carefully placed his final drawing — the mad Queen of Hearts, in his own later estimate a heartless "blind and aimless Fury,"[3] as alien from love and love-gifts as any fantasy creature could conceivably be. Inside the *Alice* books, love seems to have no better prospect for survival than do any of the other admirable motives and principles that underlie and make our world go round, and that fall so easily to cool Carrollian wit and satire in the nonsensical madhouses of Dodgson's invention.

The quest structures of the *Alices* offer graphic representations of a failed search for the warm joy and security of love. Once inside Wonderland, Alice desperately seeks to enter the "loveliest garden you ever saw"[4] — that is, for almost everyone in Carroll's original audience, the Garden of Eden. But instead of a tranquil, secluded place of perfect love, the Queen of Hearts' Croquet Grounds turn out to be the grounds for perfect (albeit laughable) hate and fury — like a comic Blakean Garden of Love, an ironically perverted, dreadfully confused and threatening version of the paradise the child in us seeks in its joys and desires. In *Through the Looking-Glass* — a very different sort of book and one containing several positive but fleeting images of love — Alice's quest for Queenhood does not meet with exactly the same frustration, although it too ends in "dreadful confusion" which Alice must escape because she "ca'n't stand [it] any longer!" In any case, being a Queen, Alice discovers, offers neither the security of attachment nor the sovereignty of freedom to which she refers in her opening words to the White Knight: "I don't want to be anybody's prisoner, I want to be a Queen." Finally, then, Alice's worlds under the ground and inside the mirror turn out, it seems, to be nonsensical places without love, places of sheer and terrifying loneliness: in both, Alice cries bitter tears

3) Lewis Carroll, "*Alice* on the Stage," *In The Theatre*, 1887 Reprinted in Gray, p.283.

4) *The Oxford English Dictionary* (1971) lists a number of definitions of "lovely" that, although generally obsolete today, might have been operative in Dodgson's mind in 1862. "loving, kind, affectionate"; "lovable, worthy of love, suited to attract love."

engendered by that loneliness. "I am so *very* tired of being all alone here!" she sobs in Wonderland; and with a "melancholy voice" behind the looking-glass, she cries, "it is so *very* lonely here!" These apparent contradictions between text and context and within the text itself raise some important critical questions, among them these: Why, in view of Carroll's declared purposes for his *Alice* books and in view of other, abundant evidence (literary, historical, and biographical), do thc *Alice* narratives seem to frustrate all impulses towards love — even the impulses their own frames excite? Why does love within the *Alices* exist, apparently, only fitfully and only in self-centered, infantile forms or in places where, so to speak, things have names? More specifically, how can these beloved masterpieces of our literature be surrounded by so many frames of human love and yet apparently exclude love from their central stories? Finally, why do adult readers today often remember the *Alices* despite all this evidence to the contrary, as somehow warm, even loving, experiences and Alice herself as the embodiment of Dodgson's own later vision of her :

> What wert thou. dream-Alice, in thy foster-father's eyes? How shall he picture thee? Loving, first, loving and gentle: loving as a dog (forgive the prosaic simile, but I know no earthly love so pure and perfect), and gentle as a fawn[5)]

5) Carroll, "*Alice* on the Stage," in Gray, p.283 This highly sentimentalized view of Alice's nature is not of course always sustained by the evidence in the *Alice* texts. several shrewd critics have in their penetrating analyses made a point of delineating Alice's flaws and shortcomings. See, for example, James R. Kincaid, "Alice's Invasion of Wonderland," *PMLA*, 88 No 1(January 1973), 92-99; Nina Auerbach, "Alice in Wonderland A Curious Child," *Victorian Studies,* 17 (September 1973), 31-47, and Peter Heath, "Introduction" to *The Philosopher's Alice* (New York, 1974) Carroll himself joked, just two short years after the publication of *Wonderland*, that his book about Alice was, he thought, about "malice" — *A Selection from the Letters of Lewis Carroll to his Child-Friends*, ed. Evelyn Hatch (London, 1933), p.48

II

Elizabeth Sewell's celebrated study of Carroll and Lear, *The Field of Nonsense*,[6] explains why love has no place in nonsense, why, indeed, love and nonsense are ultimately incompatible. Basically, Sewell's argument rests on the firm premise that nonsense is game; consequently, *Alice in Wonderland* and *Through the Looking-Glass* (for Sewell, eminent examples of English nonsense) must turn all life, all fluid human emotions, everything, into cold, discrete, static counters for play within a closed field. The nonsense world inside the *Alices*, claims Sewell, "is not a universe of things but of words and ways of using them, plus a certain amount of pictorial illustration . . . . In Nonsense all the world is paper and all the seas are ink" (p. 17).[7]

Bearing in mind that the games in Carroll's *Alices* often involve kinetic, changing counters, rather than the static ones required for the game of nonsense postulated by Sewell (and accepted by diverse critics as an apt description of Carroll's chief comic power);[8] keeping

6) London, 1952 Hereafter, all page references to this book are to this edition and are cited directly in my text.

7) The fact that Professor Sewell has altered her views of Carroll's nonsense and now sees much that is referential in the *Alices* does not invalidate my use here of her *Field of Nonsense*. For the definition of Nonsense as a literary genre that Sewell developed in her book still operates in the speculations of many of today's most sophisticated scholars of Nonsense and critics of Carroll. See, for example, Susan Stewart, *Nonsense: Aspects of Intertextuality in Folklore and Literature* (Baltimore and London, 1978), Gilles Deleuze, "Le Schizophrène et le mot," *Critique*, 24, Nos. 255, 256 (August/September 1968), 731-746, and Robert Polhemus, "Carroll's *Through the Looking-Glass* · The Comedy of Regression," in Comic Faith · The Great Tradition from Austen to Joyce (Chicago and London, 1980), pp 245-293.

8) See note 8 above Several Carroll critics, on the other hand, have pointed out that the *Alices* are not, technically, nonsense at all. In his introduction to *The Philosopher's Alice*, Peter Heath, for example, makes the point forcefully: "Carroll's fame as a nonsense-writer is by now so firmly established that it is probably too late to persuade anyone that, apart from a few isolated instances such as the *Jabberwock* poem, he is not strictly a writer of nonsense at all. . . Carroll stands at the opposite pole from the true nonsense-writer. Although as a literary category the term had not been invented in his day, the proper genre is that of absurd" I agree that in

in mind, for example, those wriggling, live-animal mallets and live-animal balls of Wonderland croquet, we can nevertheless pursue Sewell's argument profitably. For her, the *Alices* constitute, finally, "a work about itself"(pp. 21-22). Thus, love — whether as a serious subject or as a substantial conceptual element with more than mere game-counter applications, or as the spirit (style, tone, manner, etc.) in which the game of nonsense is played — has no place whatsoever in, indeed is destructive of, the game world we must enter when we enter the non-referential worlds of, say, Lear's poetry or *Jabberwocky*. For what we understand by human love (unlike, incidentally, Dodgson's "pure and perfect" love of dog or of fawn) is fiercely kinetic, its kinesis and imperfection dominating the subject matter of Western literature since at least the Renaissance. Furthermore, human love never is (as every game counter must be) completely discrete, never fully completed, never isolated, and never merely about itself. Indeed, the Romantic sensibility in which so many of us agonize and glory depends heavily on the principle of incompleteness and on dreams of mergers between ordinarily discrete entitles and selves (in our day represented most often by sexual unions; in Carroll's day represented most vividly in the operatic vision of love celebrated in Romantic fictions, *Wuthering Heights* being a striking example). A game uses separate entitles as playthings; love, like imagination, seeks to dissolve separation and to engender syntheses greater than the sums of their parts (according to Sewell, "The Nonsense universe must be the sum of its parts and nothing more," p. 98).

Thus, accepting Sewell's definition, we must understand love as in a sense destructive of nonsense, as the warm emotional force that naturally resists taking the world the way nonsense presumably takes it, as simply a congeries of cold, discrete "units going one and

many ways the *Alices* do not belong in the category of Nonsense. Nevertheless, sewell's views can be very useful in an empirical search for the meaning of the *Alices* and the sources of their power, for Nonsense does play an important, if subordinate, role in them.

one and one" (Sewell, p. 67). Love works like a solvent, dissolving isolation and breaking down separateness, making the world more fluid and less static, tending towards fusion and away from discreteness. Therefore, our quest for love in the nonsensical *Alices*, like Alice's nonsensical quest for the tranquil innocence of the lovely Garden or for the permanent freedom of adult Queenhood, seems therefore nonsensical too and appropriately destined to fail. Hence it appears that, as critics anyway, we must simply declare that the warm (and sometimes sentimental) love which permeates the frame materials of the *Alices* and which is sometimes ridiculed within their narratives has no place there, is finally extraneous, playing no important part in the books' artistic successes. In fact, it looks as though we must as critics declare the few bits of unsatiric or unsatirized love we catch here and there in the *Alices* to be sentimentally generated flaws in the generally pure nonsense which is their principal achievement.

A useful gloss on these matters appears in one of Carroll's minor early fictions, "Novelty and Romancement"[9] (published in *The train* in 1856 when Dodgson was twenty-four and just getting used to his new pen-name). In brief, "Novelty and Romancement" is the first-person account of one Leopold Edgar Stubbs (among other things, a caricature of an overly Romantic narrator-hero in Poe's fiction), a young man with a feverish imagination and an all-consuming "thirst and passion. . . for poetry, for beauty, for novelty, for romancement" (p. 1080).

The target of rather crude Carrollian derision, a Romantic mercilessly lampooned by Carroll's anti-Romantic irony, Stubbs serves as an objective correlative for the spirit motivating the Romantic quest — the foolish, almost nonsensical young lover foolishly in love with love itself. And the cream of Carroll's rather facile jest depends on Stubbs' dim-witted belief that the "romancement" he so ardently

9) In *The Complete Works of Lewis Carroll* (New York, 1937), pp.1079-1088 Hereafter all page references to "Novelty and Romancement" are to this edition and are cited directly in my text.

seeks (compare here Alice's two quests or the hunting of the Snark) is to be found, simply, in a mechanic's shop on Great Wattles-street: he spies the sign "Simon Lubkin. Dealer in Romancement" and thinks he has found the dear object of his life-long quest. "Romancement" (here read "Love"), he fondly believes, can be bought like herring or glue from a working-class shopman.

The climax of "Novelty and Roman cement" comes when Stubbs, "with a throbbing and expectant heart," discovers that he has been "deluded by a heated imagination": he has, in his youthful ardor, misread the shopkeeper's sign (this short story, by the way, offers a treasure trove for our current school of semioticians). What he had read on the sign as "Romancement" was, all along, merely "Romance ment." Until the climax, he had never seen the "hideous gap" yawning between the "N" and the "C," "making it not one word but two!" (pp. 1087-1088). Instead of the fused and fusing "romancement" Stubbs has hotly sought, he finds only "Roman cement," as cold and mundane a conception as the two discrete terms used to signify it (again compare the disappointing un-romantic conclusions and the awakenings to a dull reality that end Alice's dreams and quests). Stubbs is obviously from beginning to end a Romantic fool; but his "phantom hope" for "romancement," the childish dream he held with an "expectant heart," is no more foolish than is the dream-Alice that haunted Dodgson "phantomwise," or the imaginative dream-quests that motivated Alice herself — or the object of warm love anyone of us might cherish in a young and hopeful imagination. Before Stubbs discovers the sad truth, Lubkin innocently tells him what the stuff in his shop is used for: "It would piece a most anything together." Stubbs of course misunderstands Lubkin's straightforward remark, thinking it refers to the spirit of "romancement," a spirit, he imagines, that "serves to connect the broken threads of human destiny" (p. 1084) — a view of human love consistent with much that Dodgson wrote in many of his letters, diary entries and imaginative works, a view of human love (and the imagination) to which most of us post-Romantics probably would subscribe.

In any case, the emotional-imaginative cement fusing the two, separate, lifeless, prosaic terms in Stubbs' poetic and "fertile imagination" (p. 1084) suddenly loses its cohesive powers and its own fertility; the frigid, isolated words fly apart into mere individual words again, mere dead counters in the unimaginative game of commerce and commercial communication. The experienced Stubbs puts it neatly at the end, without for once his florid and poetic prose, "the dream was over" (p. 1088). Like a reversed mirror-image of the ends of Alice's dream-quests, like the apparent relationships between the poetic, romantic frames of the *Alice* and their satirical and nonsensical prose narratives, this ending seems to deflate love into a mere misreading of lifeless signs. As it so often does in Carroll, Romanticism here becomes a matter of poor eyesight. The coherent, unitary vision of a coherent, dynamic world alive and turning on the power of love is shattered into the dreadful but business-like perception of a "real" world of "broken threads" that goes round because each separate entity and each separate word remains separate, minding its "own business," while each seeker of love's coherence remains a fool permanently isolated in a solitary and loveless prison.[10)]

Preposterous as it might seem, then, we find ourselves at this point apparently forced by firm and varied evidence to conclude that the supreme and loving creations of a man whose life and religious devotion circled around love have themselves internally little to do with love— except to treat it where it occurs with the same cold mockery they turn on all the other fond fictions and groundless imaginative constructs that help make our mad world livable. Our

10) The title "Novelty and Romancement" contains a complicated pun that deserves our notice: "novel" and "romance" are of course the same word in two languages; "ty" can easily transform to "tie," which is very close in meaning to "cement." By Carrollian punning, then, the two discrete terms combine into one. Such comic visions of language occur, of course, throughout Carroll's writings. Here, as elsewhere, the wordplay has profound philosophical significance.

quest for love inside these texts seems therefore doomed to the fate suffered by similar quests within Carroll's masterpieces: whether we seek it with care and hope or with thimbles and forks, love will, Carroll's great fantasies seems to say, elude us forever. The old signs, the old words declaring love's fusing magic, like the words on Simon Lubkin's sign proclaiming his prosaic wares, fall before our clear vision into their morally meaningless, discrete parts. "Novelty and Romancement" ends both sadly and comically:

> The signboard yet creaks upon the moldering wall, but its sound shall make music in these ears nevermore — ah! nevermore (p 1088)

III

But our quest for the sustained and sustaining music of love within the *Alices* need not end with a frustrating Boojum. In the eighth chapter of *Through the Looking-Glass* ("It's My Own Invention"), that quest yields some authentic results. And, in spite of the apparent incoherent randomness of Carroll's nonsense materials, this chapter might even suggest for the *Alices* the possibility of a satisfying moral shape.

Besides finding in "It's My Own Invention" some of the best evidence of the loving nature that Dodgson claimed was Alice in Wonderland's chief virtue, we witness in this late, concluding episode something which, in terms of our own search for love, is much more significant — a response to that loving nature in the only genuine, fully human exchange within all of Alice's adventures: a poignantly brief, disturbingly realistic farewell between a foolish old White Knight and Alice, that Knight's beloved seven-and-a-half-year-old maiden in distress.[11]

11) The White Knight, a proper but silly, upper-middle-class protector of young girls, is, as many Carroll scholars agree, clearly one of Dodgson's best self-portraits. Moreover, the emotional matrix of this scene is one with which any reader of

At this late and pivotal point in her adventures underground and behind the looking-glass, Carroll's imprisoned pawn-princess is freed and is now about to awaken to autonomous Queenhood (Chapter Nine is called simply "Queen Alice"). Meanwhile, Alice's thinly disguised creator Carroll / Dodgson (after surreptitiously admitting that she too is his "own invention") prepares to lose forever his Galatea as she races off eagerly and unthinkingly to adulthood and out of the dream worlds he has lovingly invented for her, worlds where real death seems almost a stranger and where her natural aging process has been slyly slowed to a Wonderland rate closer to his heart's desire — a mere half-year's maturation for something like every nine years on the other side of the Looking-glass.12) Carroll's sadly ineffectual persona, meantime, that aged and impotent prince-charming, that familiar nonsense-inventor, the ever-falling, pitiable White Knight, sings his last song and bumbles off towards some isolated and ridiculous death:

> As the Knight sang the last words often ballad, he gathered up the reins, and turned his horse's head along the road by which they had come. "You've only a few yards to go," he said, "down the hill and over that little brook, and then you'll be a Queen — But you'll stay and see me off first?" he added as Alice turned with an eager look in the direction to which he pointed. "I sha'n't be long You'll wait and wave your handkerchief 'when I get to that turn in the road? I think it'll encourage me, you see."

In this chapter, Carroll finally brings to the surface and

Dodgson's letters and diaries must be familiar.

12) Although Alice Liddell (1852-1934) was ten when Dodgson first told his extempore *Alice* tale (1862), she is seven in *Wonderland* (1865) and seven and a half in *Looking-Glass* (1871). The heartfelt Carrollian arithmetic here occurs in a number of other conexts. For example, Carroll writes to one of his child friends in 1876:

> I want to do some better photographs of you. . . And mind you don't grow a bit older, for I shall want to take you in the same dress again: if anything, you'd better grow a *little* younger — go back to your last birthday but one.
>
> *Letters*. p 238

objectifies for his readers what they have at best only dimly sensed in their journeys with Alice through the loveless realms of heartless queens unfeeling flat characters from the worlds of nonsense game and nursery rhyme. Until now, the only possible evidence of real love, it seemed, had been so deeply embedded among the nonsense adventures that we could have easily called *lovelessness* the keynote of the *Alices*. Until this late chapter of Carroll's last *Alice*, it appeared as if the only cogent and critically defensible way for us to justify continuing our quest for love was to claim perhaps that the narrative act itself — the narrator's gentle structuring of the inherently unstructurable, separate, discrete components of Alice's dreams into a pleasurably coherent text — comprises an act of love, a love-gift that provides Alice and the reader with a fictive shape which allows them to survive with some measure of sanity in a mad world. But this seems to me an unsatisfying, overly theoretical approach to our a actual experience of the *Alices*. Now, however, in the poignant passage I have just quoted, we begin to see some reason to hope for real success in our quest.

But before continuing, let us turn for a moment to Carroll's prefatory poem, specifically to a passage that promises a particular emotional immunity. The poem ends:

And, though the shadow of a sigh
  May tremble through the story,
For "happy summer days" gone by,
  And vanish'd summer glory —
It shall not be touch, with breath of bale,
  The pleasance of our fairy-tale

The narrative following this promise, however, falls to sustain such an emotional immunity. Indeed, the emotional charge underlying the haunting farewell between the White Knight and Alice is so powerful breaks through the neat nonsense surfaces of Alice's adventures, letting readers and listeners hear distinctly and directly a different but vaguely familiar tone — that nostalgic "shadow of a sigh" which, though we hardly suspected it, has, as Carroll admits, "tremble[d] through the story" ever since Alice first followed Dodgson's White Rabbit down the rabbit hole.

The intrusion of such a nostalgic "sigh" subverts Carroll's own intention to give his audience a love-gift of game-like, pure, nonsensical pleasure untouched alike by any breath of "bale" or by any warm, fluid emotions that can threaten the static discreteness upon which the "pleasance" of nonsense games rests. (In Dodgson's day, incidentally, "pleasance" signified, among other things, [1] a pleasant, unthreatening emotional experience, [2] for him, Alice Pleasance Liddell, his real girl-love, and [3], a secluded garden.) Admitting to the field of nonsense an emotion as alien as nostalgia risks opening its pleasant seclusion to other disturbing strangers, among them Death. Here in Chapter Eight, Death is no longer a stranger, a separate word, a mere uncharged sign and discrete counter for endless games where "they never executes nobody" and where Death's agent Time can itself die, or stop dead forever in a mad, unending tea-party. And the "voice of dread" that, as Carroll's poem reminds us, inevitably "summon[s] to unwelcome bed" every "melancholy maiden"[13] here also breaks through, becoming fully manifest for the only time in all the adventures, but thereby revealing it has been a dynamic element singing at the back of Carroll's tales of Alice's nonsensical experiences of life, love, death and disorder.

Carroll himself understood the threat such a "breath of bale" poses for nonsense games. Consciously, he believed that the approaching, inexorable "bedtime" his poem alludes to must not, would not play any part in the adventures themselves (except

13) This passage has of course a distinct sexual connotation. Although sex has a very small independent role in the *Alices* —indeed. I once argued that there was *no sex* in them (see my essay "What You Always Wanted to Know about Alice but Were Afraid to Ask," *Victorian Newsletter*, No. 44 [Fall 1973], 1-5) — here sex is used to underscore the frightening transience of life, conflating in a kind of portmanteau bed the first flush of full human development with its last gasp.

heavily disguised in such elements as the many silly and unthreatening death and sex jokes that punctuate the *Alices*). But here in "It's My Own Invention"—the chapter Carroll apparently considered central to the book (look at that frontispiece again)—the baleful "frost," the "raving blast" of fall and winter which is our common lot and the basis for much of our love comes alive dramatically in the comic narrative's overt and realistic portrayals of aging, old age, and falling to earth (the text alludes to the old Knight's falling at east thirty times), as well as in its covert plays on the word "grave" and its many references to gravity—a no-nonsense, inescapable force pulling us an down to earth and our common grave. And the tone that conveys all this, the emotional aura suffusing this autumnal scene which reaches its climax with the spectacle of an aged man (not a mere nonsense creature, mind you, but a *man*) singing, as his final love-gift for a departing child, his nonsense song "The Aged Aged Man," that melancholy tone we hear distinctly in "It's My Own Invention" reveals, finally and with a direct immediacy, a fundamental thematic element that has subtly informed all of the *Alice* books, making them something much more referential, much richer and more human than the insulated nonsense we might have easily mistaken them for. Paradoxically, this grave tone emanates from Carroll's fortunate failure to keep his nonsense pure, free from that "shadow of a sigh" he himself admits. The tone emanates from a deep, abiding and inescapable sense that human love springs from time and human mortality. Hardly a fit subject for the closed fields of nonsense, but just the right subject for literary works quoted as often as Shakespeare's sonnets.

Much of the love Dodgson bore for the innumerable little Alices of his own fleeting life was of a kind adult readers know well. His letters and diaries (and his lesser literary works) are fully open about that sense of advancing age that leaves us fallen "bare ruined choirs" and makes us "love that well which [we] must leave ere long." The depth and intensity of Dodgson's preoccupation with this particular emotional and spiritual experience can be gauged by the heavy emphasis placed upon it in this structurally crucial chapter, especially in the chapter's continual iteration of two intertwined motifs — old age and falling. Like Shakespeare's May-time beloved beholding the final decline of a winter-time lover, like Humbert Humbert's pitiful adoration of his indifferent nymphet fading before him into a future he cannot share, like any of the countless figures in our literature that dramatize and celebrate this notion of love springing from fallen man's doomed race against world and time, against the imprisoning Biological Trap or the "blight man was born for," the *Alice* under-texts, amidst all the surface nonsense, have whispered from the beginning of love's intimate relations with inevitable death, but so faintly and subtly that the effect is necessarily — and, I think, appropriately-subliminal. In this late, sunset chapter of the final *Alice*, however, in this autumnal and peculiarly isolated scene of final parting between (foster) father and the child he has created, the grave undercurrent themes of age, evanescent and unrequited love and youth's impatience for autonomous life become for a very brief moment the vivid mainstream and audible melody of Carroll's narrative.

Indeed, we now know that Carroll intended to intensify these themes and make them even more explicit in this chapter: With a characteristic *Looking-Glass* doubling, he meant (although he was finally dissuaded by Tenniel) to add immediately after the White Knight episode a parallel scene of young Alice parting from another aged man — the even older, dying Wasp in a Wig, who sings a sometimes gruesome song about his own last days:

So now that I am old and gray,
And all my hair is nearly gone,
They take my wig from me and say
"How can you put such rubbish on?"[14]

---

14) Lewis Carroll, *The Wasp in a Wig A "Supressed" Episode of Through the*

But although the Wasp episode does bear a number of similarities to the White Knight section it was meant to follow, it might not appear to be about love, the goal of our own critical quest. For while the "*very* unhappy" Wasp represents the sadness of approaching death (being November behind the looking-glass, it is already well past the "unwelcome bedtime" of most wasps) and while Alice again represents impatient youth (she turns back to the aged Wasp "rather unwillingly, for she was *very* anxious to be a Queen"), readers might nevertheless find it difficult to discover in this Wasp fragment any hint of the love-out-of-death theme I have been delineating. But the distinct change Alice's polite indulgence effects in this irascible old creature should be read in the light of its full context, representing as it does the sudden engendering of warm human emotion in the coldest, most rigid and elderly figure in Carroll's extensive collection of cranky, inflexible, waspish grown-ups. In the final words of this episode, the Wasp suddenly reaches emotionally towards Alice, displaying some true civility — a delicate social sign that for fastidious Dodgson sometimes conveyed private love:

> 'Good-bye, and thank-ye," said the Wasp, and Alice tripped down the hill again, quite pleased that she had gone back and given a few minutes to making the poor old creature comfortable. (p 21)

Such genuine civility — here in response to Alice's acts of genuine noblesse oblige for a "poor creature" of the lower orders (lower biologically, socially, morally) — coming so spontaneously and from such an improbable source, represents, I think, the miraculous

Looking-Glass and What Alice Found there, ed Martin Gardner (New York, 1977), P. 19 Although some scholars consider this episode an unnecessary repetition of the White Knight scene, Carroll obviously did not. He saw it through the galley-proof stage and carefully corrected the galleys themselves. A Probable explanation for the suppression is that Tenniel saw himself caricature in the Wasp and chose not to join his collaborator Carroll in his loving farewell to their mutual invention Alice. Tenniel, by the way, was some twelve years older than Dodgson.

regenerative power loving childhood offers to the dying old: a spiritual solvent that an teach us to love and can free us from our emotional and class-conscious rigidity and isolation, as it so often freed Charles Dodgson from his.

In any case, Lewis Carroll's concentration on his peculiar child-love version of the eros-thanatos principle, his bitter-sweet and sentimental vision of a fallen old man's innocent and fruitless love for an even more innocent, unattainable child, shapes many features of "It's My Own Invention." And comprehending Carroll's strategies for transforming that vision into the nonsensical parting of a ludicrous White Knight and an eager Alice — a parting that also comically announces the approaching end of his *Alices* and the approaching end of their loving inventor — will allow us to understand better the love in the *Alices*.

For one thing, "It's My Own Invention" dramatizes a strikingly realistic encounter between two human figures as familiar in literary invention as they are in ordinary life — the aged, inept, foolish and sometimes doting lover and the indifferent, impatient, lively young object of his love. Carroll naturally employs several screens, and his treatment of this traditional material differs widely from the standard comic and tragic sentimentality with which his audience was most familiar. But many of the principal elements of the convention operate in Carroll's nonsense rendition. For example, what is often emphasized in such a couple (for tragic as well as for comic purposes) in their essential incompatibility. Here that incompatibility is deftly underscored and elaborated in some noteworthy ways. Alice, for instance, looks upon the aged Knight as a laughable old fool, but she takes pains to conceal her youthful amusement and "dares not laugh" at him; she generously allows him to mistake her "puzzled" thoughts about his ridiculous invention of a Platonic pudding for "sad" thoughts about her eagerly awaited departure. The Knight, for his part, considers his sentimental and funny song beautifully sad, while, upon hearing it, Alice finds "no tears [come] into her eyes," and even he is forced to observe gently that she did not cry as much as he thought she would. From all of this emerges a subtle, curious emotional exchange, a kind of loving mutuality we have not seen directly before in the adventures and one that, on Alice's side, represents far more than just her well-bred politeness. The fleeting love that whispers through this scene is, therefore, complex and paradoxical: it is a love between a child all potential, freedom, flux and growing up and a man all impotence, imprisonment, stasis and falling down.

While the White Knight's continual falling and his outlandish horsemanship also suggest sexual impotence (his name, it should be noted, constitutes a pun on a familiar term for a sleepless night—a "white night"—in the context of these great dream books itself a mark of stasis and impotence, as well as a reference to the kinetic, waking world of love and mortality that keeps breaking through this chapter), that falling bears a more immediate and wider reference to other sharp contrasts between him and Alice, who has now attained the evanescent ability to handle, with the grace of childhood, some rather tricky matters of gravity and balance. Indeed, some of the conversation here sounds as if Alice is now the knowing grown-up and the Knight the innocent child (a role reversal mirrored in a number of *Looking-Glass* and *Wonderland* episodes). Considering his propensity for falling, for example, Alice at one point declares, "You ought to have a wooden horse on wheels, that you ought!" and he sheepishly asks, "Does that kind go smoothly?" It is this son of second-childhood childishness, his near-senile frailty and dependence on a fickle child, that makes him here laughable and pitiable at the same time (surely an undesirable fusion in the game of nonsense). And it is the utter hopelessness of his attachment to the departing child that, I submit, makes him a haunting figure of universal reference.

When the Knight, "a faint smile lighting up his gentle foolish face," sings his parting song for Alice, adult readers might easily overlook, in all its silly nonsense, the serious, common-sensical aspects of the song and of the entire scene. But the child Alice is not nearly so insensitive — she somehow grasps the episode's strange gravity:

> Of all the strange things that Alice saw in her journey *Through The Looking-Glass*, this was the one that she always remembered most clearly. Years afterwards she could bring the whole scene back again, as if it had been only yesterday-the mild blue eyes and kindly smile of the Knight — the setting sun gleaming through his hair . . . and the black shadows of the forest behind — all this she took in like a picture. . . .listening, in a half-dream, to the melancholy music of the song.

For the open-hearted Alice has unwittingly heard the poignant, hopeless love of The Aged Aged Man that moves secretly beneath the song's surface nonsense. And, as Carroll subtly suggests, there is a reasonable chance that Alice Liddell (in her own "half-dream," half way between her actual, listening, reading, waking self and her fantasy self inside the dream-fiction) has heard similarly that same melancholy music here and there throughout the nonsensical adventures — Dodgson's trembling, grave "shadow of a sigh" that makes Carroll's best nonsense books timeless and universal in ways far beyond the capacity of mere unreferential nonsense.

The tune of "the Aged Aged Man," as Alice says to herself, "*isn't* his own invention" as he claims; the tune (and Alice apparently identifies its source correctly) comes from Thomas Moore's "My Heart and Lute," a poignant love lyric that no seven-and-a-half-years-old could completely understands. As Martin Gardner suggests, "It is quite possible that Carroll regarded Moore's love lyric as the song that he, the White Knight [and Charles Lutwidge Dodgson], would have liked to sing to Alice [and to Alice Pleasance Liddell] but dared not."[15] In any case, Alice's politely unspoken recognition

15) The Annotated *Alice* (New York, 1960), p. 311

of the underlying love lyric here bespeaks her acute child's ear, her high-bred diplomacy, and her precocious sensitivity to the oblique voice of love beneath the nonsense of his song and, I submit, beneath all her fantastic adventures.

If we join Alice in recognizing such a faint but powerful loving counterpoint, we add a new dimension to our understanding of the *Alices*. Moore's song begins, "I give thee all — I can no more — / Though poor the off'ring be. / My heart and lute are all the store / That I can bring to thee." The White Knight's song, in turn, is also a poor offering, like the many poor nonsensical offerings of another aged and silly inventor, given also in tones of modest love to an unattainable child impatient for life and ultimately incapable of understanding the pathetic depth of such grown-up melancholy music. Moore's singer sings of a "soul of love" and a "heart that feels/ Much more than lute could tell." Carroll's nonsense music likewise cannot — must not — tell fully what Dodgson's heart feels. Alice, of course, while capable of recognizing the poignant love song beneath the nonsense words, is, ironically, blessedly incapable of understanding fully what that curious blend of words and music tells about herself, about the old man singing before her and about the human condition: "She stood and listened very attentively, but no tears came into her eyes." Fortunately, only adults can hear, if they listen very attentively, all of Carroll's gravity and melancholy love. Only adults can hear the full sad irony, for example, of this little nonsensical exchange between innocent Alice and her experienced White Knight:

> ". . . people don't fall off quite so often, when they've had much practice."
> "I've had plenty of practice," the Knight said very gravely "plenty of practice!"

Before leaving this discussion of the melancholy tone of love upon which Carroll's nonsense tales are based, we should remind ourselves that the oral element, the sound of the human voice (particularly, the spoken words of a wise and kindly, upper-middle-class Oxford don, the product of Christ Church, Rugby, and a well-bred family) can play a major, critically legitimate role in our assessments of the *Alices*. The fact that Alice and her original adventures grew out of their inventor's extemporaneous, oral story-telling seems to me important. And when we add to this the fact that references to the literal occasion for the first telling of *Under Ground* whisper here and there through the texts themselves (the last words of *Looking-Glass*, for example, take us suddenly back twenty years to a boat-full of real Liddells eagerly and with "willing ear" waiting "to hear" Dodgson's "simple tale"), we can probably assume that Carroll wrote all three *Alices* with the sounds of the human voice constantly and vividly in mind. That assumption becomes a critical certainty when we comprehend the extent and importance of Carroll's countless stage and musical directions — here say it "gravely" (seriously and with full knowledge of the grave); there say it with "a scream of laughter." These directions can serve of course as oral performance notes for a grown-up storyteller as much as they can serve as simple modifiers for imaginative silent readers, be they adults or children. And such matters deserve careful investigation.

But such an investigation must wait for another occasion. Suffice it to say that the sense of a stable, orderly and correct voice (without the stammer from which Dodgson often suffered when talking to most adults), speaking in calm tones, and with great sympathy for its child subject and for its child audience, informs the *Alices*. guiding our responses, fusing and shaping the discrete nonsense materials with a warm and consistently loving tone. Many readers of the *Alices* today probably hear, consciously or not, that voice of love beneath the silly adventures, like the Moore love lyric beneath the nonsense song "The Aged Aged Man." And for those who do hear, that voice somehow humanizes Carroll's games of nonsense, making the whole *Alice* experience into a love-gift as worthy of the childlike teller as it has been of his countless childlike listeners ever since.

"And here I must leave you. . . . You are sad," says the White Knight to Alice; but "in an anxious tone" he adds, "let me sing you a song to comfort you." No one else in Alice's many adventures has ever addressed her quite this way. It is as if the narrator and the narrator's gentle, loving voice have crossed over some boundary between reality and fiction, between lice's adventures and Carroll's telling of them. It is the White Knight Carroll's last farewell and last love-gift to his beloved invention Alice. After this he must, like his inventor Dodgson (who has had plenty of sad practice saying good-bye to real girls entering queenhood), continue his well-practiced falling, alone and unaided to the end. In his later years Dodgson writes to a former girl friend now about to enter the dubious queenhood of Victorian marriage:

> My child-friends are all marrying off, now, terribly quick! But, for a solitary broken-hearted old bachelor, it is certainly soothing to find that some of them, even when engaged, continue to write as "yours affectionately"! But for that, you will easily perceive that my solitude would be simply desperate![16]

"Desperate" is perhaps too strong a word here—certainly too strong for a Victorian clergyman like Dodgson, and probably too strong to describe the White Knight's own parting words and song. But "desperate" is not so wide of the mark: both Alice and the Knight, after all, recognized that "The Aged Aged Man" is full of very "melancholy music." And, in many senses, so is the nonsensical chapter that contains it. For the impending loneliness, the approaching loss of love and life for which both Dodgson and his "anxious" White Knight have been practicing so long in their inventive imaginations, is far from a laughing matter. It is serious enough to make them both

16) *Letters*, p 862.

seek soothing comfort and faint hope in the merest crumbs of affection from a loving child's fickle heart.

Ⅳ

Carroll's doomed attempts to keep his beloved child-friends forever "dreaming as the summers die," his brilliant deployment of "magic words" to "hold [theml fast," his perfectly composed photographs that try to fix them forever in their passing youth — all these things represent a glorious futile struggle of loving art against separating Time, that most abused and ridiculed figure of Carroll's many fantasies. In "It's My Own Invention," Time is finally displayed openly in it's full relation to the human condition, a relation usually well masked by Carroll's sprightly nonsense. Here Carroll's many allusions to Time in the *Alices* and elsewhere seem to come into sharp emotional and moral focus, offering suddenly a brief but clear and feeling vision of Time's human significance — the despised irresistible agent of our ludicrous mortality and our wonderful love.

Nearing fifty, Dodgson writes in a letter to an adult friend, "the experience of many years [hasl taught me that there are few things in the world so evanescent as a child's love."[17] And because the poignantly familiar love of an aged man for a young and innocent child intensifies that evanescence several-fold, it serves as a fine symbol (in literary fantasies as well as in everyday psychology) for the evanescence and preciousness of all love and of life itself. Thus, the terribly brief encounter between a child about to experience for the first time "queenhood" and its concomitant knowledge of death's "unwelcome bed" and a loving, protecting but foolish adult who has had "plenty of practice" — that evanescent moment permanently stopped by art's saving magic — should be understood as Carroll's special message to us, his fellow grown-ups: his own, covert interpretation, if you will, of the *Alices,* an interpretation at

17) *Letters*, p. 441.

least as graphic as the frontispiece he chose, presumably, to depict their central theme of youth and age.

Essentially, the *Alices* stop time in their surface nonsense, presenting to the child in their readers and listeners an unthreatened and unthreatening vista of seemingly endless play, play (like the Caucus Race or Tweedle brothers' battle) curiously, charmingly static and full of discrete counters within a safe, closed field. But for their adult audience they give something more: they also whisper some sad truths about the world of flux beyond that pleasant field. The walls of Carroll's nonsense are thus constantly, if surreptitiously, breached by Time and Death and consequently, as I have argued here, by the love that springs from them both. So while Carroll's love-gift of the *Alices* helps the child Alice "keep, through all her riper years, the simple and loving heart of her childhood," another voice sings softly at the same time to other ears, to those for whom childhood's dreams might already be like a "pilgrim's wither'd wreath of flowers / Pluck'd in a far-off land."

Because it breaks open the closed field of nonsense with love, we can say that Carroll's finest comedy is much better than the cool nonsense he is often credited with. Better because it is about much more than mere nonsense is about; better because it takes account of a familiar human world charged with love and fear of death. And better because it is, finally, morally superior to the most elegantly cerebral nonsense, telling us fellow humans, in tones of love, truths about our nature in a manner that somehow makes delight of our foibles and lovely, evanescent joys of our sorrows. Like so much Victorian comedy from Carlyle and Dickens to Eliot and Meredith, Carroll's *Alices* are great and good because they rest finally upon the warm, fusing morality and sentiment the Victorian age cherished as "humor"—not upon those surface games which have brought Carroll so much critical esteem in recent years, but which his own age probably would have considered mere entertaining "wit."

Therefore, Carroll is for yet another reason one of our best writers of subversive comedy, this time because of his treatment of love.[18] Like his satire, his witty nonsense often subverts love and sentimentality; of this we are all well aware. But in addition, as we might not have noticed, his love subverts his nonsense and satire. In this Carrollian world of mixed-up signs and sensibilities, the question, as one of Carroll's most unloving characters would say, is "which is to be master — that's all." Dodgson, probably, would have chosen love and romance as the masters of nonsense. The more important question of whether or not Carroll would have made the same choice can be answered in only one place, the *Alices* themselves. And these wonderful adventures seem to tell us, finally, that there is no need for any masters here; indeed, neither nonsense, nor death, nor love can master the rich, fused music of all three that makes the peculiar, abiding romancement of the *Alices* so delightfully complex.

Postscript

"unless this miracle have might"

Carroll probably had the last word, so to speak, on these matters of nonsense, referentiality, time, death and love in his *Alices* — not exactly in a word, but in a picture. The last words of *Alice's Adventures Under Ground* (and of *Alice's Adventures in Wonderland,* too) are these: ". . . remembering her own child-life, and the happy summer days." But between those last two discrete but resonating terms "summer" and "days," at the very end of the *Under Ground* manuscript sits Carroll's referent herself, the real dream-child Dodgson really loved, the real Alice Liddell gazing from her own "summer days" — out of the 1860's and Dodgson's lovely photograph and right into our eyes.

18) Carroll's subversiveness has been an important subject of some of the best *Alice* criticism from the interpretation by William Empson in 1935 (*Some Versions of Pastoral*) to that of Robert Polhemus in 1980 (see note 8 above)

Although this little picture was meant for Alice's eyes alone, it still can play an important part in our understanding of love and death in Carroll's *Alices*.19) For in this haunting photograph of Alice — set into the beautifully hand-wrought, illustrated *Alice* text and joining (as well as separating) those two, final, discrete words — Carroll embodies the motives and issues that first stirred his heart to create the nonsensical *Alices* and to animate them with a special, curious melancholy music beyond the reach of nonsense. Here before our eyes, then, is his sensitive portrait of the child who is both his heroine and his beloved audience; both a creature in his fictional texts and a real child living outside them; both a thing fashioned from mere words and the living vessel for the "loving heart of childhood." Before us is the actual little recipient of a very precious love-gift, the only copy of one of the world's greatest fictions. Through the loving devotion of a brilliant and meticulous photographer, Alice here somehow defies Time — as if some mad inventor from Alice's dream worlds had, with the magic of his words and art, found a way in her waking world to defy gravity and stop aging and death by means of an improbable Wonderland light-machine and some Looking-Glass Romance-ment.

The *Under Ground* photograph records one discrete moment in the actual life of one discrete child. Moreover, it records that moment without recourse to an inevitably generalizing verbal medium (even the precious name "Alice" is a name many can share). In the wood where things have no names, Alice seems to find, for a moment, the elusive love she seeks. Here in this picture of his beloved Alice, Carroll pierces through his own verbal medium to a place beyond

19) We should recognize the open attitude towards photography current among the educated classes in Dodgson's day. Dodgson himself had no prejudices about photographs — for him they possessed the inherent capacity to make the same contributions to a literary text that Tenniel's illustrations made to his two great *Alices*. Indeed, Dodgson shared with many of his contemporaries the view that photography held all the artistic potential that fine arts like painting held.

names and beyond art, bringing into his text life itself and, in a real sense, the love we all seek — embodied in one specific, very real little girl. In my mind, then, whatever else Alice's *Under Ground* photograph tells us, it certainly speaks the last word about nonsense, referentiality, time, death and love in Carroll's *Alices*.[20]

20) I am indebted to Professor Phyllis Rackin of the University of Pennsylvania for suggesting this interpretation of the Alice photograph.

Helena M. Pycior

At the Intersection of Mathematics and Humor: Lewis Carroll's *Alices* and Symbolical Algebra*

AUGUSUS DE MORGAN INTRODUCED CHAPTER II OF HIS *Trigonometry and Double Algebra* of 1849 with a precis of symbolical algebra: "*With one exception*, no word nor sign of arithmetic or algebra has one atom of meaning throughout this chapter, the object of which is *symbols, and their laws of combination,* giving a *symbolic algebra.*[1] "Slightly over fifteen years later, Lewis Carroll's Alice interrupted the trial of the Knave to state her opinion of the nonsense verse read by the White Rabbit. "*I* don't believe," Alice declared, "there's an atom of meaning in it."[2]

The coincidence of language in De Morgan's algebraic textbook and Carroll's *Alice's Adventures in Wonderland* is not accidental. Charles Lutwidge Dodgson's mathematical training and interests influenced the literary works he published under the pseudonym of Lewis Carroll. The *Alices* embodied the mathematician Dodgson's misgivings about symbolical algebra, the major British contribution to mathematics of the first half of the nineteenth century. The theme of meaninglessness, emphasized in earlier interpretations of

* 이 논문은 *Victorian Studies* 28호(1984년 출판)에 실린 것임.

1) Augustus De Morgan, *Trigonometry and Double Algebra* (London: Taylor, Walton, and Maberly, 1849), p. 101. I wish to thank Roland Stromberg, who encouraged me to write a paper on humor and Victorian mathematics.

2) Lewis Carroll, *Alice's Adventures in Wonderland*, in *The Annotated Alice*, ed. Martin Gardner (New York: Clarkson Potter, 1960), p. 159. All citations in my text of *Alice's Adventures in Wonderland* and *Through the Looking-Glass* refer to *The Annotated Alice.*

the *Alices*,[3] can be traced back to Dodgson's encounter with the symbolical approach; the roots of his nonsense verse may also be in symbolical algebra, which stressed in mathematics structure over meaning.

Evidence of Dodgson's familiarity with symbolical algebra should help to correct the popular misconception that the author of the *Alices* knew nothing of the advanced mathematics of his period.[4] In fact, where earlier scholars have seen only ignorance of symbolical algebra, I will argue that Dodgson's rejection and ridicule of symbolical algebra was well informed, but based on a conservative view of

3) See, for example, Donald Rackin, "Alice's Journey to the End of Night," *PMLA*, 81 (October 1966), 313-.326, and "Blessed Rage: Lewis Carroll and the Modern Quest for Order," in *Lewis Carroll: A Celebration*, ed. Edward Guiliano (New York: Clarkson Potter, 1982), pp. 15-25.

4) Offering this standard interpretation of Dodgson's mathematics, Tony Beale, for instance, writes: "The giants of the English mathematical world. . . were to be found at Cambridge, and there is no evidence to suggest that Dodgson read or had any interest in their work" (Tony Beale, "C. L. Dodgson: Mathematician," in *Mr. Dodgson: Nine Lewis Carroll Studies* [London: The Lewis Carroll Society, 1973], p. 26). Similarly, Norman T. Gridgeman declares Dodgson "out of touch with the mathematical research of his day," citing specifically his ignorance of non-Euclidian geometry (*Dictionary of Scientific Biography*, 16 vols. (New York: Charles Scribner's Sons, 1970-1980] under "Dodgson, Charles Lutwidge"). More cautiously, Florence Becker Lennon, relying on Eric T. Bell's analysis of Dodgson's mathematical library, assures readers that Dodgson's possession of algebra textbooks by Bland and Wood "in preference to the available Peacock, is indicative of C. L. D.'s low mathematical taste and poor aptitude for mathematics" (Florence Becker Lennon, *Victoria through the Looking-Glass: The Life of Lewis Carroll* [New York: Simon and Schuster, 1945], p. 346).

On the other hand, modern scholars give Dodgson credit for rather advanced work in symbolic logic. But the present paper concerns symbolical algebra rather than symbolic logic. The two were, even in Dodgson's lifetime, distinct. Symbolic logic developed after and to a certain extent out of symbolical algebra; symbolical algebra was mathematics, while symbolic logic was a partly mathematical and partly philosophical study of the reasoning process. Thus in 1865 De Morgan distinguished logic from mathematics: "The necessary matter of thought, that without which we cannot think, consists of Space and Time, . . . These form the subject matter of the Mathematics. The consideration of the necessary *Laws* of thought, on the other hand, constitutes Logic" ("Speech of Professor De Morgan," *Proceedings of the London Mathematical Society*, 1 [1865], 4).

mathematics. Furthermore, I will demonstrate that there was before the *Alices* at least limited precedent for combining humor and mathematics. Specifically, William Frend and Augustus De Morgan, nineteenth-century mathematicians of some note, shared Dodgson's humorous bent and anticipated his exploitation of algebraic themes for humorous effect.

I

In the early nineteenth century, mathematics occupied a pre-eminent position in English thought and education. It was revered as a paradigm of knowledge and an exceptional instrument for mental training. In theory, according to some of its defenders, mathematics taught sound reasoning better than any other subject; in practice, it was the core of studies at Cambridge University. Through almost mid-century, in fact, no Cambridge undergraduate could achieve honors in any subject without first demonstrating proficiency in mathematics.[5)]

Mathematics owed its privileged position to the period's acceptance of the traditional view of it as a science of absolute truths which flowed deductively from self-evident first principles about clear and distinct ideas. Thus, in 1831, touting mathematics as the best instrument for mental training, Augustus De Morgan declared:

> It is . . . necessary to learn to reason before we can expect to be able to reason. . . . Now the mathematics are peculiarly well adapted for this purpose, on the following grounds:
>
> 1. Every term is distinctly explained, and has but one meaning, and it is rarely that two words are employed to mean the same thing.
> 2. The first principles are self-evident, and, though derived from

5) For general remarks on the role of mathematics in the pre-Darwinian Cambridge curriculum, see Martha McMackin Garland, *Cambridge before Darwin: The Ideal of a Liberal Education, 1800-1860* (Cambridge: Cambridge University Press, 1980), pp. 28-51.

observation, do not require more of it than has been made by children in general.

3. The demonstration is strictly logical, taking nothing for granted except the self-evident first principles, resting nothing upon probability, and entirely independent of authority and opinion.
4. When the conclusion is attained by reasoning, its truth or falsehood can be ascertained, in geometry by actual measurement, in algebra by common arithmetical calculation. . . ,
5. There are no words whose meanings are so much alike that the ideas which they stand for may be confounded.[6)]

In short, distinctness and meaningfulness of terms, self-evidence of first principles, deductive development, and availability of "experimental" tests of its conclusions — all combined to guarantee the certainty of mathematics and thereby to justify its preeminence as a body of knowledge and a tool of education.

At the very time when mathematics was so central to English intellectualism, however, a small group of Cambridge mathematicians was undermining its claim as an absolute science. These mathematicians invented a new approach to algebra in response to the problem of the negative and imaginary numbers, one which stressed structure and logical certainty rather than meaning and physical applicability. Although regarded as somewhat questionable when introduced into European mathematics during the Renaissance, the negative and imaginary numbers emerged as a clearly defined problem only in the late eighteenth century, when critics declared that they could form no clear concept of either kind of number, and that the standard definitions of both were nonsensical. Textbooks of the period defined a negative number as a "quantity less than nothing" or a "quantity obtained by the subtraction of a greater from a lesser quantity."

6) Augustus De Morgan. *On the Study and Difficulties of Mathematics* (1831; 2d rpt. ed., Chicago: Open Court, 1902). pp. 7-9. (This edition is drawn from the original, with corrections of "numerous errata and typographical solecisms," by Thomas J. McCormack.)

Who, the critics challenged, could conceive of a "quantity less than nothing"? The concepts "less than nothing" and "quantity," they argued, were inconsistent. Furthermore, the definition of an imaginary number led to a contradiction. Imaginaries were (and are) numbers which, when squared, produced negative numbers. Critics supposed there was a number b such that b^2 equalled -1. Then, they pointed out, b was either positive or negative. But this conclusion was impossible, since, when squared, both positive and negative numbers give positive results. In short, opponents of the negatives and imaginaries claimed that these numbers introduced absurdity into the paradigm of clear concepts and absolute truths. They therefore called for total rejection of these numbers and reduction of algebra to the study of non-negative whole numbers and fractions.[7)]

While many mathematicians recognized the problem of the negative and imaginary numbers, most refused to abandon these particularly fertile mathematical concepts. Instead of rejecting negatives and imaginaries, a few British mathematicians redefined algebra. Thus in the early 1830s George Peacock responded to the problem of the negatives with formulation of the symbolical approach to algebra. In addition to arithmetic, there was, Peacock argued, symbolical algebra — "the science which treats of the combinations of arbitrary signs and symbols by means of defined though arbitrary laws." Rather than define the negatives and imaginaries in a traditional fashion, Peacock chose to redefine algebra as a science dealing with undefined signs and symbols, governed by laws of the mathematician's making. According to this approach, algebraists were free to manipulate undefined or meaningless symbols; only after the manipulations were they to concern themselves with meaning. Peacock's motto was: "Interpretation will *follow*, and not *precede*." Because the meaning of algebraic signs

7) A good discussion of the British problem of the negative and imaginary numbers is Ernest Nagel, "'Impossible Numbers': A Chapter in the History of Modern Logic," *Studies in the History of Ideas*, 3 (1935), 429-474.

and symbols was not stressed, emphasis was put on the rules or forms of algebra. As the symbolical approach altered mathematicians' views concerning the concepts of mathematics (such as the negative number), so it forced a rethinking of the source and standing of mathematical rules or first principles. Peacock tentatively and others more explicitly recognized that mathematicians determined the rules of algebra.[8)]

In illustration of this new approach, Peacock introduced the sign "×" as a meaningless symbol. Then, asserting his freedom as a mathematician to determine the rules governing the sign, he declared that "×" was the inverse of "÷" and followed the form: $a \times b = b \times a$. What was important about "×" was the collection of forms or rules which it followed, not its meaning. Initially meaningless, "×" eventually took on different interpretations: it stood for arithmetical multiplication, for example; also, for the multiplication of line segments (Peacock, *Treatise on Algebra*, pp. 72-73, 84-87). In short, with the symbolical approach, the traditional image of mathematics as a science of meaningful terms, self-evident principles and absolute truths began to crumble. Coming into vogue was a view of algebra as a study of meaningless signs and symbols, governed by somewhat arbitrary rules and subject to many different interpretations. The traditional goal of mathematics, absolute truth, was giving way to a goal of useful and logically certain conclusions. Symbolical algebraists admitted that they could guarantee only that algebraic conclusions were the result of good deductive reasoning applied to assumed first principles — not that these conclusions were necessarily true in any absolute or empirical sense.

Responses to symbolical algebra were mixed. There were its

8) George Peacock, *A Treatise on Algebra* (Cambridge: J. and J. J. Deighton, 1830), p. 71; George Peacock, "Report on the Recent Progress and Present State of Certain Branches of Analysis," *Report of the Third Meeting of the British Association for the Advancement of Science,* 3 (1833). 195. See Helena Pycior, "George Peacock and the British Origins of Symbolical Algebra," *Historia Mathematica*, 8 (1981), 23-45, especially pp. 32.40.

proponents, led for awhile by Peacock and Duncan F. Gregory. There were also opponents: a young Cambridge graduate, Osborne Reynolds, for example, who published a stinging critique of the new approach to algebra. In another category were those who helped to develop symbolical algebra but whose reactions to it were ambivalent. It is clear, for example, that although De Morgan for a time was strongly attracted to the new algebra and even embraced it, he later assigned it a secondary place behind meaningful algebra.[9)]

Responses to negative numbers and to symbolical algebra occasionally took the form of humor. Themes such as the apparent paradox: of the negatives — "quantities less than nothing" — and the meaninglessness and arbitrariness of symbolical algebra lent themselves to humorous exploitation. One of the three major Victorians who combined humor and algebraic themes, William Frend, for example, wrote an unpublished play in which he humorously and assertively attacked both the negatives and symbolical algebra. De Morgan, a more established mathematician, did not go as far as Frend in the application of humor to mathematics, yet published a review of one of his own mathematics books which spoofed double algebra (his meaningful algebra which developed after and, to a certain extent, out of symbolical algebra). Later, Dodgson, a mathematician by vocation and a fantasy writer by avocation, incorporated algebraic themes into his *Alices*.

The earliest representative of this Victorian intersection of mathematics and humor, Frend was one of the most influential opponents of the negative and imaginary numbers.[10)] As such, his writings against the negatives were usually scientific rather than

9) Helena Pycior, "Early Criticism of the Symbolical Approach to Algebra," *Histotia Mathematica*, 9 (1982), 392-412, and "Augustus De Morgan's Algebraic Work: The Three Stages," *Isis*, 74 (1983), 211-226.

10) Frend's opposition to the negative numbers is discussed in Augustus De Morgan. "William Frend," *Memoirs of the Royal Astronomical Society*, 12 (1842), 460-463, and Nagel, "Impossible Numbers," pp. 435-437. See also Frida Knight, *University Rebel: The Life of William Frend (1757-1841)* (London: Victor Gollancz, 1971).

humorous. Clarity and independence of thought led him to recognize the paradoxical in the standard definition of negatives as quantities less than nothing. As a mathematician, he tried first to resolve the paradox. His answer involved nothing less than total rejection of the negative and imaginary numbers and all algebraic results depending on them. Occasionally, however, as in a public letter to the Vice-Chancellor of Cambridge, Frend assumed a more assertive tone in dealing with the negatives and their defenders. The intent of the letter to the Vice-Chancellor was incongruous with Frend's position in regard to Cambridge: Frend wrote to apply for the Lucasian professorship, even though five years earlier (in 1793) he had been banished from the University. In the letter, Frend objected to the fundamental theorem of algebra, which states that an equation of the nth degree has n roots. (The theorem is based on acceptance of negative and imaginary roots.) He then challenged other applicants for the position to calculate all the roots of a given equation of the 99th degree. If he obtained the professorship, Frend promised, he would share his salary with anyone producing the required 99 roots and demonstrating certain relationships among them.[11] Frend's dare was hardly side-splitting humor. Yet it was less neutral and more aggressive than his usual response to the negatives. In the letter, temporarily exercising his humorous bent, Frend was clearly exploiting rather than resolving the paradox of the negatives.

Frend also turned humorist in an essay satirizing the mathematical concept of nothing, which he published in 1803, and in a spoof-play which he (and possibly his daughter, Sophia Elizabeth)[12] composed in response to De Morgan's *Elements of Algebra*

11) William Frend, *A Letter to the Vice-Chancellor of the University of Cambridge* (Cambridge, n.p., 1798).

12) The complete play, along with a discussion of its authorship, appears in Helena Pycior, "Historical Roots of Confusion among Beginning Algebra Students: A Newly Discovered Manuscript," *Mathematics Magazine*, 55 (1982), 150-156. (The play survives as an anonymous manuscript.)

of 1835. The essay was not as effective as the play. Unlike the play, the essay was imitative and did not sufficiently exploit the mathematically ridiculous. It was an imitation of Rabelais, centered on a request for Pantagruel to decide the fate of the concept of nothing in the universities. Frend clearly had in mind popular objections to mathematicians' liberal use of zero in algebraic operations, including division. What, the essay implicitly asked, does it mean to divide by zero? How many times does nothing go into something? The essay's theme as well as the flatness of its humor were captured at its very end in Pantagruel's response to the assigned question: "They who can make something out of nothing shall have nothing to eat at the court of—PANTAGRUEL."[13)]

Frend's play, written in the late 1830s, succeeded where the earlier essay failed, largely because its subject matter, symbolical algebra, provided a larger target for Frend's humor. In the play, Frend attacked the newly developed algebra partly by exploiting its acceptance of the negatives and its arbitrariness. In particular. he exaggerated the mathematician's freedom to determine the rules of algebra. In scene two, for example, Professor De Morgan (the play's protagonist whom Frend borrowed from real life) is hired to teach mathematics to a group of Cambridge undergraduates. The ensuing negotiations concerning De Morgan's salary provide an opportunity for ridiculing the arbitrariness of symbolical algebra. Initially, the students set De Morgan's fee at £ 7/1000 or "one thousandth part of what any other professor ever had," based on their assumption that he can teach a thousand times as fast as the others. But De Morgan disagrees with both their conclusion and the methods by which they arrived at it, Parodying rather closely a section on the negative numbers from the real De Morgan's *Elements of Algebra*,

13) William Frend, "Pantagruel's Decision of the Question about Nothing," in Augustus De Morgan, *A Budget of Paradoxes*, ed. David Eugene Smith, 2d ed., 2 vols. (Chicago: Open Court, 1915), I, 214. DeMorgan reports that Frend's essay was originally published in 1803 in *The Gentlemen's Monthly Miscellany*, a periodical with a life of less than a year (*Budget of Paradoxes,* I, 208).

the protagonist De Morgan states:

Stay. A little too fast, We will turn to my book on Algebra, where you will find the anomaly you speak of, explained. (*P[rofessor De Morgan), takes up a book & after reading a great many p's and q's goes on.*) It is evident that we have made this equation wrong. All that we have to do, is, to suppose the case the direct reverse of what we have stated it. . . . Suppose that instead of receiving 1 / 1000th part of what other Professors have I were to receive 1000 times as much. The equation then becomes: Fee for one course = £ 7 × 1000. This renders the problem rational for it is evident that a man who has the power of 1000 men must receive as much as 1000 others. *Vide* page 34 of my Elements of Algebra wherein I explain the meaning of half a horse, two men & three quarters & c.

The very end of the play humorously attacks both the arbitrariness of symbolical algebra and the negative numbers. The students decide to return to Cambridge and, addressing De Morgan, one declares: "As terms are entirely arbitrary, we think it very arbitrary in you to name such high terms for your course of lectures, and as the greater number may always be taken from the lesser I vote that we all take ourselves away to Cambridge" (Pycior, "Historical Roots," pp. 154-156).

In real life De Morgan was a creator and sometimes proponent of symbolical algebra. He was also Frend's son-in-law and his mathematical heir-apparent, who shared his distaste for the traditional definitions of negative and imaginary numbers and his multiple creative talents for mathematics and humor. Unlike Frend, he was an established mathematician and assumed a humorous approach to algebra only infrequently. Yet wit marked De Morgan's public and private responses to mathematical quackery (circle-squaring and the like), his regular columns for the *Athenaeum*, and his notebooks which he sprinkled with cartoons.

De Morgan believed that it was difficult for a mathematician to direct stinging wit at sound mathematics. The understanding of mathematics, he suggested, incapacitated the mathematician for ridiculing it. Thus, De Morgan noted, his humor was usually employed against mathematical quackery and "in favor of [the mathematical] establishment" (*Budget of Paradoxes*, I, 319). In the *Athenaeum* and in the *Budget of Paradoxes* (which drew heavily on his contributions to the *Athenaeum*), De Morgan ridiculed cyclometry, or the attempt to square the circle despite a mathematical proof of the impossibility of the task. He made sport of the cyclometers as a group, attacked some personally, and even wrote a parody of the cyclometers' essays. He dismissed the cyclometer as a "pseudomath. . . [or] a person who handles mathematics as the monkey handled the razor. The creature tried to shave himself as he had seen his master do; but, not having any notion of the angle at which the razor was to be held, he cut his own throat. He never tried a second time, poor animal! but the pseudomath keeps on at his work, proclaims himself clean-shaved, and all the rest of the world hairy" (*Budget of Paradoxes*, II, 338).

De Morgan reserved his special humorous invective for James Smith, whom he dubbed "the great pseudomath of our time." He estimated that Smith had sent him "six pounds avoirdupois of pamphlets and letters" on circle-squaring and that Smith's books would "one day reach from Simpkin & Marshall's to Kew, placed upright, or to Windsor laid lengthways." When Smith's supporters criticized his handling of the cyclometer, De Morgan replied: "His friends complain that I do nothing but *chaff* him. Absurd! I winnow him; and if nothing but chaff results, whose fault is that?" De Morgan's parody of circle-squaring singled Smith out for special ridicule. Following the cyclometers, De Morgan announced that he had solved the problem of squaring the circle by finding the value of π or the ratio of the circumference of a circle to its diameter. The key to the problem's solution, he claimed in jest, was recognition of the fact that the ratio varied «with the time, in a maner [*sic*] depending upon the difference of the true longitudes of the Sun and

Moon." Smith's value of π, he added, was the correct one for the varying ratio at the time of the full moon (*Budget of Paradoxes*, II, 338, 342, 338, 343, 316).

In one instance, De Morgan's humor ran riot on the topic of algebra. In an anonymous review of his own *Trigonometry and Double Algebra* of 1849, he described the book as an attempt to "set algebra on two legs, which had hitherto hopped on one."[14)] Appealing to biped animals, "analytic beer," and the like — that is, to various bisociations of double algebra and objects from everyday life — he managed to ex-plain his rather technical book in clear terms. The review was, in short, an effective use of humor in the popularization of mathematics.

By the mid-nineteenth century, there was thus a small but significant tradition of combining humor and mathematics. Frend's writings showed that an opponent of the negatives and of symbolical algebra could use humor to air and exaggerate the seeming paradox of the former and the mathematical novelties of the latter. De Morgan proved that humor could be turned against mathematical quackery and also employed by a (sometimes lukewarm) symbolical algebraist to promote understanding of the new algebra and related developments.

II

The tradition of mathematical humor and its inclusion in nontechnical magazines such as the *Athenaeum* can be at least partially attributed to widespread popular interest in mathematics among the English of the eighteenth and nineteenth centuries. England's numerous amateur mathematicians guaranteed a receptive

14) [Augustus De Morgan], review of "Trigonometry and Double Algebra," by Augustus De Morgan, *Athenaeum* (1849), p. 277. De Morgan acknowledged authorship of this review by initiating it in his copy of the journal, now found in the University of London Library.

audience for such humor and themselves generated some of it. Possibly attracted to mathematics as the best instrument for training the human mind and as one requiring no expensive equipment, the amateurs contributed to periodicals featuring mathematical materials, formed their own mathematical societies, and apparently purchased the many popular textbooks on mathematics which appeared throughout the first half of the nineteenth century. *The Lady's Diary: or the Woman's Almanac* (1704-1840) and Thomas Leybourn's *Mathematical Repository* (1795-1835) were leaders among popular magazines with significant mathematical content. In general, these magazines — whose contributors included university mathematicians as well as rank amateurs — catered to sound mathematics rather than quackery, but in a setting less formal than that of the scientific journals of the period. Thus *The Lady's Diary* (also known as *The Ladies' Diary*) regularly carried mathematical problems and solutions; but, at least initially, contributors were supposed to frame the problems and their solutions in verse.[15)]

In addition to corresponding with one another privately and publicly in journals, some of England's eighteenth and nineteenth-century mathematical enthusiasts formed societies devoted to the pursuit of science in general or mathematics in particular. The most famous popular mathematical society, the Old Mathematical Society of Spitalfields (1717-1845), was originally an organization of artisans. Each member brought "his pipe, his pot, and his problem" to weekly meetings at which he was free to pose any mathematical question to any other member who, in turn, was under a formal obligation to answer it "in the plainest and easiest manner he [was] able" (*Budget of Paradoxes*, I , 376), The Old Society dabbled in humor and verse in addition to mathematics, as witnessed by its "Drinking Song" reproduced in De Morgan's *Budget of Paradoxes*. The song

15) For analysis of this popular English mathematical literature, see Geoffrey Howson, *A History of Mathematics Education in England* (Cambridge: Cambridge University Press, 1982), pp. 69-71.

began:

> Whoe'er would search the starry sky
>   Its secrets to divine, sir,
> Should take his glass — I mean, should try
>   A glass or two of wine, sir!
> True virtue lies in golden mean,
>   And man must wet his clay, sir;
> Join these two maxims, and 'tis seen
>   He should drink his bottle a day, sir!
>
> (I, 380).

The eighteenth and nineteenth-century tradition of popular mathematics and mathematical humor formed the background to the work of not only Frend and De Morgan but Charles Dodgson as well. Dodgson shared this common setting with Frend and De Morgan, and also their multiple creative talents, mental habits, and, to a certain degree, concern for algebraic foundations. The three men were all exceptionally clear thinkers. Neither Dodgson nor Frend, for example, would read a page of a mathematics textbook beyond what he understood. As Dodgson once explained: "I would sometimes, after working a week or two at some new book . . . get into a hopeless muddle. . . . My rule was *to begin the book again* . . . . I have several books that I have begun over and over again."[16] Both Dodgson and De Morgan "liked to exercise ingenuity in riddles, numerical puzzles, plays on words and puns."[17] Both also seemed to delight in trying to refute the fallacious claims of angle-trisectors, circle-squarers, and other mathematical quacks.

16) Lewis Carroll to Edith Rix, 13 February 1885, in *The Letters of Lewis Carroll*, 2 vols., ed. Morton N. Cohen, with the assistance of Roger Lancelyn Green (New York: Oxford University Press, 1979), I, 559. Hereafter cited as *Letters*. This and other extracts from the *Letters* are reprinted with permission of the publisher.

17) William Gaunt and M. D. E. Clayton-Stamm, *William De Morgan* (London: Studio Vista, 1971), p. 11. This is a description of Augustus De Morgan, but fits Dodgson as well.

Florence Lennon has noted that, "without believing that the circle could be squared, at the death of De Morgan . . . [Dodgson] inherited an immense correspondence with those who did" (Lennon, *Victoria through the Looking-Glass*, p. 5). In the introduction to his *Curiosa Mathematica*, Dodgson himself attacked circle-squaring as a "delusive phantom" and reviewed the futile correspondence in which he had tried to convince two would-be circle-squarers of their errors.[18)]

The intellectual relationship between Dodgson and De Morgan went deeper than mutual distaste for cyclometry. The mathematical (and logical) interests, work, and styles of the two men overlapped, with De Morgan clearly inspiring the younger mathematical don. For example, both published works on the fifth book of Euclid's *Elements*: De Morgan, the greater mathematician, covered incommensurables as well as commensurables; Dodgson confined his attention to the latter.[19)] Both defended Euclid's *Elements* against newer textbooks on geometry. Thus, in 1868, De Morgan wrote an unfavorable review of J. M. Wilson's *Elementary Geometry*. About a decade later, writing under the pseudonym of Lewis Carroll, Dodgson followed suit with *Euclid and His Modern Rivals*, which attacked the newer basic geometries of the period. Attesting to De Morgan's influence, Dodgson reproduced in an appendix extensive selections from De Morgan's review of Wilson's book.[20)] Furthermore, Dodgson's major work on symbolic logic fit into the new school of logic created by De Morgan and George Boole around the mid-nineteenth century. In his *Symbolic Logic*, Dodgson referred to De Morgan and adapted one of the latter's logical problems for his own

18) Charles L. Dodgson, *Curiosa Mathematica, Part I: A New Theory of Parallels*, 4th ed. (London: Macmillan, 1895), pp. xvi-xviii.

19) Augustus De Morgan, *The Connexion of Number and Magnitude: An Attempt to Explain the Fifth Book of Euclid* (London: n.p., 1836); Charles L. Dodgson, *The Fifth Book of Euclid Treated Algebraically So Far as It Relates to Commensurable Magnitudes* (Oxford: James Parker, 1868).

20) Lewis Carroll, *Euclid and His Modern Rivals*, 2d ed. (1885; rpt. ed., New York: Dover, 1973), pp. 246-.251.

use.[21] In addition to sharing some mathematical and logical interests, Dodgson and De Morgan both aimed at popularizing sound mathematics, sometimes through books written in nontechnical styles. De Morgan's *Connexion of Number and Magnitude*, which employed the form of a dialogue, found a stylistic counterpart in Dodgson's *Euclid and His Modern Rivals*, composed as a play.[22]

In spite of these strong similarities, Dodgson and De Morgan seem to have split on the issue of symbolical algebra. Contrary to accepted scholarship, Dodgson knew something of the symbolical algebra for which Frend indirectly and De Morgan directly had been responsible; but Dodgson seems never to have accepted the new algebra. He probably became acquainted with the problem of the negative and imaginary numbers very early in life and read at least sections of George Peacock's *Treatise on Algebra* by the year of the publication of *Alice in Wonderland*,[23] Dodgson's knowledge of Peacock's *Treatise* by 1865 is indisputable. In "The New Method of Evaluation as Applied to π" of that year, Dodgson alluded to the

21) Lewis Carroll, *Lewis Carroll's Symbolic Logic*, ed. William Warren Bartley, III (New York: Clarkson Potter, 1977), pp. 30, 362, 439-440.

22) The production of elementary textbooks on mathematics was a natural response of established mathematicians to the widespread interest in their subject characteristic of the eighteenth and nineteenth centuries. De Morgan, for instance, wrote a number of popular textbooks for the Society for the Diffusion of Useful Knowledge.

23) It is passible that Dodgson came away from Richmond School, which he attended in the 1840s, with a rudimentary interest in the conceptual gaps in taditional algebra. In 1830, dedicating his *Treatise on Algebra* to James Tate; his headmaster at Richmond School, Peacock wrote that the book would "recall . . . the subject of many interesting conversations with you [Tate]" (Peacock, *Treatise on Algebra*, p. iii). While Tate's son assumed control of Richmond in 1833, it is probable that a critical perspective on traditional algebra still prevailed at the school during Dodgson's school years. Furthermore, if poorly defined algebraic concepts were criticized by any Richmond students, Dodgson would surely have been among the critics. Of him, the younger Tate wrote, "he is capable of acquirements and knowledge far beyond his years, while his reason is so clear and so jealous of error, that he will not rest satisfied without a most exact solution of whatever appears to him obscure" (quoted in Stuart Dodgson Collingwood, *The Life and Letters of Lewis Carroll* [1899; rpt. ed., Detroit: Gale, 1967], p. 25).

fundamental principle of Peacock's symbolical approach. The "New Method" was a satirical pamphlet on the controversy surrounding the proposal to raise the salary of the Regius Professor of Greek. In the pamphlet Dodgson offered various pseudo-mathematical resolutions of the debate, including one based on "the principle known as 'the permanence of equivalent fomularies.'[24] This was an obvious adaptation of the "principle of the permanence of equivalent forms," crucial to Peacock's development of symbolical algebra (*Treatise on, Algebra*, especially pp. xvii-xviii and 103-105). Furthermore, evidencing more than a cursory acquaintance with Peacock's work, Dodgson referred to a section of the *Treatise on Algebra* in his book on determinants, which he published just two years after the "New Method."[25]

Dodgson's mature introduction to advanced mathematics, including symbolical algebra, seems to have taken place a decade before publication of *Alice in Wonderland*—during the summer of 1854 when, nearing completion of his undergraduate program) at Christ's Church, Oxford (which was sorely deficient in mathematics and science), he studied mathematics under Bartholomew Price, then a fellow and tutor of Pembroke College. From Price, Dodgson learned calculus "swimmingly."[26] In addition, he discussed algebra with Price, whose publications of the 1840s attest to a knowledge of Peacock's *Treatise*, despite a strong predilection for meaningful mathematics.[27] Thus, also from Price, Dodgson probably acquired

24) Charles Dodgson, "The New Method of Evaluation as Applied to π," in *The Complete Works of Lewis Carroll* (1936; rpt. ed., New York: Random House, Vintage, 1976), p. 1127.

25) Charles Dodgson, *An Elementary Treaties on Determinants with Their Application to Simultaneous Linear Equations and Algebrical Geometry* (London: Macmillan, 1861), p. v, The reference is to a point of traditional, rather than symbolical, algebra.

26) Charles Dodgson to Mary Dodgson, 23 August [1854), in *Letters*, I , 29.

27) Bartholomew Price, *A Treaties on the Differential Calculus, and Its Application to Geometry: Founded Chiefly on the Method of Infinitesimals* (London, n. p., 1848), p. 138; Bartholomew Price, An Essay on the Relation of the Several Parts of a Mathematical Science to the Fundamental Idea Threrin Contained. (Oxford: The

a familiarity with and ambivalence towards symbolical algebra. As indicated by one of Dodgson's letters written during this summer to Mary Dodgson, Price encouraged him to question the legitimacy of extending algebraic terms to cover situations beyond their original definitions. Dodgson now asked what multiplication of lines could mean. Multiplication of a real number by a counting numbers is easy to conceptualize and define. Thus, four times five involves taking five four times or adding five to five to five to five. But as evidenced by Peacock's *Treaties*, nineteenth-century mathematics had moved far beyond multiplication by counting numbers. Negatives were routinely multipled by negatives, imaginaries by imaginaries, and even lines by lines (see pp. 72-73, 84-87). Taking his characteristically literal approach, Dodgson questioned the appropriateness of using a single term "multiplication" to cover operations on such different objects as numbers and lines. As he explained, "my question was solely one of *words*. 'What likeness is there in the two *operations* to justify our calling them by the same *name*?' I am not nearly satisfied yet on the subject."[28] Dodgson was clearly not satisfied with Peacock's resolution of the general question of the extension of algebraic terms, whereby an algebraic operation (such as multiplication) was defined through the rules governing it and without any concern for the meaning of the operation or the symbols I operated on.

This letter and Dodgson's published mathematical works imply that he never became a convert to symbolical algebra. In his mathematical publications and teaching, he seems to have shied away from algebraic questions, concentrating rather on geometry and logic. When his publications referred to algebra, it was to traditional, meaningful algebra. Thus his *Guide to the Mathematical Student*, intended "to exhibit, in a compendious form, the whole subject-matter of Pure Mathematics, arranged in the order in which

Asmolean Society, 1849), especially pp.5-7

28) Charles Dodgson to Mary Dodgson, 23 August [1854] in *Letters*, I, 28.

it would usually be advisable that the student should go through it," listed "higher algebra" as the twenty-third of twenty-six subjects to be studied, but gave no indication that such algebra was to include anything beyond the standard theory of equations of the period. The list made no mention of symbolical algebra.[29]

Dodgson ignored symbolical algebra because it was inimical to the traditional view of mathematics which he held to the end of his life: algebraic meaninglessness and arbitrariness went directly counter to his deep-seated belief in the absolute certainty or truth of mathematics. It was, indeed, according to Dodgson, its certainty which made mathematics superior to other sciences and therefore attractive to the human mind. Thus in *Curiosa Mathematica*, Dodgson explained that other sciences led to provisional knowledge, but:

> The charm [of mathematics] lies chiefly, I think, in the absolute *certainty* of its results: for that is what, beyond almost all mental treasures, the human intellect craves for. Let us only be sure of *something*! More light, more light! . . . "And, if our fate be death, give light and let us die!" This is the cry that, through all the ages, is going up from perplexed Humanity, and Science has little else to offer, that will really meet the demands of its votaries, than the conclusions of Pure Mathematics.
>
> (p. xv).

Dodgson's reference to "absolute *certainty*" made it clear that, for him, mathematics guaranteed more than logical certainty (or assurance of the logical affiliation of certain ideas). It guaranteed truth — in Dodgson's words, "certain universally-true Theorems," some of which were "provable from genuine Axioms (i.e. from Axioms whose self-evident character is indisputable)." Attending Dodgson's belief in self-evident axioms leading to true theorems was, of course,

29) Charles Lutwidge Dodgson, *A Guide to the Mathematical Student in Reading, Reviewing, and Working Examples, Part 1: Pure Mathematics* (Oxford: J. H. and J. Parker, IS64), preface. A second part never appeared.

commitment to the meaningfulness of mathematics. According to him, mathematics began first of all with human penetration of the meaning of the axioms, and then assent to them. "Now," he wrote, "there is one preliminary step, that is absolutely indispensable before the human intellect can accept any Axiom whatever: and that is, it must attach some *meaning* to it. We cannot, rationally, either assent to, or deny, any Proposition the words of which convey to us no idea" (*Curiosa Mathematica*, pp. xv, 62, 67-68). Thus the certainty—and hence the beauty and intellectual significance—of mathematics depended ultimately on meaningful, self-evident axioms, the opposite of the meaningless, arbitrary signs, symbols, and rules of symbolical algebra. It is, then, no wonder that Dodgson, mathematical teacher and author, steered clear of the new algebra.

Ⅲ

While symbolical algebra found no place in Dodgson's mathematics and teaching, there is evidence to suggest that it worried him and played upon his imagination in such a way that he was led to express his concern in the *Alices*. Dodgson's struggle with the question of algebraic meaning, hinted at in his letter to Mary Dodgson in the summer of 1854, and his composition of the germs of *Alice in Wonderland* coincided in time. As a fellow student in Price's reading party of the summer of 1854 later recounted:

> Dodgson and I were both pupils of Professor Bartholomew Price. . . in a mathematical Reading Party at Whitby in the summer of 1854. It was there that *Alice* was incubated. Dodgson used to sit on a rock on the beach, telling stories to a circle of eager young listeners of both sexes. These stories were afterwards developed and consolidated into their present form.
>
> (Quoted in *Letters*, Ⅰ, 26).

Thus, it was with visions of lines multiplied by lines, quantities less than nothing, and symbolical algebra dancing in his head that

Dodgson first set about constructing an other-world (the underground) in which meaninglessness and arbitrariness prevailed.

Writing under his pseudonym, Dodgson touched on the problem of the negative numbers at least three times in the *Alices*. While he never used the term "negative," he approached the problem through the definitions of the negatives as "quantities less than nothing" and "quantities obtained by taking a greater from a lesser." In two of the instances, the dialogue between characters indicated that such subtraction — something from nothing or a greater from a lesser — was impossible; in the third, the subject was abruptly changed, apparently to avoid an explicit response to the problem. In *Alice in Wonderland,* the Mad Hatter proclaims the impossibility of subtracting something from nothing. In the tea party scene, the March Hare offers Alice "more tea." Alice replies that she has "had nothing yet [and] so . . . can't take more." This provides the opportunity for the Hatter's comment: "You mean you can't take *less* . . . it's very easy to take *more* than nothing" (p. 101). Later in the same work, the Mock Turtle refuses to deal with the problem, when it is raised in a practical context by Alice. Describing his early schooling, the Mock Turtle relates that his lessons lessened (or decreased) day by day. On the first day of his studies, he worked for ten hours; on the second, nine hours; and so on. Ever inquisitive, Alice first asks whether he rested on the eleventh day, to which he replies affirmatively. (Ten hours minus ten hours, of course, equals zero hours.) Pushing beyond the zero point, Alice next inquires: "And how did you manage on the twelfth?" (p. 130), thereby bringing the discussion around to the problem of the negatives. Neither Turtle nor Gryphon responds to Alice's last question; the latter abruptly changes the topic of conversation from lessons to games. In *Through the Looking-Glass*, the problem of the negative numbers reappears as the Red Queen asks Alice to subtract nine from eight. This time, apparently having acquired some mathematical subtlety between the first and second *Alices*, Alice objects to what she now sees as impossible subtraction.[30)]

In the first two instances, Carroll exploited the paradox of a quantity less than nothing. He took the concept literally, and forced his readers to consider less tea than that contained in an empty cup and fewer hours of study than none. In contrast to such mathematicians as De Morgan, who sought viable analogues of the negative numbers in such concrete objects as financial debts and lines drawn backwards from a zero point, Carroll presented physical situations in which "quantity less than nothing" was nonsensical. In the third case, from *Through the Looking-Glass*, he reinforced the absurdity of subtracting a greater from a lesser number by having the request for such impossible subtraction come from the quite arbitrary Red Queen and presenting it as one of a series of preposterous pseudo- mathematical problems, such as dividing a loaf by a knife and subtracting a bone from a dog. In short, Carroll borrowed from mathematics the theme of the negative numbers and, writing as a humorist rather than a mathematician in the *Alices*, aggressively highlighted its nonsensical implications.

The *Alices* refer not only to the problem of the negatives but also, directly and indirectly, to the breakdown of mathematics as a science of absolute truths following development of the symbolical approach to algebra. Alice's recognition of the potential meaninglessness and arbitrariness of mathematics, in fact, comes early in *Alice in Wonderland.* Subjected to the vagaries of her underground experience, such as changes in her size, Alice comes to question even her identity. She wonders if she is Ada or Mabel, two of her above-ground friends. In this epistemological crisis, reminiscent of Descartes' in the *Discourse on Method*, Alice imitates the French philosopher by trying to establish what she knows with certainty. It is not surprising that Alice turns first to mathematics, given its privileged position in Victorian culture. If there is any truth or certainty in

30) Alice's response to the Red Queen's request is: "Nine from eight I can't, you know" (p.320).

the natural world, her Victorian contemporaries would have agreed, it is evidenced by mathematics. But at this point mathematics fails to prove a bedrock of knowledge. Alice multiplies in a nondecimal base and finds that the multiplication leads nowhere in particular. For review, Alice says:

> "I'll try if I know all the things I used to know. Let me see: four times five is twelve, and four times six is thirteen, and four times seven is — oh dear! I shall never get to twenty at that rate! However, the Multiplication Table doesn't signify: let's try Geography."
>
> (p. 38).

Carroll's choice of a varying nondecimal base is designed, I believe, to indicate the arbitrariness of mathematics.[31)] Mathematicians are free to calculate in any base they choose; there is nothing sacred about the base ten. But in addition to the arbitrariness of mathematics, the passage alludes to its meaninglessness. Alice clearly states that "the Multiplication Table doesn't signify." Besides punning on the meaninglessness of mathematics, the verb "signify" for Carroll may also have been associated with mathematical writings of the symbolical algebraists, where it was frequently used.[32)] Their main point — and Alice's as expressed here — was that algebra (in Alice's case, arithmetic) is basically meaningless, that its symbols (here, numbers) stand for nothing in particular. Alice finds that mathematics is no mainstay of truth and certainty, and cannot save her from the madness of the underground world. Viewed from this perspective, the meaninglessness and arbitrariness of symbolical algebra provide a key to the meaninglessness and arbitrariness of Carroll's underground world.

31) For a brief discussion of different interpretations of Alice's calculations, see Gardner, *The Annotated Alice*, p. 38.

32) In *Trigonometry and Double Algebra*, De Morgan used the term "significant algebra" for those in which all symbols and combinations of symbols were meaningful (p. 101).

Beyond inspiring particular examples of nonsense, it is possible that symbolical algebra inspired, or at least fostered, Carroll's nonsense style. The parallels between Carroll's nonsense writings and symbolical algebra are striking: both stressed form or structure over meaning, using words (or other symbols) with multiple possible interpretations. Put succinctly, the symbolical algebraists sought formulas relating symbols which, although originally meaningless, could eventually be interpreted as representatives of many different mathematical phenomena. As De Morgan explained in a review of Peacock's *Treatise on Algebra*:

> We. . . ask, whether it might not be possible so to vary the meamng of the signs, as to make an entirely different algebra, which should nevertheless present exactly the same theorems in form as the old one, the forms having different meanings. . . . This may seem something like asking, whether two different languages might have all their words in common, but with different meanings, in such manner that by writing a treatise on astronomy in the first language, we write, *totidem verbis*, a treatise on music in the second.[33)]

As is well known, in the *Alices* Carroll experimented with non-sense prose and verse — with meaningless sentences, or words with structure but no specific meaning. Alice repeatedly remarks. on the phenomenon. Thus in the mad tea-party episode, Alice is described as "dreadfully puzzled. The Hatter's remark seemed to. . . have no sort of meaning in it, and yet it was certainly English. 'I don't quite understand you,' she said, as politely as she could" (p. 97). Towards the end of *Alice in Wonderland*, the phenomenon of complete sentences without apparent meaning resurfaces, in the episode of the White Rabbit's nonsense verse, evidence mentioned at the start of this essay. Echoing De Morgan's description of symbolical algebra, Alice declares: "*I* don't believe there's an atom of meaning in it"

33) [Augustus De Morgan], review of "A Treatise on Algebra," by George Peacock, *Quarterly Journal of Education*, 9 (1835), 104-105.

(p. 159).[34)]

Remarks made by the Hatter towards the end of the tea party raise a question of fundamental interest to the early symbolical algebraists: how universal are algebraic symbols? Peacock and the period's other algebraists characterized symbols as simultaneously "arbitrary" (standing for nothing in particular) and "universal" (standing for many different things). Critics sometimes ridiculed the symbolical approach by exploring the consequences of interpreting algebraic symbols as absolutely universal (standing for all possible mathematical entities).[35)] The Hatter applies the latter interpretation to words (rather than algebraic symbols) in sentences (rather than mathematical formulas). "You can draw water out of a water-well," the Hatter says, "so I should think you could draw treacle out of a treacle-well — eh, stupid?" (p. 102), The structure of the two sentences is the same (you can draw *b* out of a *b*-well), but the content is different. In the language of symbolical algebra, the symbol *b* is universal, or subject to multiple meanings such as water and ink. But *b* is not absolutely universal; there are some nouns, such as treacle, which, when substituted for *b*, leave the sentence with no empirical signification. The point of Carroll's humor now seems clear: structure does not guarantee meaning; emphasis on structure over meaning, so basic to the symbolical approach, can lead to nonsense.

34) The case for symbolical algebra as an inspiration and model for Dodgson's nonsense is strengthened by the observation that his early nonsense verse, "She's All My Fancy Painted Him" and "Stanza of Anglo-Saxon Poetry" (the first four lines of the later "Jabberwocky"), appeared in 1855, or just after Dodgson's reading party with Price. The former poem was published in *The Comic Times* of London (Gardner, *The Annotated Alice*, p. 158); the latter. including Dodgson's "Mischmasch" (*The Rectory Umbrella and Mischmasch by Lewis Carroll* [New York: Dover, 1971], p. 139).

35) For a discussion of early nineteenth-century confusion on this point, including an analysis of Peacock's failure to distinguish explicitly between universal and absolutely universal symbols, see Pycior, "Early Criticism of the Symbolical Approach," pp. 403-404,

But, the period's symbolical algebraists might very well have replied, nonsense results only when symbols are accepted as absolutely universal in interpretation. This retort, however, raises another problem, also alluded to in the *Alices*: who determines appropriate interpretations of symbols (be they algebraic or ordinary language symbols)? Asked this question by Alice, Humpty Dumpty makes two points: words (like algebraic symbols) can have multiple meanings and he (like the symbolical algebraist) gets to determine those meanings (pp. 269-270).[36] The Humpty Dumpty episode thereby exploits both the emphasis on structure over meaning and the related arbitrariness of symbolical algebra.

The argument that Lewis Carroll had symbolical algebra in mind fits well with the meaninglessness which Donald Rackin finds in the *Alices*. Lacking knowledge of the history of English algebra (readily available only in the last decade), Rackin nevertheless appealed to concepts which, when viewed from this new perspective, suggest a connection between the *Alices* and symbolical algebra. According to Rackin, Alice's "quest serves, vicariously, as the reader's metaphorical search for meaning in the lawless, haphazard universe of his deepest consciousness":

> Merely to list the reverses Alice encounters in Wonderland is to survey at a glance an almost total destruction of the fabric of our so-called logical, orderly, and coherent approach to the world. Practically all pattern, save the consistency of chaos, is annihilated. First, there are the usual modes of thought — ordinary mathematics and logic: in Wonderland they possess absolutely no meaning. Next are the even more basic social and linguistic conventions: these too lose all validity. . . . the essence of Alice's adventures

36) Viewed from the perspective of algebra, Alice's "puzzled" reaction to Humpty Dumpty's dictum that "a word. . . means just what I choose it to mean — neither more nor less" (p, 269) is an autobiographical reference to Dodgson's initial response to the algebraist's use of the term "multiplication" to cover the cases of whole numbers and lines.

beneath commonly accepted ground is the grimmest comedy conceivable, the comedy of man's absurd condition in an apparently meaningless world. (Rackin, "Alice's Journey," pp. 313-314).

Alice, of course, finally rebels against the meaninglessness of Wonderland. According to Rackin, the rebellion sets in when she meets the King and Queen of Hearts. As the rulers of Wonderland, they "should hold the secret of their realm's meaning and be the ultimate source of its order." But the King, Queen, and their attendants are, as Rackin says, "mere abstract, manufactured, and arbitrary symbols — just a pack of cards, pictures of kings and queens, men and women" (Rackin, "Alice's Journey" p. 322).

Here Dodgson's acquaintance with symbolical algebra can illuminate Rackin's analysis. The *Alices* deal with the search for meaning in a meaningless world — a world in which even mathematics no longer signifies. The loss of meaningful mathematics is tantamount to the loss of human certainty, since as Dodgson indicated in his mathematical works, mathematics alone guaranteed absolute truth. Thus, the breakdown of mathematics signals "an almost total destruction . . . of our . . . coherent approach to the world." Graphic evidence of this destruction is the card people, who are realizations of the worst fears of the opponents of the symbolical approach. They are mere symbols (like *a*, *b*, and *c*) — "abstract, manufactured, and arbitrary," as Rackin puts it.[37] This response of Carroll to symbolical algebra in the *Alices*, then, suggests that the crises of faith which the Victorians experienced Were not always the result of the breakdown of religion under the impact of science. Carroll was

37) Alice's disdain for the card people ("You're nothing but a pack of cards!" [p. 161]) matches that of Osborne Reynolds — a leading opponent of the symbolical approach — for the symbols of the early symbolical algebraists: their symbols "are intended to represent nothing but themselves, and are in meaning, as in appearance, symbols only"; and "a *symbol*, or anything *merely symbolical*, is *nothing*, until some representation is given to it" ([Osborne Reynolds], *Strictures on Certain Parts of "Peacock's Algebra" by a Graduate* [Cambridge, 1837], p. 7).

concerned instead, albeit humorously, with the breakdown of older mathematical certainty under the impact of the new algebra.

Elizabeth Sewell's view of nonsense as a game similarly accords well with the claim for symbolical algebra as an antecedent of Carroll's literary works. "If neither prose nor poetry," she asks, "can provide the necessary structure for Nonsense, is there some other system by which language could be organized into an independent and consistent, if nonsensical, structure?" She finds such structure in game rules, or "an enclosed whole, with its own rigid laws which cannot be questioned within the game itself."[38] This description fits symbolical algebra, or any other modern mathematical system. But more importantly from an historical perspective, in appealing to the analogy of the game, Sewell hit on the exact analogy used by De Morgan when trying to explain symbolical algebra to his contemporaries. As early as 1835, for example, De Morgan compared mathematics to dominoes; later, he compared symbolical algebra to putting together a dissected map whose pieces had been turned upside down.[39]

In short, the "theses of the tradition of combining mathematics and humor as a background to Dodgson's stories and of an integral relationship between his algebraic views and the *Alices* are well supported.[40] The latter thesis also fits well with earlier interpretations

38) Elizabeth Sewell, *The Field of Nonsense* (London: Chatto and Windus, 1952), pp. 24-25. Sewell unwittingly also sets up a striking parallel between Carroll's nonsense and symbolical algebra. She notes: "What is to be conveyed [in Carroll's nonsense] will have to be gathered not from *what* is said so much as *how* it is said, as if the content lay hidden in the structure of the work. . . The 'meaning', if such It may be called, will be difficult of access, since it will reside in the structure, and that has first to be apprehended, as in a mathematical or logical problem" (Sewell, p. 22). On a similar note, Peacock explained that "in symbolical algebra, the rules determine the meaning of the operations, or more properly speaking, they furnish the means of interpreting them" (Peacock, "Report," p. 200).

39) De Morgan, review of "A Treatise on Algebra," p. 95; De Morgan, "On the Foundation of Algebra, No. II," *Transactions of the Cambridge Philosophical Society*, 7 (1842), 289-290.

40) As Dodgson was not the first Victorian to combine mathematics and humor, so

of the *Alices*. The facts that the *Alices* deal with a search for meaning in a meaningless world, that Dodgson's nonsense emphasizes structure over meaning, that the analogy of a game is appropriate to his literature, and that Dodgson was acquainted with and yet uneasy about the symbolical approach all point to symbolical algebra as a major influence on the *Alices*; The *Alices* were, at least partly, expressions of Dodgson's anxiety over the loss of certainty implicit in mathematicians' acceptance of the symbolical approach. Alice's bewilderment in Wonderland paralleled Dodgson's bewilderment in the mathematical world of the symbolical algebraists. Alice's response to the chaos of the underground — retreat — paralleled Dodgson's response to symbolical algebra — the ignoring of it in his serious mathematical writings and teachings. But while Alice could flee Wonderland and leave the chaos behind, Dodgson could never completely escape the symbolical approach. Denied a place in his mathematics, the themes and techniques of symbolical algebra found an outlet in his fantasy writings.

University of Wisconson - Milwaukee

he was not the last. See William Kingdon Clifford, Thomas Penyngton Kirkman, Edwin A. Abbott, and Charles Hinton.

김일영

University of Georgia 영문학 석사
University of South Carolina 영문학 박사
성균관대학교 영문학과 교수

저서
『18세기 영국소설 강의』
『영미소설 해설총서: 트리스트람 샌디』

논문
로렌스 스턴과 포스트모더니즘
「The Nature of Game in Laurence Sterne」
「필딩의 "새로운 글쓰기"와 이중적 재현」
「선정소설에 나타난 여성의 광기」 외 다수

Lewis Carroll

Alice's Adventures in Wonderland
& Throught the Looking-Glass
WITH ESSAYS IN CRITICISM
이상한 나라에서의 앨리스의 모험/거울 속으로

1판 1쇄 발행 _ 2009년 4월 25일
1판 3쇄 발행 _ 2016년 8월 30일

편주자 · 김 일 영
발행인 · 정 현 걸
발 행 · 신 아 사
인 쇄 · 예지인쇄
주 소 · 서울특별시 은평구 통일로 59길 4 2층(122-826)
전 화 · (02) 382-6411 팩 스 · (02) 382-6401
홈페이지 · www. shinasa. co. kr
E-mail · shinasa@daum.net
출판등록 · 1956년 1월 5일(제9-52호)

ISBN: 978-89-8396-647-6(93840)

정가 *14,000* **원**